中央民族大学"985工程"三期建设项目
ZHONGYANG MINZU DAXUE 985 GONGCHENG SANQIJIANSHE XIANGMU

译论学与语言文化研究新动态

——国外相关研究译文集

◎ 张公瑾 丁石庆／主 编
◎ 司提反·米勒 王松涛／副主编

中央民族大学出版社
China Minzu University Press

图书在版编目（CIP）数据

浑沌学与语言文化研究新动态/张公瑾等主编. —北京：中央民族大学出版社，2012.4

ISBN 978－7－5660－0168－9

Ⅰ.①浑… Ⅱ.①张… Ⅲ.①少数民族—民族语言学：文化语言学—研究—中国 Ⅳ.①H2

中国版本图书馆 CIP 数据核字（2012）第 037346 号

浑沌学与语言文化研究新动态——国外相关研究译文集

主　　编　张公瑾　丁石庆
责任编辑　戴佩丽
封面设计　布拉格
出 版 者　中央民族大学出版社
　　　　　北京市海淀区中关村南大街 27 号　邮编：100081
　　　　　电话：68472815(发行部)　传真:68932751(发行部)
　　　　　　　　68932218(总编室)　　　　68932447(办公室)
发 行 者　全国各地新华书店
印 刷 厂　北京华正印刷有限公司
开　　本　880×1230（毫米）　1/32　印张：8.5
字　　数　220 千字
版　　次　2011 年 12 月第 1 版　2011 年 12 月第 1 次印刷
书　　号　ISBN 978－7－5660－0168－9
定　　价　25.00 元

目　录

动态系统理论与语言哲学史

沃尔夫冈·维尔德根（Wolfgang Wildgen）[①]

王显志 译

一、引言：哲学与（新）数学

在数学中寻找极其抽象和极具认知魅力的原则符合哲学的基本动机，即揭露自然与人之间的最深奥秘。基于这一简单的事实，自柏拉图的《蒂迈欧篇》以来，数学在哲学思想形成过程中发挥了突出的作用。因此，数学和哲学的关系如同手足。然而很明显，哲学家一定会抱怨数学结构有很大的局限性。哲学家对理论的直觉和他们对基本问题的思考使他们不能接受严格的数学概念；但是如果放弃这种严格或精确，另一种危险就会悄然而生，即出现漫无边际的思考或哲学领域的意识形态框架。科学领域内所有理性努力的一个基本问题是找到一种通用语言，这种语言能够把众多个体理论思考的经验综合起来。勒内·托姆（René Thom）的论述发人深省：

① 沃尔夫冈·维尔德根（Wolfgang Wildgen），德国不莱梅大学语言学教授。本论文为第20届世界哲学大会宣读论文，（波士顿，1998年8月10日）圆桌会议：基于突变理论的意义模型：现象学、本体论及其认知语义学的重要性，1998年，未发表。

“可以这样说，物理定律不能描述现象，但是它们可以描述比较两种观察者不同观点的对比规律。”①

比较两种不同视角的标准方法是话语，所用的工具便是语言。哲学中不同种类的“语言”有助于构建用来整合不同哲人“灵感”的共同基础。

1. 宗教作为共同语言。基督教对抗古典宗教和哲学取得胜利后，起源于希腊神话和宗教的哲学失去了其独立性。② 文艺复兴时期，哲学部分恢复了独立性（参见 Giordano Bruno, Wildgen, 1998），但在 17 世纪再次失去独立。因此西方哲学，至少在法国大革命之前，是以神学为框架的。

2. 经院哲学③。人们把共同的智力传统奉为经书。从这种意义来说，神话和宗教仪式之后出现了宗教制度、规范的科学文本和哲学文本。16 世纪，这种序列编排已被批判为经院哲学。然而，19 世纪再次见证了另一种经院哲学传统的建立：新康德主义、马克思主义及其他学派。

3. 政治体制（比如专制主义）或法律可能会禁锢哲学思想，它允许哲学家之间进行简单但严格受限的交流。其结果便出现了地理和政治领域的哲学思想（参见冯特 1907 年《关于法国、英

---

① 法语原文为 Thom（1978：101）：“On peut dire que les lois physiques ne décrivent pas des phénomènes, elles décrivent les lois qui permettent de comparer les visions de deux observateurs.”

② 哲学与宗教的冲突在希腊哲学中也很突出。在他学术研究的后期，苏格拉底曾因为缺乏宗教性而被指责并遭到处罚。特别是在新柏拉图学派中宗教和哲学的相互依赖得以重新加强。

③ 经院哲学（Scholasticism）：产生于 11～14 世纪欧洲基督教教会学院的一种哲学思潮。它是运用理性形式，通过抽象的、烦琐的辩证方法论证基督教信仰、为宗教神学服务的思辨哲学，是与宗教神学相结合的唯心主义哲学，属于欧洲中世纪特有的哲学形态，是天主教教会用来训练神职人员，在其所设经院中教授的理论，故名经院哲学。

国及德国哲学》)。

在哲学交流的规范语境下，数学所强加的那些限制看起来是无害的。哲学思想处在数学框架内的基本优势在于，数学的发展很自由，而且政治力量和意识形态力量不能轻易控制其发展过程。因此，数学框架可能是最严密的，但因它在政治/意识形态/宗教上保持中立，且有一种天然驱动力促进其进一步发展，这种发展可以减少经院哲学的危险。哲学思想要回应的需求处于快速变化中，在历史上，数学演变的一个主要特征是其演变步伐比这种需求要慢得多。

上述介绍性评论激发了我的基本假设：

——哲学应该利用发展中的数学，也就是说，不应该一味等待某个“最终的”结论，而应该尝试新数学的可能性。他们将可能使用的语言构建到新的哲学见解中。这些可能性构成了反映新的哲学灵感的语言，它可能不是直接创造灵感，而是为这些灵感提供合适的空间。

——哲学中使用数学的直接结果就是哲学必须随时间演变而发展，也就是说没有一种单一的工具可以获得学术权威，这似乎符合分析哲学的逻辑。

突变理论是新数学的一个显著类型，它属于动态系统理论范畴。从根本上说，突变理论是对托姆分类定理的应用（Mather 在 1964 年证实）。自 1964 年以来，这个领域已经取得了进一步的发展。因此接下来是一些结论：

——分叉理论（参见 Guckenheimer 和 Holmes，1983）

——奇异吸引子理论和浑沌学理论（参见 Peitgen a. o.，1992）

——应用于协同论的随机动态系统（参见 Haken，1983）

当前，这个领域围绕两个基本话题展开：

——突变类型学（在确定性系统中）和导致浑沌的迭代分

叉的分形特征。

——随机吸引子和协同论基本参数的支配作用。

这些基本动态结构大体上解释了秩序的产生，因此创立了一个框架，从而使自然和思维之间可能产生的定律和规则的理论直觉在这个框架中得到整合。

二、将哲学演变作为形态动态领域的延伸进行分析

以下思考涉及西方哲学的例子。如果我们分析其他哲学（印度哲学、中国哲学、日本哲学）和相应的非文字传统智力框架（美洲印第安人文化、因纽特人文化、土著文化），将出现类似的渐变、突变和分形模式。

哲学的传统起点是基于前苏格拉底的哲学传统，柏拉图和亚里士多德展示了两种并存的哲学综合体。[①] 在协同学术语中，由于选择了很少的从属参数，综合体基本是指处于强烈相互作用中的一套分系统的重组。将前苏格拉底哲学中的毕达哥拉斯哲学、原子论、自然主义的力量集合起来，并把它们同柏拉图的系统（在他的一生中这个系统本身都在演变）密切联系起来，这是一项很有吸引力的任务。为了这一目标，我们将这个过程分为三个阶段：

1. 一组分化和分散的哲学立场逐步形成。由于地理异质性（在人种和语言都被细分的希腊本土及分布在地中海和黑海地区周围的希腊殖民地），它们的交互作用非常不明显。

2. 由于政治和文化优势，哲学研究集中在雅典。其支配力

① 参见 Wildgen（1985b）对这一发展的描述（新加脚注，2005）。

量可能源于苏格拉底的非凡智慧及柏拉图终其一生对教学的研究中。通过亚里士多德以及阿卡达米学院中柏拉图的追随者们的努力，哲学研究显示了相对稳定的特征，即哲学教学的内容随着每一个继承者而改变（至少在第一个周期内是这样的）；虽然希腊学院继承了柏拉图哲学系统的稳定性，但该学院在东罗马帝国皇帝查士丁尼（Justinian）①（公元 482—565 年）反对异教和哲学的运动（公元 529 年）中被毁。佛罗伦萨学院和 15、16 世纪的研究机构曾试图延续这一传统。

3. 希腊哲学的瓦解经历了很多阶段（以亚历山大为中心的转移，对印度、波斯和阿拉伯科学的影响）。在这条主线上，崛起的基督教国家和之后兴起的伊斯兰教国家以《圣经》和《古兰经》为基础创造了一个新的哲学。至此，宗教哲学取代了反神话的希腊哲学。哲学成了“神学的婢女”。许多新的哲学综合体推动了其发展。

① 查士丁尼大帝（Justinian）：全名为弗拉维·伯多禄·塞巴提乌斯·查士丁尼，约公元483 年5 月11 日 –565 年11 月14 日在世。东罗马帝国（拜占庭帝国）皇帝，公元 526—565 年在位。曾经镇压平民起义，征服汪达尔王国和东哥特王国，主持建造圣索菲亚大教堂，以及位于帝国西部意大利拉芬纳的圣维托教堂。统治期间，不仅阻挡了野蛮民族在边疆的骚扰，甚至几乎恢复了昔日罗马帝国的辉煌，因此后人称这段时间为拜占庭帝国的第一次黄金时代。公元 526 年 2 月 13 日，查士丁尼大帝颁布一项敕令，这部《敕法汇集》在公元 529 年颁布施行，也就是著名的《查士丁尼法典》，是世界上第一部完备的奴隶制成文法。在中世纪末期，《查士丁尼法典》成为欧洲大陆确立法律体制的主要基础。565 年，查士丁尼去世，不久东罗马再度走向衰落。

——几经沉浮的奥古斯丁哲学（如波尔罗亚尔詹森主义者）。①

——作为罗马教会官方哲学的托马斯·阿奎那哲学。

——由 Lullus 创建的，试图将犹太教和伊斯兰教两个一神宗教合二为一的哲学，因其充满了争议，所以处于异端邪说边缘。

托马斯·阿奎那的哲学无疑是推动演变的最强大的力量，在莱布尼兹之前它一直在哲学思想中占据统治地位，甚至之后又以不同形式的基督教亚里士多德哲学出现。这三种哲学的最终目标都是培养对基督教的信仰及证明基督教相对于犹太教和伊斯兰教的优越性。

4. 文艺复兴时期的哲学家，如菲奇诺和之后的乔尔丹诺·布鲁诺，相继打破了宗教（基督教）和哲学之间的联系。布鲁诺试图重建某种基本的宗教作为最终的哲学形而上学的根基。但基督教改革（加尔文教派改革，路德教派改革）和 16、17 世纪发生的天主教反改革，均破坏了哲学的独立性。最后，启蒙运动的哲学出现。为了取代《圣经》和其他传统的根基，自然科学成为检验真理的稳定参考点。在孔狄亚克和康德接受牛顿物理学说后，这个参照点变得很强大。

5. 从动态理论来讲，我们可以将这一阶段称为现代哲学的分形阶段。科学取得的惊人的成功激发了启蒙运动新信条的产生。在政治和社会重组的情况下，智力取向需要重新定位，但这种需

① 詹森主义（Jansenists）：以荷兰神学家 C. O. 詹森命名的一场哲学和宗教活动。这场运动受到了奥古斯丁的反裴拉鸠教旨和恩典神学的启发。詹森主义的鼎盛时期在 17 至 18 世纪的西欧，尤其在法国。它的显著特征是极端宿命论和道德严谨。在 18 世纪，詹森获得了较低层的法国教士广泛的支持，蔓延到其他地区和欧洲，尤其是西班牙和意大利。詹森主义者的最大的胜利是 1760 年迫使法国镇压耶稣会士。但此后该运动的重要性下降。詹森去世后，他的信徒在法国的波尔罗亚尔女修道院建立基地，一直持续到 20 世纪晚期。

求在我们称之为“学科分割”的过程中慢慢遭到破坏。作为物理中发展起来的一个新范式，即牛顿物理学理论，不仅从内部遭到了破坏，而且其智力定位功能亦被其他学科所超越，如：生物学（达尔文主义、分子遗传学）、化学、心理学、语言学等。在动态学术语中，我们可称之为现代哲学的分形阶段。

这个关于哲学三千年演变的粗略图符合动态图式，在这个图式中特定的参数能够在从属或支配原则上倾向于浑沌的动态学。

依照动力系统，阶段（1）符合系统的空间分离模式。它可以和显示颜色周期性变化的贝洛索夫－扎鲍廷斯基①反应相比较，该反应展示了周期性改变的颜色（高比率产生 C_e^{3+} 是红色，高比率产生 C_e^{4+} 是蓝色）。它用红色（上）和蓝色（下）来表示一个平稳的分布情况。可能是由于哲学立场处于暂时的优势地位，因此在一个相似的管中，经社会选择的哲学模型排除其他模型，在某种地理领域或文化领域处于优势地位。

最不可思议的是大协同系统的出现（阶段2），它们要求非常明确的条件。突变理论中的一个奇特现象可以解释这一点。在被称为蝴蝶的突变元素中，我们可以发现有一个奇异点可以引起三种模式。基本方程是：

（1） $V = x^6/6 + tx^4/4 + ux^3/3 + vx^2/2 + wx$

（2） 偏微分法（相对于变量 x，被称为内部变量）给出了公式（2）和（3）。

（3） $V' = \delta V/\delta x = x^5 + tx^3 + ux^2 + vx + w$

（4） $V'' = \delta^2 V/\delta x^2 = 5x^4 + 3tx^2 + 2ux + v$

分叉点定义为第一和第二个偏导数归零。$\delta V/\delta x = \delta^2 V/\delta x^2 = 0$（参见 Wildgen，1985a：170）表示在外部参数（v，w）的两个维数空间内，另外两个参数 u 和 t 在特定域值内有固定值。

① 关于动态系统理论在化学方面的历史背景及应用，参见 Plath，1977 年。

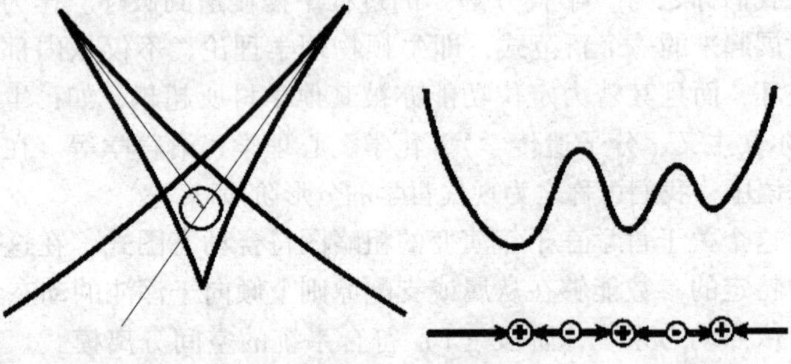

图 1：a）（u，w）在特殊点（u，t）上的图像显示了分叉空间
b）势函数 V（位于 x）和吸引子、排斥子、矢量流的邓肯图

最复杂紧凑的图像是图形 1（左）的中间区域。在这里的奇异点可以被分解为由两个或三个吸引子（极小值）组成的一个系统。图形 2 显示了这个奇异点附近的因式分解。

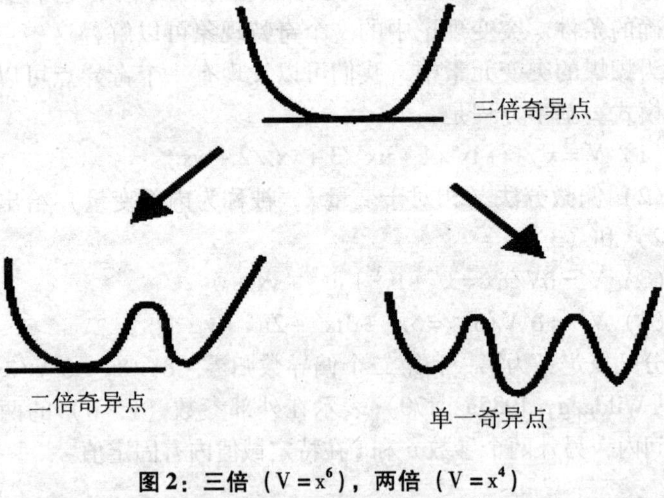

图 2：三倍（$V = x^6$），两倍（$V = x^4$）
奇异点和简单（稳定）极小值（$V = x^2$）

一个庞大的、暂时的哲学协同系统应该取消三个（n 原则）吸引子之间的差异（=哲学立场），创造一个非常复杂的奇异点。基本预测这种协同系统将是不稳定的，而有趣的问题是：

——在何种条件下，这种解决方案可以持续？

——从长远来看，这样一个协同系统的结果是什么？

如果我们应用信息论的基本直觉，可以发现特定的历史、社会、智力条件是通往哲学协同系统（阶段2）的必要条件，虽然产生这种奇异点的概率极低，但是其提供的信息却是很有价值的。

协同系统的要点，如：柏拉图、阿奎那、康德都是单一事件，而且和单一个性相联系。在哲学思维的奇异点上，不相关的哲学解释模式之间产生了一种特殊的平衡。这种奇异点不能用一般的机械论来解释，但是可以发现组成这种协同系统组织中心的特定的线。柏拉图把数学中的毕达哥拉斯信条和东方人对独立于身体的灵魂的看法相混合，对他来说，这种混合物可能是组织的中心。在许多情况下，这种协同系统可以说是基本矛盾的统一体，如：康德哲学中的理性主义和经验主义。协同系统的这种双峰特性可以和现代量子物理学的双峰性（如光作为波和粒子）或化学的双峰性（依据布尔代数所描述的多样化学反应，参见 Plath，1988 和 1997）联系起来。

在哲学领域中，“正常”演变的浑沌本质可能取决于映射的一个迭代、自相似过程。它可以发生在从一个学派到另一学派的过渡中，或发生在平行的、并存的学派之间的部分映射中。这种通过传统立场的再形成、引证、评论等形成的“映射”总是以不同的参数存在变形的可能性，因此，它是符合浑沌动力学的。

哲学系统的自参考或自相似现象，在任何代代相传的智力系统中都可以观察到。它适用于文化传播机制的普遍原理，显示出文化传统的稳定性和不稳定性。

为了分析这个过程的正常的特征，我们来看一下动态系统理论中的逻辑映射。①

（1）y→kx（1 - x）（逻辑映射）

这个迭代用 y 表示 x 的新值，并产生一个无穷级数的 y 的新值（在时间上指 t）。

（2） $x_{t+1} = kx_t\ (1 - x_t)$

参数 k 控制了这个映射的稳定性。当 k = 2 时，我们可以得到一个重复七次后的稳定状态；当 k = 3 时的稳定状态被两个备选状态所取代，这就形成了一个分叉。在双重周期的作用下，k = 3 与 k = 4 之间浑沌出现或消失。在 k = 3 和 k = 4 之间，因为有双重周期，浑沌产生，而后消失（如浑沌因周期性而中止，然后再出现）。

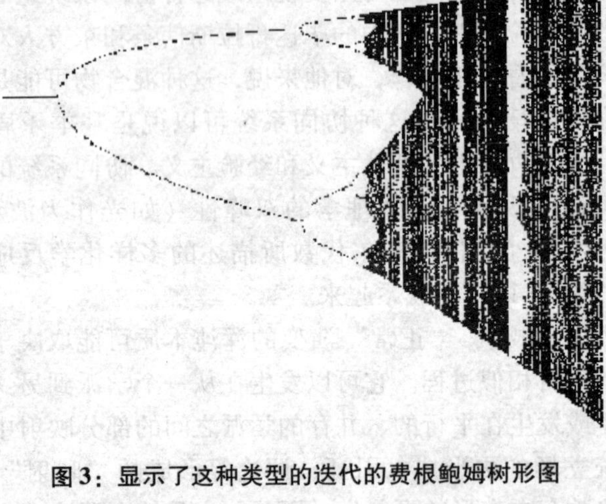

图 3：显示了这种类型的迭代的费根鲍姆树形图

① 参见 Wildgen 和 Plath（将于 2005 年出版）关于浑沌学理论及其在符号学和语言学方面应用的更详细的介绍。

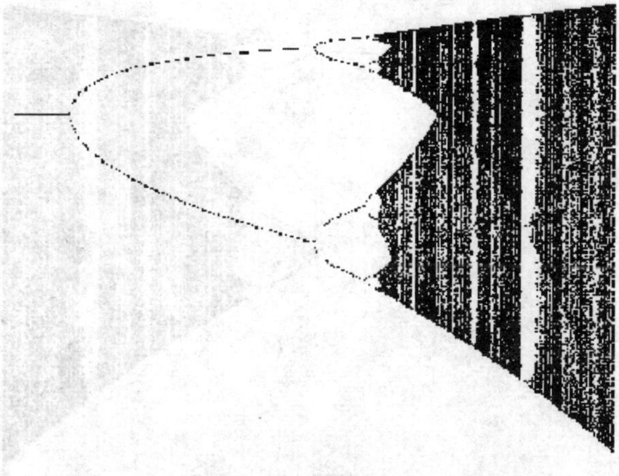

图 3：k 取不同数值时的逻辑映射的分叉图

我对于哲学演变的论证需要利用一个结构类推。这个类推的相关性基于这样一个事实：逻辑映射的特性在于它构成了一个适用于很多不同领域的形式图式。在下面的论述中，不光要应用到公式本身，还要应用到这个形式图式。

在西方哲学史上，从大约公元前 600 年开始，柏拉图和亚里士多德思考的已经是自相似映射后期。分叉的第一个阶段是很难看到的。可以观察到的是浑沌领域的稳定区域，也就是，与哲学协同系统周期相一致的小部分稳定带（参见图 3）。

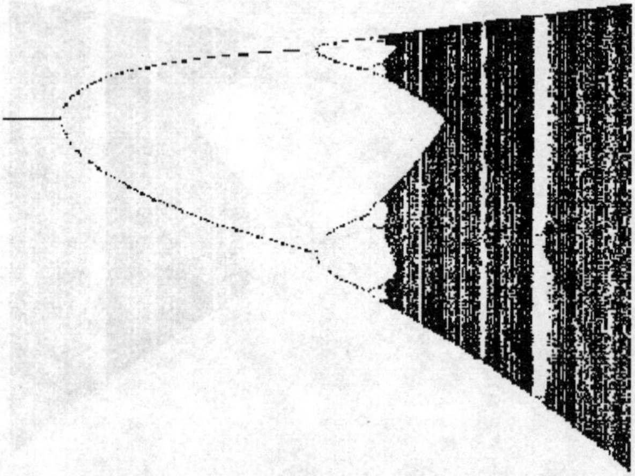

在许多情况下，它们会经历第二个阶段。因此，柏拉图哲学和亚里士多德哲学、理性主义和经验主义是处于第二阶段的子系统。由于哲学演变是空间分散式的，所以在不同的文化领域或在不同的人身上，不同的分支可以同时发生。

图式中不包括可以控制这样一个协同系统的力量。所以我们需要用更复杂的理论来计划这个方面。从长远来看，可以利用哲学史的成果作为一种经验基础，设计一个解释模式，从而构思出协同系统控制力量模型。①

① 有《圣经》注解传统的哲学家可能会质疑这一课题的可行性，但我认为任何知识体系在原则上都是相似的，和语言学及符号学一样，都属于同一普遍类型。或者从理性的角度来看所有这些体系，都是难以理解的（在这种情况下，语言学和符号学是不可能的），或者哲学体系也像语言一样是可以作为范式的。（2005 年新加）这一观点的哲学背景由 Ernst Cassirer 的“Philosophy of symbolic forms”提供；参见 Wildgen 2001c，2003a 和 2004a（第 10 章的参考书目）可获得更详细论述。

三、哲学话语的动态学

哲学文本承袭希腊传统，有三种文本组织形式。

1. 箴言体：苏格拉底之前的话语以箴言体较为常见，部分是为了摆脱规矩，缩短引证或在后世复兴的评论。以赫拉克利特（Heraclit）的哲学文章为例，研究表明，他的作品的形式就是格言形式。他的箴言风格后来之所以被其他哲学家所模仿，就是为了避免给人以呆板固定的知识表述模式。①

2. 文学体，又称通俗体文学。② 柏拉图的对话和戏剧话语甚为相似。尤其是那些与苏格拉底或真实或虚拟的对话。这种口头表述的风格为柏拉图的恩师苏格拉底所青睐，并被非哲学专业的“听众”以书面的形式保留下来。在经院哲学与人文主义哲学之间的对话作为课程的一部分反映了高度正式的辩论。

3. 结构体，通常是晦涩难懂。亚里士多德的文章确立了这种非常紧凑的风格。系统文本进一步发展成逻辑文体或公理文体。其标准模板被笛卡儿、帕斯卡在17世纪确立。

---

① 赫拉克利特（Heraclit）：（约公元前530年—前470年）伊奥尼亚的哲学家。赫拉克利特在哲学思想上的发展主要表现在辩证法方面。在宗教上，他反对传统的宗教祭神仪式，反对偶像崇拜。但因为他不可能也没有划清哲学和宗教的界限，所以到后期，希腊、罗马哲学时期的斯多葛学派和基督教教义哲学，又将他的逻各斯和火解释成为宗教的神，使他的哲学为宗教教义服务，即使宗教哲学化，又将哲学拉回到宗教。

② 通俗文学（Esoteric）：指除了历史上的民间文学以外，还包括现实创作的通俗化、大众化，具有较高的商业价值，以满足一般读者消遣娱乐为主要目的的文学作品。又称大众文学、高通俗文学。与严肃文学、雅文学相对而言，它具有永恒的主题、经典的人物形象、较高的艺术价值，能够经过时间的考验，有一定的知名度，不仅具有流行性，而且经久不衰。

上述三种哲学话语风格和从三种模式发展出来的众多混合体共存，并在内容层面上影响或适应哲学。

全新的哲学风格在研究数学定理和哲学问题的科学家的努力下形成。因此，普利高津（耗散系统）、曼德勃罗（自然的分形几何）、托姆（形态动态学和符号物理学）和哈肯（协同学）都为建立新的自然与人类的哲学理念做出了贡献。他们创造了一种半正式的话语模式，这种模式有时与文学话语相近。

上面提到的不同的哲学文体可以按照下列等级排序：

1. 结构体（或称逻辑体）预先设定了以固定法则为基础的人工语言。它有着一种符号学意义上的稳定性，与永恒法则、公理相呼应。然而在习惯准则下，符号学意义上的稳定性与以这种语言表述出的知识没有什么因果联系。我们可以称这种活动为以一种稳定的语言表达稳定的知识。这种文体的先驱是中世纪的Ramòn Llull。

2. 文学风格（或称对话）对于只晓得常识的听者或读者再适合不过了，但是它更适合于相对正式的议论文体，如学术讨论。就此而言，该风格释放了自己通俗的特色。许多改革者，如布鲁诺、伽利略都在自己人生特定阶段选择了这种风格。同时，他们也决定用自己的民族语言写作，以这种自由化的文体习惯创作哲学语篇。这种自由的、近乎口语的、符合苏格拉底特点的哲学文体只能在哲学家之间的私人通信中找到，如莱布尼茨的通信就包含了他的主要哲学思想。

总体来讲，带有戏剧成分（喜剧或讽刺成分）的文学文体传递着不同层面的信息，以常识反映出的直觉、流行的意象、喜剧或者讽刺的效果和美学的价值等等。这种风格技巧所产生的综合效果毫无隐讳，与正常读者的复杂的精神世界相呼应。

3. 箴言风格使众多研究维特根斯坦《哲学调查》的读者疑惑不已，该风格基本上是浑沌的，而且，它没有直接探讨中心议题，因此否定了最终解决方案的存在。依据动态系统，我们可以说这种风格在极限环（中心是一个排斥子）甚至是奇异吸引子上游走。这避免了知识给人的僵化印象，同时使读者可以在一系列箴言体的陈述驱动下，在自己的精神世界中遨游。这种文体也否定了许多哲学辩论的“仪式”特征，并凸显了思维的自反过程及轻松的哲学家形象。

相对于一般的结构而言，第一种哲学风格是静态的符号结构，能够唤起市民赞赏的公共“建筑”。第二种风格类似于舞台剧或法庭审判。第三种风格把观众带向哲学思维之旅。

不同的哲学话语风格反映了理性社会与理性个体之间的不同关系。

——系统化的风格创造了一种表面上的、永久性的结构，这几乎是一个不受限制的哲学推理神话。

——松散的结构反应了不同观点在制度中的挣扎，基本上是在为理想社会中的哲学权威的统治权而战（参见柏拉图《乌托邦》）。

——箴言风格表现了哲学家同自己独立的思想争论或同他的疑惑辩论，如笛卡儿的例子。

布鲁诺的个人英雄主义就是最后一种态度的典型表现，甚至连做事非常讲究方法的笛卡儿，在他的科学著作中也指出了在他第一次构思新哲学时所处的孤立状态（笛卡儿《方法论》引言，1637 年）。

实际上，每个哲学家都逃不出这三种风格：

· 如果他想建立“自己”的哲学（系统、学派）

· 如果他试图说服读者，或和对手辩论

· 如果他想与自己的自反思想大战一番

秩序、冲突、浑沌的基本图式共同存在于每个单独的哲学中，但它们不同时出现在每一个哲学文本中。

四、语言哲学源于一般的交际转移的动态模式

在中世纪的大学里，“自由艺术”为一些特定的科目（神学、法律和医学）做好了准备。七艺可分为两个子类：语言学（说教艺术）包括语法学、逻辑学、修辞学三科，数学类（自然艺术）则包括几何学、算术、音乐、天文学四门。[①] 与语言和交际紧密相关的哲学问题或被认为是向自然哲学的过渡领域（柏拉图的《克拉底鲁》对话），或者当成亚里士多德所称的哲学过渡性阶段，抑或仅仅是一种阐释、翻译成其他术语等等。直到洛克的《人类的理解力》（1690）以及莱布尼兹的回击《人类理解新论》（写于大约1704年，发表于1765年），语言哲学才成为哲学特定的一章。这两本书主要对“词”进行了论述。在波特·罗亚尔的语言学逻辑、语法和纯理性主义的理论中产生了一种对自然语言的批评，以及对一种更好的、甚至是通用的、用于国际交流或科研的语言的设计。[②] 我们可以总结一下：古代语言哲学有两个源头：

1. 自然哲学，其中心议题隐藏符号行为的非常规、图像化以及因果关系方面；

2. 人工语言，通过为语言学体系设计定义新的标准来探索常规。

---

① 更专业的学科如天文学和后来的物理学十六世纪开始从哲学中分离出来，几何和算术十七世纪分离出来。从现代的角度来看，数学在十八世纪从哲学中分离出来（哲学家迪卡儿，帕斯卡和莱布尼兹都是十七世纪重要的数学家），在十九世纪末心理学还是哲学的一部分。也就是说由于各学科的独立，哲学学科的范围不断缩小。

② 参见 Umberto Eco：La ricerca della lingua perfetta nella cultura europea，Laterza，Rome，1993。

语言哲学和符号学的关键问题是：

·符号行为的自然法则怎样和常用惯例相结合？

·符号能力的局限性是什么？它的稳定性需要什么条件？

大多数现代语言哲学忽视了符号学的自然法规及其和自然哲学的关系。他们或专注于设计不同“体系”的规则，或反对任何形式主义，并创造出一种特定的诠释学语言理解。勒内·托姆在20世纪60年代提出了名为“符号物理学”的新的协同系统（参见托姆，1988；珀蒂托，1992），旨在自然哲学的基础上建立符号过程的一般法则。他认为，符号物理学法则和符号生物学法则从质的方面预示了语言结构，如：价模式、格结构、名词短语结构等。我将会在第五部分再次讨论托姆的理论（参见5.1节）；这里，我只应用托姆提出的形态动态图式从定性角度来解释不同类型的语言哲学的出现。

基本的交际动态模式有三个稳定中心

——发送者（说话人、作者），

——接收者（听者、读者），

——信息（适用于连接发送者和接收者通道的符号）。

这三者通过一种被称为蝴蝶效应的初等突变推导模式得以整合（参见图4）。

——为了协调转换模式并精确成符号交际模式（图4），设立第四个中心是必要的。这源于两个内部变量的突变和椭圆中央的突变（参见 Wildgen，1982：85—92，and Wildgen，1985a：201—222）。图4说明了三个介质的转换模式，发送者和接收者的外部世界不在这些图式的考虑范围之内。因此，我们需要让转换和交际模式绝对摆脱外部世界的范畴。Laurent Mottron 曾提出一种语言发展模式，即婴儿先辨认出照看者的部分（方面和特征），然后把物体或人和照看者联系起来（参见 Wildgen and Mottron，1987：part 2）。他（她）的话语在可感知的外部世界和婴儿的认知表现之间建立了联系。于是，重复的转换过程和符号传递过程组成了一个在认知和语言上被婴儿所理解的外部世界。这个“世界”是第五个中心，它产生于发送者或接收者对其自身所处的情境的理解。可以说把这些情境放到一起，然后重复这些情境的方方面面，就形成了世界图集（参见 comparable views in Barwise and Perry，1983）。

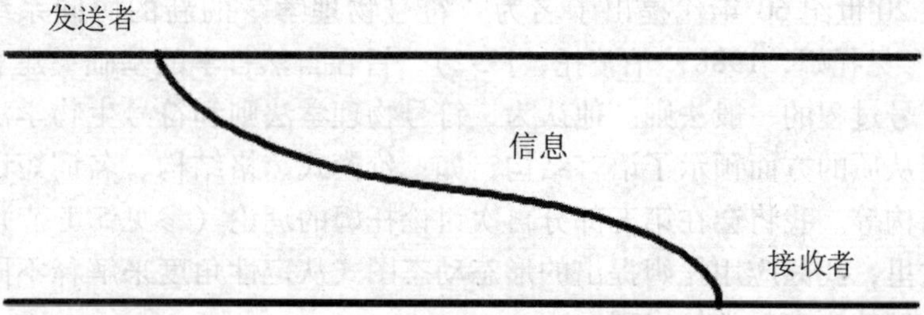

图 4：蝴蝶效应的转换模式

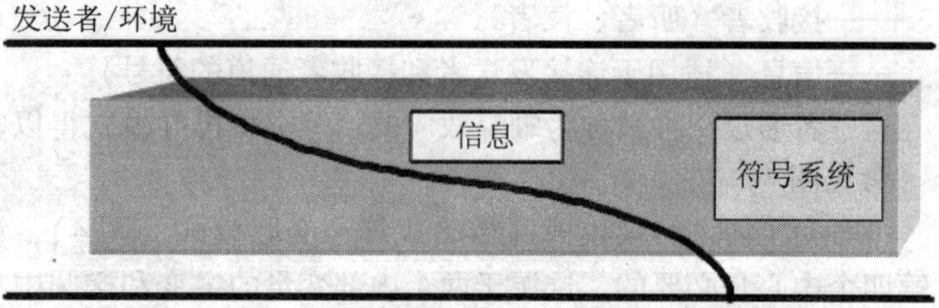

图 5：符号交际图示

图4 中起初的二元性（发送者——接收者）展开后形成了三元性（发送者——外部世界——接收者），外部世界与发送者和接收者部分相交。甚至只要照顾者转换或给予关心、食物，并发出可感知的姿势和声音信息，信息就会被标记性地辨认出。基本

情景是对接收者有吸引力的部分（方面、特征）之一。其中包括食物（牛奶）、气味、姿势或声音。在第一阶段，婴儿只是接收信息；照顾者只是提供婴儿接收的部分。

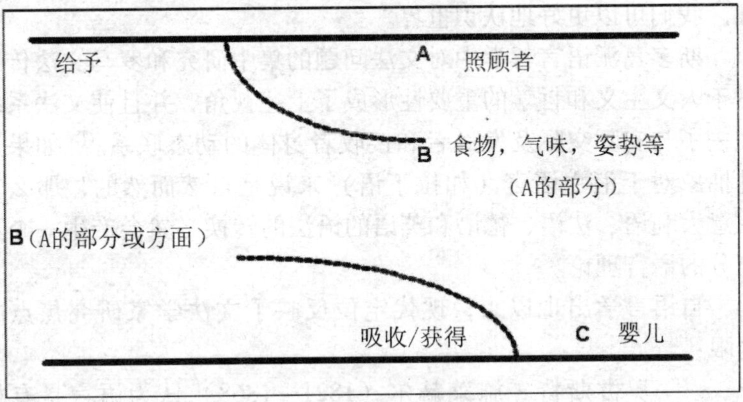

图6：基本成分

在这一阶段，转换实体（食物、异味、气味、姿势、声音）形象地、标记性地与它们的来源相联系。如果我们回顾本文中提到的突出的历史视角，克拉底鲁（在柏拉图对话录中）关注符号同非符号的基本环境之间的因果关系。我们可以说他是从基本成分，即在突变中被称为“发送”和“接收”的方面来解读这个图式的（见图6）。

亚里士多德和诡辩传统从另一个极端开始解读这个模式，即动态上复杂的第四吸引子：符号系统（编码），而且从适应特定目的（科学文本、修辞说服、审美享受）的最佳角度来看待它。基本的三价图式成为他研究的背景。

雅典学院中的语言哲学是对图5中所描述的情境的两种聚焦方式。柏拉图的研究聚焦在建立与自然哲学的联系，但是它使得构思语言分类变得很困难。在稍后的阶段，通过过程图式的迭代及过程图式同世界关系（本体论）的迭代，产生了语言分类。

柏拉图的哲学思想，主要是新柏拉图主义传统对它的解释，可能是由于这种研究焦点产生的结果。亚里士多德从语言分类和文法着手，最后，他认为本体论存在于语言中，通过介入适当的标准，我们可以更好地认识世界。

斯多葛派语言哲学中对文法问题的集中研究和罗马文法传统对于人文主义和哲学的重要性形成了上述视角，并且使文法系统失去了与实际交际及发送者和接收者身体的动态联系。① 如果这种抽象对于消亡语言（如拉丁语）来说是自然而然的，那么它在意大利语、法语、德语和英语的语法的转换必然会产生一个不充分的语言理论。

自语言学出现以来，现代定位反映了文法学家研究焦点的局限：

——奥古斯特·施莱赫尔（1821—1868）认为语言是有机体；即一种超个体的“实体”。

——索绪尔（1875—1913）认为语言是一种集体表征系统，从涂尔干的意义上来说，是语言社区积累的财富。

在这两种情况下，交际背景（图5中的第四中心）在本体论上是分离的，并被认为要么是一个自然物体（施莱赫尔）或抽象的、唯心主义的“物体”系统。这种分离使人们可以对物体进行实证主义分析，即分析物体的各成分、各部分和功能间的关系等。图形7阐明了结构主义传统的新焦点，从广义上说始于19世纪后半期，索绪尔的教科书中极佳地证明了这一点。

---

① 斯多葛哲学学派，或称斯多亚学派（Stoic language philosophy）：因在雅典集会广场的廊苑聚众讲学而得名。该学派由芝诺（约公元前336～约前264年）于公元前300年左右在雅典创立，由于他通常在雅典的画廊讲学，故称之为画廊学派或斯多葛派。其代表人物：巴内斯、塞内卡、埃彼克泰特、马可·奥勒留（帝王哲学家，著有《沉思录》，是学派晚期最著名的代表）等。斯多葛学派（the Stoics）是希腊化时代一个有极大影响的思想派别，被认为是自然法理论的真正奠基者。

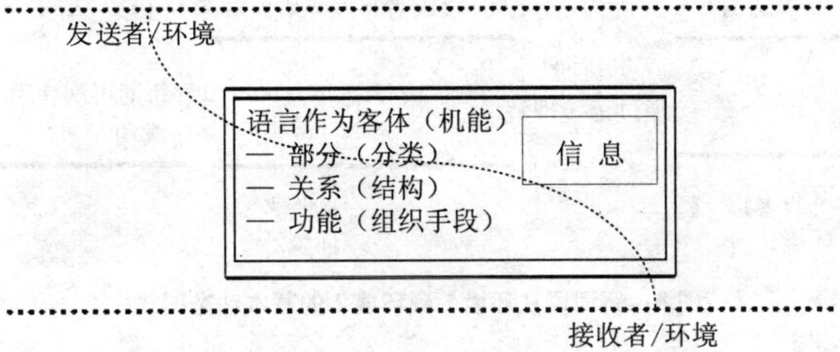

图 7：作为物质的、抽象的、集体的客体的语言

这种研究焦点的典型结果是结构主义语言学没有考虑与社会历程相关的语用条件，从而倾向于消除所有动态的、既定形式的事物。乔姆斯基的追随者把“生成”的概念理解为创造力，这个概念只是对失去的或被放弃的语言应用的动态环境的不充分替代。

由于有利于解决特定问题，从而聚焦在整个图式的特定领域，甚至消除这个图式的动态方面，这种研究是合理的。因此，不能因为结构主义狭隘的研究焦点而全盘否定。但是如果忽视这种聚焦行为，使所选焦点下产生的局限性结果得以扩张，就会产生整体的错误，产生一种幻想的全球知识。

如果我们进一步观察，会发现语言中“法则和秩序”的虚幻特性会变得很明显：

· 语言学习中个人能力的构成，

· 某一地理或文化领域中的一个或一系列语言社区中语言发展史。

每种情况下，都会产生无数次映射，并且个体或集体记忆会选择这些映射的特定结果。在新词语的发展中可以观察到一种映射。图 8 描述了其基本动态图式。

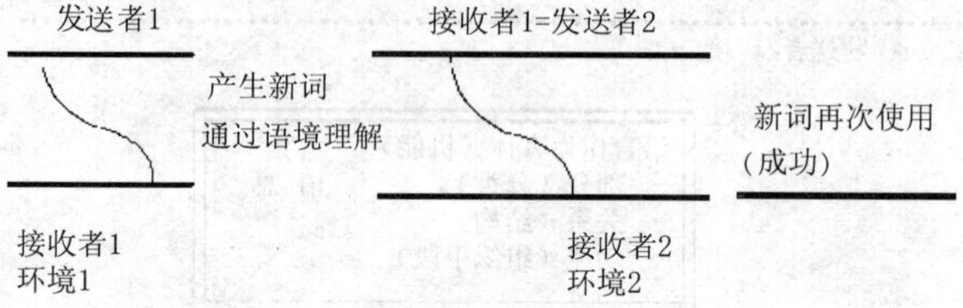

图8：新词语从环境1到环境2的基本动态图式

这种映射可能由于记忆力丧失而衰减或对新词的偏爱加强，但最终新词语可能成为词典的一部分。

这种简单的映射反映了三个基本问题：

·在一系列映射中丧失稳定性（这是由热力学第二定律推出的一般结论）。

·在特定条件下增强稳定性（偏离热力学平衡）。

·在映射过程中发生变形，信息发生改变，如：在一系列文本传输中（参见 the experiments analyzed in Stadler and Wildgen, 1987），从而可能出现同音异义、一词多义、合成词等结果。

假如我们可以精确地观察这种映射，消除特定影响，我们就可以区分耗散过程（如同 Prigogine 和 Nicolis 所描述的那样，1989）和由于迭代映射引起的浑沌过程。对语言进行充分动态解释的前提是对这些映射过程进行理论解释。由于不能系统地观察这些过程，只可能制定一个语言理论的初步轮廓。

我提议首先分析问题的拓扑结构，然后建立一个复杂的哲学或科学战略，研究动态交互作用中不同的分支领域，而不是在这些先前的观点间摇摆不定。

五、动态系统作为可能性系统组合的基本概述

接下来，基于勒内·托姆（René Thom）、简·珀蒂托（Jean Petitot）、梅奥格·勃兰特（Per Aage Brandt）和我自己的研究，我将对符号物理学和形态动态符号学做一简短描述。稍后，我会讨论由普利高津（Prigogine）、曼德尔布罗（Mandelbrot）、彭罗斯（Penrose）和哈肯（Haken）提出的动态系统理论向哲学扩展与这些建议之间的关系。

康德认为“图式”是把关于时间、空间的纯粹感性形式和思维范畴联系起来的中介结构。思维范畴包括：

量（单一，多样，全部）、质（事实，否定，限制）、关系（继承和变化、因果和从属、施事和受事之间的关系）和模态（可能性，存在性，必然性）。

如果分类系统是语言潜在的概念结构，并且“纯粹的感知”是以经验的感知、记忆和想象为基础，那么我们需要一种机制，这种机制可以把纯粹的感知，即基础的认知层面映射到语言潜在的概念层面。突变理论和其他从空间和时间概念中提取出的数学工具可以填补这一空白，并构建植根于纯粹感知的基本概念领域。这实际上是珀蒂托的“物理意义”计划（参见珀蒂托，1992：XXII）。他把相应的功能称为“遗觉建构”。直接后果便是应该承认形态动力图式化不得不领先于任何类别和逻辑分析，因为它们预先假定有概念域，并对其组织形式进行描述。下面，我将概述几种由勒内·托姆发明的几种动态图示模式。

（一）勒内·托姆的“完整倾向”和“凸显”理论

“完整倾向”一词是由勒内·托姆首次提出的（最初发表在

1972 年，托姆在第 12 章中翻译成此词，1983）。他写道：

“因此，有些特定的形态学类型（以结构上稳定的方式来定义）在扩展系统的结合处表现出非常灵活的行动方式。这些形态学——在符号论的数学理论中我们可以称之为完整倾向——与维度欧几里得空间范围内的稳定突变相联系”（托姆，1983：224）。

托姆对以下内容作了区分（1973，译于托姆的第 14 章，1983）：

——形式意义上物理完整倾向具有抵御交际噪音的能力；

——生物完整倾向被定义为由一种形式唤起其他重要生物形式的能力，因此在探索领域（感性或语义）中很容易认出这种形式并对其进行分类（同上：265）。

物理完整倾向可以和将纯粹感性映射到物体范畴、事件范畴、质范畴的图式相联系。然而，生物完整倾向预先假定在生物框架中有一种生存函数，并控制图式的语义填充。在这一点上，托姆理论超越了康德提出的前达尔文主义观点。在物理完整倾向领域，托姆提出了域（参见《光和引力》）和量子层面和宏观物理层面之间的分离。因此他提出的符号学数学理论超越了康德的认知论，也超越了十九世纪的新康德主义。在这篇文章中，理论物理和理论生物相互关联，都被用作物体、事件、质等语义范畴数学图式化的学科背景。举个最简单的例子，一个物体有一个重心，它的轮廓线取决于视角。在图式上重心是一个稳定吸引子，轮廓建模为一个过渡点（单独折叠）延伸到一条线。在语义领域，事件可能存在于分离或整合中；质以语义场中其原型（中心）或边界线为特征。

表 1 显示了这些不同现象的拓扑动态模型。

	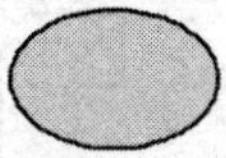	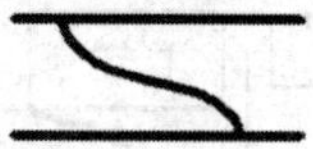
物体的中心	物体的轮廓	过渡点
质的原型	质的边界线	语意

表 1：三个拓扑动态模型

为了解释这些图表，我们必须赋予数学空间（空间变量）特定的意义。如果考虑力量，那么简单的事件、事件奇点、矢量流都不够充分，我们需要如能量、能量流之类的概念。因此，为解释形式图式，引进了物理概念、生物概念、社会学概念及其他经验概念。

（二）自然与语言的普遍分叉及复杂因果关系

因果关系的一个简单类型，例如，弹子球间的机械关系，需要一个遵从时间导向并反映动量转移准时性的图式。语言中的因果关系与语言认知超出了弹子球之间的机械交互作用，涉及处于交互作用中的动态系统；很多情况下，我们不得不考虑作用于其他智能施事者的智能施事者。因此，机械因果关系的概念是不充分的，但是逻辑概念如逻辑推理（→）缺少必要的运动学特征和动态。适当的方法是从普利高津和尼科利斯（1989）提出的复杂性理论入手，并运用数学理论这个具体工具作为建设性工具（参见以上）。

两个“复杂原型”是：

· 对称或音叉分叉（一阶导数：$-x_s^3+\lambda x_s$）

· 极限点分叉（一阶导数：$-x^2+\mu$）

图 9 阐释了这些复杂性原型（参见 Prigogine and Nicolis，1989：95）。右侧不对称原型可以发生迭代广义分叉，于是我们就可以得到如图 9

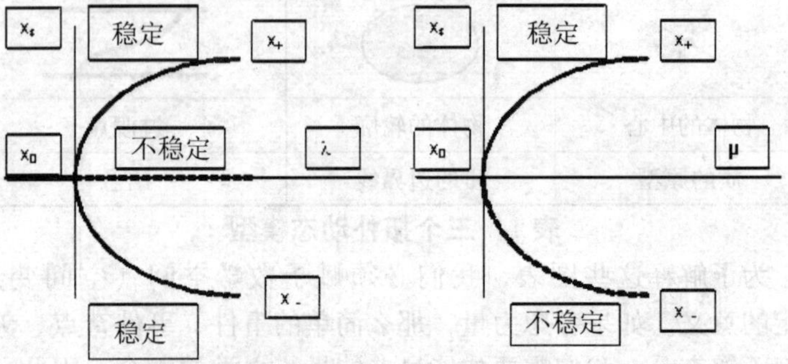

图 9："复杂性原型"的两个实例：对称（音叉）分叉（左）和极限点分叉（右）

所示的普遍分叉（参见 Wildgen，1994：151）。如果消除不稳定的分支，就可以得到在某个选择条件下的演变。很多涉及智能施事者的因果关系可以被比作一个带有信息增益的重复选择情境。图 6.6 展示了新解决方案的分叉图（参见 Prigogine，1980）。

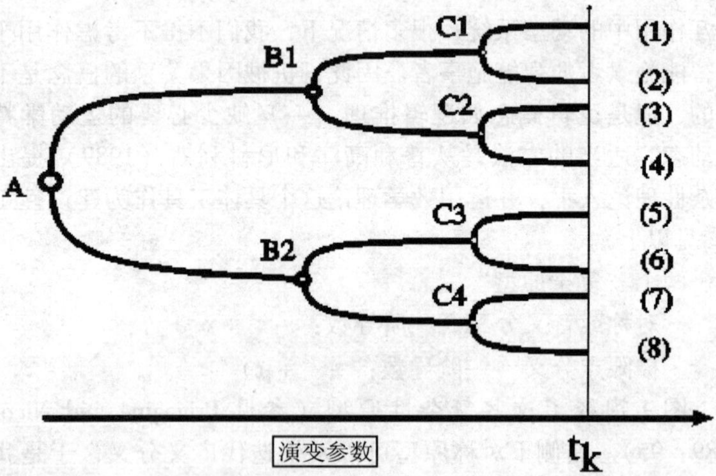

图 10：动态系统的分叉图

在演变的一个固定时间点 t_k，系统可能出现一个集合元素：{1，2，3，4，5，6，7，8}。只要真正的演变是未知的，这组可选值都与这个集合相符。在系统的实际演变中，随机波动决定系统选择哪个可选值。如果做出所有的选择，我们得到图 11 中展示的情况。

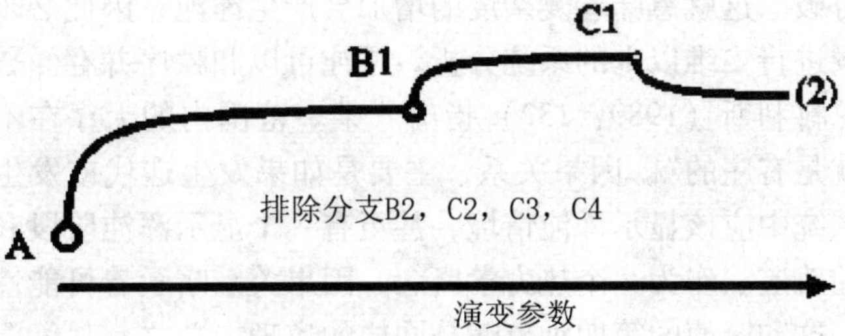

图 11：演变的分叉选择

在演变的时间 t_k，只存在唯一一个系统状态（2），并且是在点 A、B1、C1 上进行分叉选择的结果。继卡尔纳普和巴希勒（1952）之后，整个过程可以被模拟为一个开始信息 = 0 最后信息 = ld8 = 3 的信息过程。[①] 如果演变过程在分叉点 A 选择通往了 B1 的路径，那么它就限制了所有向集合 B1 的进一步演变并会使信息更丰富。

① 在 A、B、C 每点，系统的状态有两种可能，取定一种可能则就排除了另一可能所连带的一半的可能性（如图 11 中在 A 点就排除了可能性 5，6，7，8 所在的分支）。总和为 2 的 3 次方即 8 种可能性。每种选择（关于全体选择）的概率是 p = 1/8（如果每个状态是等可能出现的）。若最终从 8 种可能性中选择（出现）了一种，信息值即为八分之一。信息是关于所有可能的解的约化的一个度量。信息 = 以 2 为底 1/p 的对数。在我们这个例子中：p = 1/8，则以 2 为底的 1/p 的对数为 3。

（三）通向浑沌的道路

在第一章中我已经讨论了迭代逻辑映射。费根鲍姆能够证明这种通向浑沌的道路的普遍性（它有一个几何级数固定比率 δ = 4，669201609102……）。吕埃勒和塔肯斯提出另一条路径，他们证明如果吸引子有三个或三个以上的维度，轨迹的结构稳定性就会被打破。这就意味着复杂度的增加会产生浑沌；因此必须对浑沌情景进行二维以上的系统分析。浑沌可以和秩序并存。普利高津和尼科利斯（1989：132）指出“某一范围内的无序在不同的范围就是有序的”。因果关系，主要是如果发生迭代或发生在多模式系统中应该显示浑沌情境，甚至有一个显示浑沌阶段和秩序阶段的轨迹。作为一个热力学概念，因果关系暗示着可能性和必然性，这和康德的第四种范畴是同样的道理。总之，尽管浑沌情境不符合康德认知论中理想的有序情况，它仍是一个系统组合。作为一个系统组合，它可以在特定现象学领域被阐释，并得到特定范畴类型。

（四）复杂系统的协同论

普利高津提出的热力学系统组合符合化学反应和自组织化学模式，但不能很好地应用于复杂系统领域，如人类社会中的生物系统、生态系统、符号系统。因为这些系统经常是以许多子系统的协作为特征。在协作中，出现有序的新现象，即特定的主要模型倾向于支配数量庞大的子系统，以至于这些子系统的自由受到显著制约，从而达到自组织秩序的集合模式，通过选择优势得到稳定和继承。潜在的系统组合是统计流；即系统动态学作用于统计分布及它们的适时演变。如果统计流在特定区域达到顶点，则可能产生秩序。因此，涉及特定语言的个体选择（参见 Wildgen，1986）或一个语言变量可以随着个体、情境、地区而适当波动。

如果出现一个支配参数，起因果作用的因素就会发挥影响力和重要性，“支配”整个系统。这个过程可以重复，而且如果文化记忆保存了不同的秩序模型，则可能产生复杂有序系统。语言学系统的自组织协同论模型可以按这种方式构思。该模型是有关语言哲学的，该哲学在社会公约范围内由社会自组织形成，能影响我们对周围世界的感知和理解（参见认知人类学方面的近期著作）。这使我们可以从一个新视角看待十八世纪晚期赫尔德和康德之间的冲突（在认知语言学上，这个冲突被称作语言相对论与客观主义之争，参见莱科夫，1987）。

（五）意识与可计算性

如果用统计流系统组合来描述语言“制造”的集合和历史进程，你可能会反对，认为这种描述只对复杂但无意识的过程有效。对于头脑、人类意志等有意识的运作来说将怎样呢？笛卡儿的“我思故我在”将如何作解？彭罗斯（1994）提示我们“完全可计算物理学或可计算随机物理学的束缚”不能解释“意向性和主观经验”现象，他提倡一种基于量子力学的新认知科学。在考虑意向性和主观性这样不可计算因素的基础上，这种理论可以定义一种涵盖了纯粹感性和语言范畴之间过渡的新型系统组合。在语言哲学中还没有考虑到这个研究的可行性，我只是把它作为未来发展的一种可能性。

六、总　结

本文中提出的动态概念和拓扑概念，作为哲学中形式逻辑运用的补充，为哲学（如：分析哲学）提供了一种新的基本工具，并推动了始于整体动态结构图式，“从头到脚”聚焦图式的各个分部的笛卡儿策略。这使人可以从一种综合视角审视众多理论问题。我们所用图式的动态性和拓扑性有以下优势：时间和空间结构的概念化，动态解释和因果解释的可理解性。

已提出的几种图式：

——结构稳定性图式（适用于突变理论），

——浑沌吸引子图式（适用于自参考过程和周期倍增），

——非热力学平衡的秩序图式（耗散结构），

——复杂交互系统的支配图式（协同论），

——最后，概述了意识和主观性的量子模型。

这些图式有助于建构哲学范式的完整组织和解释大规模历史进程。

在语言哲学的例子中，我论述了如何进一步开发突变层级，并用由四部分组成的图式描述了这个问题的整体。特定传统以整个图式的动态成分为中心。接下来将按照图式来描述浑沌过程、热力学过程及协同过程。

参考文献

Altmann, Gabriel and Walter A. Koch, 1998. Systems. New Paradigms for the Human Sciences, Berlin: de Gruyter.

Barwise, Jon and John Perry, 1984. Situations and Attitude. Cambridge (Mass): MIT Press.

Bechert, Johannes and Wolfgang Wildgen, 1991. Einführung in die Sprachkontaktforschung. Darmstadt: Wissenschaftliche Buchgesellschaft.

Beltram, Edward, 1987. Mathematics for Dynamic Modelling. Boston: Academic Press.

Brandt, Per Aage, 1992. La charpente modale du sens. Pour une sémio - linguistique morphogénétique et dynamique. Aarhus: U. P.

Carnap, Rudolf and Yoshua Bar - Hillel, 1952. An Outline of a Theory of Semantic Infor - mation. Reprinted in: Bar - Hillel, Yoshua, 1984. Language and Information. Jerusalem: 221 – 274.

Chomsky, Noam, 1957. Syntactic Structures. The Hague: Mouton.

Gilmore, Robert, 1980. Catastrophe Theory for Scientists and Engineers. New York: Wiley.

Guckenheimer, H. and Ph. Holmes, 1983, Nonlinear Oscillations, Dynamical Systems, and Bifurcations of Vector Fields. New York: Springer.

Haken, Hermann, 1983. Synergetics. An Introduction (Third revised and augmented edition). Berlin: Springer.

——, 1988. Information and Self – Organization. A Macroscopic Approach to Complex Systems. Berlin: Springer.

Haken, Hermann and Michael Stadler (eds.), 1990. Synergetics of Cognition. Proceedings of the International Symposium at Schloβ Elmau. Berlin: Springer.

Kant, Immanuel, 1971. Kritik der reinen Vernunft. Republished after the 1st and 2nd edition by R. Schmidt. Hamburg: Meiner.

Lakoff, George, 1987. Women, Fire, and Dangerous Things. What Categories Reveal About the Mind. Chicago: Chicago U. P.

Mandelbrot, Benoît B., 1979. The Fractal Geometry of Nature, New York: Freeman.

Penrose, Roger, 1990. The Emperor´s New Mind. Concerning Computers, Minds and Laws of Physics. London: Vintage.

——, 1994. Shadows of the Mind. A Search for the Missing Science of Consciousness, Vinitage: London.

Peitgen, Heinz – Otto, Hartmut Jürgens and Dietmar Saupe, 1992, Bausteine des Chaos. Fraktale. Berlin: Springer. (English Original: Fractals for the Classroom. Part 1. New York: Springer)

——, 1992. Physique du Sens. De la théorie des singularités aux structures sémio – narratives. Paris: Editions du CNRS.

Plath, Peter Jörg, 1988. Diskrete Physik molekularer Umlagerungen (Teubner – Texte zur Physik, 19). Leipzig: Teubner.

——, 1997. Jenseits des Moleküls. Raum und Zeit in der Chemie, Vieweg,

Braunschweig.

Prigogine, Ilya, 1980. From Being to Becoming. Time and Complexity in Physical Science. San Francisco: Freeman.

Prigogine, Ilya and Grégoire Nicolis, 1989. Exploring Complexity. An Introduction. New York: Freeman.

Stadler, Michael and Peter Kruse (eds.), 1995. Ambiguity in Mind and Nature, Berlin: Springer, 221—240.

Stadler, Michael and Wolfgang Wildgen, 1987. Ordnungsbildung beim Verstehen und bei der Reproduktion von Texten. Siegener Periodicum zur internationalen empirischen Literaturwissenschaft (SPIEL) 6 (1): 101—144.

Stewart, Ian, 1990. Does God Play Dice? The New Mathematics of Chaos. London: Penguin Books.

Thom, René, 1973. De l' icône au symbole. Cahiers du Symbolisme (translated as chapter 14 in: R. Thom, 1983: 261—276).

——, 1983. Mathematical Models of Morphogenesis. New York: Horwood (Wiley).

——, 1988. Esquisse d'une sémiophysique. Physique aristotélicienne et théorie des catastro - phes. Paris: Interéditions.

Wildgen, Wolfgang, 1982. Catastrophe Theoretic Semantics. An Elaboration and Application of René Thom's Theory. Amsterdam: Benjamins.

——, 1985a. Archetypensemantik. Grundlagen einer dynamischen Semantik auf der Basis der Katastrophentheorie. Tübingen: Narr.

——, 1985b. Dynamische Sprach - und Weltauffassungen (in ihrer Entwicklung von der Antike bis zur Gegenwart), Schriftenreihe des Zentrums Philosophische Grundlagen der Wis - senschaften, Bd. 3, Universitätsbuchhandlung, Bremen (out of print; now accessible in a revised, electronic version: http: //www. fb10. uni - bremen. de/homepages/wildge)

——, 1986. Synergetische Modelle in der Soziolinguistik. Zur Dynamik des Sprachwechsels Niederdeutsch - Hochdeutsch in Bremen um die Jahrhundertwende (1880—1920), in: Zeitschrift für Sprachwissenschaft, 5 (1), 105—137.

——, 1990. Basic Principles of Self - Organization in Language. In: H.

Haken and M. Stadler (eds.): 415—426.

——, 1994. Process, Image and Meaning. A realistic model of the meaning of sentences and narrative texts. Amsterdam: Benjamins.

——, 1998. Das kosmische Gedächtnis. Kosmologie, Semiotik und Gedächtnistheorie im Werke Giordano Brunos (1548—1600) . Frankfurt/Main: Lang.

——, 1999a. De la grammaire au discours. Une approche morphodynamique. Series: European Semiotics, Nr. 1. Bern: Lang.

——, 1999b. Encyclopedic article: Sprache, in: Hans Jörg Sandkühler (ed.) Encyklopädie Philosophie, Hamburg: Meiner, vol. 2: 1501—1504.

——. 1999c. Hand und Auge. Eine Studie zur Repräsentation und Selbstrepräsentation (kognitive und semantische Aspekte), Series of the Center for Philosophical Foundations of the Sciences Bremen, Nr. 21. Bremen: University Press.

Wildgen, Wolfgang and Laurent Mottron 1987. Dynamische Sprachtheorie. Sprach – beschreibung und Spracherklärung nach den Prinzipien der Selbstorganisation und der Morphogenese. Bochum: Studienverlag Brockmeyer.

Wildgen, Wolfgang and Peter Plath, forthcoming 2005/6. Katastrophen – und Chaostheorie in der linguistischen Modellbildung, in: Internationales Handbuch der quantitativen Lingu – istik, de Gruyter, Berlin.

Wundt, Wilhelm, 1917. Die Nationen und ihre Philosophie. Leipzig: Kröner.

语言与自组织能力：从生物进化到语言文化的进化

沃尔夫冈·维尔德根（Wolfgang Wildgen）[①]
司提反·米勒 译

摘要： 本文主要探讨人类语言的自组织特征。文章首先关注了生物方面的自组织能力及语言问题，其次分析语言的文化进化特别是克里奥尔语的来源，然后试图回答这两个问题是否受到同样规律的支配。最后比较三种不同的自组织能力模型及其能否在语言研究中应用。

关键词： 人类语言　自组织　语言的文化进化

一、什么叫自组织能力？

与自组织能力对立的/相反的是一种简单的、有因果关系的连串，它指从第一个动作者出发产生一个（可以观察的）最后的结果。典型的例子是一串球（如台球）。球 A 碰到球 B，球 B 碰到球 C 等等，最后球终于到达最后的位置（进入球袋或者进不去）。

实际世界中因果关系更复杂，例如当环境因素（如球台对球的影响）或者多数互相影响的因素汇集到一起（如大气分子、

① 沃尔夫冈·维尔德根（Wolfgang Wildgen），德国不莱梅大学语言学教授。

台球、社会中的人），而整体中还出现一些性能/特性，它们与各细节性能的层次不同。例如一种由几亿互相影响的原子/分子产生的混合物可以用阶段图描述它受不同温度和压力影响下的综合状态（气、液、固态）。一种经济行为过程包括几百万人的活动（生产者、供货者、销售者、购物者等），他们用各种方式互相影响，就像被一个看不见的手引导着一样运动到固定的方向（股票市场用熊和牛做这些方向的象征）。为了掌握社会自组织能力的现象，需要认真地来下一些特殊的定义。和莫尔来客（Hemelrijk）（2005a：1）提出了社会自组织能力的一些特点，得·布尔（De Boer）（2005：123）则在文中定义说："自组织能力是通过地方性层次的互动在全球层次上出现的次序。"换言之，自组织能力就是尽管各个成分和过程有极大的丰富性，但整体却显示出一个简单的动力规律，因果关系同时发生到许多方向并且结果互相重叠并引起新的结构，其中有循环过程，就是过程的作用反馈于过程的因素（所谓的推动因素）[①]。

二、一定程度上语言以及语言的哪些方面是一个自组织系统

我们要提出一些语言中自组织过程的典型情况。以下几方面明显是自组织的而不是从外面受控制：

1. 语言的进化。在语言进化过程中，自组织有可能发生。但是必须同时出现一些在现代化进化理论框架内得到解释的复杂附加条件。

---

① 推动因素概念对语言学的应用可能性可参见维尔德根（Wildgen）（2005）以及维尔德根和普拉德（Wildgen and Plath）（2005）。

2. 语言习得。从皮亚杰的著作以来，语言习得被理解为自组织过程，即“认识的灵活、且具备建设性的自组织方法”(Furth 1972：275)。

3. 浪漫主义语言学把语言看做一种生物，甚至试图应用达尔文的进化论来解释语言的丰富性，如奥古斯特·施莱赫尔(Schleicher) 的谱系分类。自组织理论终于可以实现19 世纪初语言学者的目的，又可以作为语言演变和混合语言产生的理论基础。

4. 人的大脑发展过程中会出现复杂自组织的过程。大脑的成长并非直接被基因密码所控制，而是通过神经生产神经元。神经元的生存受不同机制的调节，由此产生一种立体、功能适应环境的大脑结构，这种结构就是思维互动的、社会性的构成基础，又是语言发展过程的基础。

5. 语音产生和语音吸收（接受）经历了复杂的、高度合作关系的过程。在这个领域中可以应用自组织能力的一些发达模型(Kelso 1997；Oudeyer 2006)。

6. 新的比较研究主要关注语法化的过程，正在发生的语言演变过程的研究主要涉及到语言演变中的内部和外部力量的综合作用，这是自组织能力理论的一个先导概念（Keller 2002)。在这个领域里，自组织能力模型的应用几乎没有什么发展。

7. 可以比较清楚地观察在语言结构中自发产生的自组织过程（Wildgen1982；1987a)。词汇学中的创新和叙述以及话语的发展都属于这个领域（Wildgen 1987b)。

我接下来只谈自组织能力的一些应用。由于时间和空间的限制，本文不再去讨论个体发生的、实际形成的和神经方面的自组织过程（Wildgen 2006；2010)。

三、人的语言能力的生物自组织能力的一些情况

人类语言进化的时间框架可以通过身体形式的进化理解（脑袋形状、牙齿安排、胯骨、手等等）。

人类的进化路线与今天猿类（黑猩猩、大猩猩）的进化路线大约在一千万年前就分道扬镳了，但是与人类相似的生物（像直立人）存在的证据直到二百万年前才出现。通过对今天生存人群的基因遗传进行计算，估计出现在公元前四十万到二十万年和人类相似的生物有一个共同的出发点。[①] 语言进化没有发生在五万年之内，就是在法国南方被发现的克鲁马努人（Cro－Magnon）以后，语言不会在那么短的时间发展或者被创造。现代语言之前存在过一种原始语言，那么语言进化发生在至少二百万年之前。二百万年对语言进化来说是一个很短暂的阶段，因此可以认为语言进化比生物平均进化发生的速度要快。

通过工具、武器、岩画或者早期定居痕迹证明的人类行为都较新（晚期的）。

---

① 最近非洲发现的骨骼线粒体 DNA 的遗传分析结果表明，第一群 15—9 万年之前离开了东非洲往南方向。今天科伊桑人是他们的后代。另一群是对撒哈拉以北和非洲以外的起源。从 4 万年前这两条线再次接触（哈尔 2008）。

表1：生物/文化进化和人类迁移的三个大阶段

时间	生物变化（移动）	象征变化（移动）
石器时代（自公元前二百万年）	自从南方古猿类发展成人，直立人迁移到欧亚。	人能生产石头工具，原始语言发展在石器加工过程。
公元前六万到公元前1.2万年	现代人种离开非洲取代尼安德特人（到公元前2万5千年）	语言和相关文化、艺术、技术、神话的传播；大面积的文化出现。
自1万年以来新石器和金属时代	大量人群迁移；人口集中和混合在某些地区（如尼罗河流域、两河流域）	农业和畜牧业的发展；到金属加工、语言和文化接触的国度时期

此表对历史进程中的语言进化提供了以下几种可能性。[①] 自组织能力在不同的可能性中有不同的条件及进行过程。

可能性A：语言进化可能是其他进化过程的副产品。进化首先涉及与直立行走功能、趋向前面的脸、活动能力及更灵活的控制手部动作的发展等有关的认知能力（主要是运动技术和直觉）。这些发展伴随着大脑的发育。

语言能力在这种进化选择带来的变化的压力下得到较快的发展。它和通过语言所改进的社会结构进化选择中的优势共同作用引起了语言进化。[②] 因此，语言的神经组织必须与感觉和运动功能有密切的联系。也就是语言并非独立于自主的认识能力之外。皮亚杰关于感觉运动基础上的语言自组织能力的说法适合这种可能性，但是乔姆斯基的独立语言模块的说法则不然。

可能性B：语言是隔离和遗传变异的结果。在动物交流所包

---

① 更详细的描述参见Wildgen（2004：第2章）。

② 和莫尔来客（2005：87）认为复杂的多个层次中，每个层次可能出现新的结构。因为这些层次相结合，可以认为自组织能力是按层次分的。她区别为："个人行为、互动、关系及社会结构"。

含的行为库及其诸多变化的基础上，隔离的种群可以集中经历一种很特殊的语音交流方式。更准确地说，一个随机被隔离的行为变化和这个小的（携带少量遗传潜力的）种群[①]扩大使得这个随机变体普遍化。也许这个过程会重复发生，每次隔离后有一种语言能力强的变体能够存活下来并进一步扩散。当语言能力特征得到足够的发展后，它在进化论的突变/选择机制中作为一种优势就能稳定下来并不断改善。按照进化论中所讲的同进化、大脑发育和学习阶段必须同时出现，否则没有大脑语言习得的要求和社会发展的条件。在这种可能性下，有同源线连接早期（动物）交流方式与今天的语言，因此黑猩猩的交流（作为共同祖先交流的证据）和人类社会中的交流是同源的。

这种可能性是研究灵长类动物语言能力的研究者所赞成的；但这种可能性的结果不仅存在争议，并且部分符号学者把它当“聪明的汉斯效果”[②] 而去反驳它。这种可能性不排除可能性 A，但是需把人和灵长类动物的交流方式放到一起。

这种可能性采取不同的理由来反驳语言模块理论（语言是人类的器官），因为与灵长类连接的话，语言必须被看成与符号行为有关的一般行为。

可能性 C：语言是一种快速选择的结果，即“逃离性选择”（runaway）可能性：通过种内的雌性（或雄性）共同偏好的进化和支持适合偏好的特点性来选择。达尔文在 1871 年已经指出性选择的特殊作用。例如很显眼的五彩六色的羽毛可能提高交配的机会，但同时也会引起猎者的注意，还有可能发生雄性的“军备竞赛”。其中雌性偏好的进化很难用达尔文的观点来解释。如果

---

① 根据最近人类遗传学的算法，人类在现代人类发展前的初期至少有一万成员。也有可能有的人群部分少于一千人，这种人群面临着灭亡的危险。

② “聪明的汉斯”是一匹会算数的马，它对教练发出的微小行为信号作出反应并能猜出数学问题的答案。

社会结构改变，雄性用更多的时间去从事育雏护理工作，那么被雄性选择的雌性就会减少，雌性就需要“升级”和为了得到最优秀的雄性而去竞争。当双方都发展自己选择的偏好，这个基本框架会变得复杂；另外特点和偏好都会具有一种基因变异，从而沿某个方向发生演变。如果语音交流对配对或者育雏护理引起一个偏好（雌性和雄性可能有不同的标准），通过性选择会发生一种指数加速选择进而至少满足语言进化的时间框架条件。但是语音交流能力（原始语言）在性选择中是否能够成为最重要的特点，这仍然是一个秘密。

可能性 D：语言作为社会和文化进化的工具。随着育雏护理工作量的增加和对群体不同成员的分配，育雏护理的成分流动到性行为和社会行为里。[①] 在人类进化线上，仪式化或者象征化的行为方式与语音交流可能存在着密切的关系。如果以黑猩猩的社会行为作为模型，那么它们的各种美容行为占行为的20%；而美容行为是一种后来被原始语言替代的社会性技术（Dunbar 1997）。假设语言进化主要由于其他选择的压力而产生，那么语言交流比较晚才形成。利文斯通（Livingstone）（1983）认为，对群体中生活的动物来说，社会交流作为普通交流方式就足够了，发展一种高度专业化的人类语音并没有足够的优势。利文斯通以北澳大利亚的卡里也拉人解释这个原则。他们有外婚制度，领土通过图腾来划分，然后通过宗教达到稳定。对女人交换（和商品交换）有复杂的规律。这个复杂规律的结构与语言相似，有可能与语音同时发展；这种发展是多数群体同时有组织的定居在固定领土上的初步条件。如果概括交换这个方面，就可以看出语

① 和莫尔来客（2005c：84）对此提出批评：“交配频率没有被发现与亲密联系的行为相关，如支持和分享食物，也很少发现交配频率与美容行为相关。”这个观察涉及黑猩猩。但他们的行为比现代人社会化程度更低。最近的研究表明，野生黑猩猩在威胁情况下比囚禁情况下更容易产生激烈的社会行为。

言具有经济交换的功能。语言作为“象征性的市场理论”是皮埃尔·布迪厄（Bourdieu）（1982）提出的。其前提是：在这些人种分散之前（大约15万年前），具有历史证据文化的结构就已经发展和稳定了。但这种前提缺乏任何证据。

可能性E：通过模仿达到快速发展是不同表达形式快速发展的基础，表达形式通过语言能力的发展得到稳定和区分。这种可能性认为，存在着某一种特殊神经功能，主要依赖“镜像神经元”。通过观察别人的行为，把它转移到自己身上来大大提高对陌生行为的理解和学习。这种功能的遗传在灵长类中已经存在，其进一步发展引起对社会学系和“传统”组成的一个新的层面。为更好组织这些传统，需要语言工具。与黑猩猩不同，小孩子更愿意接受别人所提供的解决问题的方法，而不是自己通过实验和错误寻找解决问题的方法（Tomasello 1999）。对语言起源用这个解释好像很偏向行为主义，而忽略了乔姆斯基一直指出的语言应用中的创造力。

可能性F：以语音为基础的语言是人类工具发展的进化结果，也是“手语”的竞争者。孔狄亚克（Condillac）（1746）在一篇以“思考行动的语言及其语音的起源”为标题的论文中，就概述了这种“动作的语言”的功能主义可能性。近来，针对不同聋哑语言的相似性产生的研究成果使得这个经常被批评的理论又得到了新的重视。“手语”可以贯穿自从发明和发展石器工具（大约2百万年前）直到金属加工出现的过程。“手语”至少是与语言进化发生的时期同时存在的（Wildgen 2004a：第四章）。但为什么“手语”的继续发展不能满足需求，这是一个未解决的问题。

上面列出几种不同的可能性，已经表明这个问题从根本上解决的不确定性。实际上每个可能性必须加上、接受和应用进化论的内容，包括突变和选择原则（也许还包括遗传变异和形态源)。然而有可能存在不同选择层面：生态选择（在一定的环境中生存下来)、性选择（繁殖和育雏护理的成功）以及社会选择(与亚种或者分散到不同地域和竞争中的群体)。此外，一致性或优化条件发挥了重要作用：象征形式与技术生存战略的一致性，他们与社会结构的一致性以及活动能力/知觉和记忆力/交流之间的认识一致性。这种一致性与选择有关，因为选择能影响社会或者社会成员的整体行为。

四、文化语言进化及自组织能力

(一) 从生物自组织能力到文化自组织能力

生物进化可以由于突变和遗传变异不断地产生遗传差异，但如果没有受到隔离作用的话，遗传差异也不会被分散开来而形成新的种类。在与长期被隔离群体接触的时候，如美国印第安人接触欧洲的征服者，这个差异就会显示出：对于免疫力不同的群体来说，流行病减少的程度就会出现差异。最起码血液的差异（如欧洲的恒河猴因子就存在着一定差异）会产生生殖障碍。语言学习能力不受这种差异的影响，这显示它在基因组中深深扎根。语言学习能力在人类中没有被改变，因为所有今天的人在少儿时代都能学会每一种语言。

进一步“进化”主要涉及文化组织和相关的符号形式：宗教（神话)、科学/技术、艺术或者特殊语言形式，如文字系统和文字语言①以及新的媒体等等。在这个环境中应该考虑像旧石

① 因为洞穴画家发现了一个很大的抽象字符库（维尔德根 2004b），人们已经在石器时代晚期可以看到初步的象征性文字。莫任次（Morenz）（2009）认为，他可以解释 1.2 万年前的早期石器时代的文献。

器时代洞穴壁画文化（3.7—1.6万年前）或者新石器时代带来农业和畜牧业的技术革命，在美索不达米亚和埃及早期帝国（5千年前）等社会组织的变化中是否存在着类似于生物学进化的“文化进化”？这就涉及到文伯伦悖论：“生物总类进化和语言的进化是在形式方面完全相同，但前者的基本机制在后者缺失。”（Labov 2001：15）。达尔文（1859年）出版后不久，奥古斯特·施莱赫尔（1863年）提出这样一种假设：语言的行为像动物一样，语言也存在“基因谱系”。单词和语言结构被排挤、取代和选择。但是现代类型学者差不多全部都认为（赫尔德和洪堡特都认为屈折语是语言中最高级的语言），语言在功能方面没有任何区别，不受任何能检测的选择压力[①]。格林伯格（Greenberg）（1966：69）说：

“以语言变化作为整体，好像几乎没有出现更大效率的辨别趋向。如果实际上有一个持续的斗争，那么我们必须认为，根据普遍规律，高级语言必须取得胜利。”

保持表达能力只是限制而非控制这种发展，其中应该注意到两件事情：第一，拉波夫描写语音变化非常精确，但只是间接地提到语音变化的结果，如形态学和词汇学之间区别的减少；第二，他用社会语言学方法所能研究的过程最多限制在三代说话者里（从青年说话者到老年说话者的距离大约在50—60年），但是移民往非洲外运动的语言和文化“进化”更准确地处于6万年范围而不在60年范围内。

顿巴尔（Dunbar）（2003：227）认为，影响语言发展能力的外部因素（如生态位）不如社会结构的变化重要。如果在物种形成之前语言能力的进化已经发生，那么旧石器时代晚期和新

① 有一些赞成达尔文的选择效应，如比哈克艳（Bichakjian）（2002），但也改变不了大部分人对此的拒绝态度。

石器时代的社会进化很有可能改变了交流的条件和形式。加强人类语言发展的进化压力也在社会进化中起了同样的作用。因此，我认为这个过程在物种形成后在不断持续。问题是：这还算是自组织能力的形式吗？

在埃及和美索不达米亚文明中有文士及学者阶级，他们通过象征形式有目的地创造神话、文字语言和艺术等。当然，这些参与者处于整个文化系统中的不同层次。在埃及，每当朝代（和首都）更换时也会有宗教和艺术方面的彻底改变。美索不达米亚和埃及文化的文字系统被海上民族（如腓尼基人以及后来的希腊人）利用并变换字母文字，进而扩散到全世界。这个过程是一种动态的平衡，即使在长时间较稳定状态后也会有变化。

这种过程与皮亚杰早期自组织能力的想法完全兼容。文化传播是文化进化的瓶颈。把它与生物进化比较，那么生物自组织中的基因复制对应于文化自组织的学习。道金斯（Dawkins）(1994）因此说“模因”取代“基因”。为了不添加理解上的压力，我们宁愿叫它“文化记忆”。其中关键是记忆内容传播的可靠性和稳定性；传播是象征性的（通过语言和学习）而不是生物性的（通过有性繁殖）。

语言文化的进化把语言的传播最大化，这首先是通过人先天性的学习能力（先天性的学习能力是生物自组织能力的结果），然后通过学习和教学条件（直到学校的建立和老师的培养）的改善，学习的成功依赖多种自组织的（天然的）学习过程的整合。

社会制度的自组织能力一方面依赖一定的条件，如生态、地理空间包括交通道路和阻碍、经济上的不平衡以及学习和创造文化的时间空间：另一方面需要主动者（的意志和能力）；主动者也许是家庭或者机关的关键人物、同年龄人中的模范人物或者处于网络中的联系节点。根据定义，主动者意志是自己控制或自主的；他在网络中的角色依赖于他人的反应、对他行动的反馈和意见。通过这个依赖性出现一个自组织网络，其中主动者虽然是发动机，但是整体过程和结果是网络中的选择过程所决定的。[①]

（二）克里奥尔语言形成过程中的自组织能力

在奴隶社会或种植园社会里，多数人是没有组织的（由于来自许多不同民族和语言的渊源），大多数年轻人在文化方面处于弱势地位；他们面对少数欧洲人，而这些欧洲人中又只是少数人与奴隶发生密集交流。在这种情况下，一小群熟悉本国社会的双语人才能在与殖民尤其是新来的殖民在交流方面起到关键的中介作用。他们使许多不稳定的辅助语言形成一个有用的交流工具并被后代继续巩固扩大。这个假说在观察经验上符合穆夫威尼（Mufwene）（2001）和库文堡（Kouvenberg）（2009）的观点。起辅助作用的交流方式和正在形成过程中的还没有成为正式语言的皮钦语，提供给克里奥尔语言各语言结构的参照依据。通过中间人和后来接受语言变种的成年人以及他们的放弃了第一语言的孩子发生的选择就是一种自组织过程，其中选择性很强。克里奥尔语并不比原来的语言简单，这与皮钦语正好相反，它只是减少在两种或更多种语言的混合中出现过于复杂的结构[②]。以认识的自组织能力（包括个人和集体的自组织能力）替换生物程序的话，这会更符合事实。此外，这种自组织的效果更普遍，所以没有加上特殊基因设施的必要。

在另一个同样典型的情况只发生在有限范围内（如港口的工作岗位）。工人的母语和他们原来的文化通过学会第二语言（皮

① 关于主动者网络理论的更详细的社会学分析参见（Latour 2005）。

② 比克顿的假说认为，在皮钦语到克拉奥尔语的过渡中，“当皮钦语获得以它为自己的母语说话者”会产生一种启用生物程序而新创造的语言。这个假说目前被许多克拉奥尔语言研究者拒绝，参见穆夫威尼（Mufwene），2001。

钦语）几乎不受影响（例如通过借词）。在许多情况下，尤其在非洲、美洲和太平洋地区城市，通过建立一个贸易区（港口）才出现。例如在巴布亚新几内亚，从内地流动到城市的居民没有共同的语言而且临时把出现的皮钦语言扩大到克里奥尔语言，这是假说：皮钦语 > 扩大皮钦语 > 克里奥尔语所涉及的情况。但在这种情况不是孩子“创造”新的语言，而是成年说话者中有发展成为共同克里奥尔语的趋势并在下一代得到加强。这是散克夫和拉伯格（Sankoff and Laberge）（1973）的研究结果指出的。

散克夫和拉伯格观察了父母和他们的孩子托克皮辛语的发展。托克皮辛语是巴布亚新几内亚独立以后发展的克里奥尔语并进而成为国家语言。如：

1. baimbai －动词前的时间副词

2. bai －将来时的指标：em bai = 我将要走

3. 缩减：em bi = 我（将要）走

因为孩子中重音的缩减在 2，然后是形态的缩减最明显，首先好像是孩子引起语言的变化（及时间副词的语法化）。但是更仔细的统计分析显示，孩子只是跟着父母而加强了这个趋势（Labov，2001：425）。因此这方面也是自组织引起来的重组。

独立于底层语言和上层语言的克里奥尔语语言形式的独立性，也明显体现在前荷兰属圭亚那（南美洲）的伯比斯——荷兰语上。由复杂复合词位产生新的、收缩的及语义上有变化的动词形式（Kouwenberg 2009：23）。

poko －喜欢，来自（卡拉巴里语）poko tari －嗓子渴了，饿

bionto －信仰，记得，来自（卡拉巴里语）bio ton －内部安排

五、“自组织能力”的模型①

在现代自组织理论范围内存在着不少有相当争议的立场。我想讨论三个立场：

1. 传统结构主义，即索绪尔（F. de Saussure）、叶尔姆斯列夫（L. Hjelmslev）所包含的封闭的自参照立场。该立场认为，语言系统是一种封闭系统，虽然系统面对外来影响能自己重新组织而达到一定的经济性和秩序（对称和规律性）。这是乔姆斯基多年来一直主张的立场，其特点是他拒绝提出或讨论有关语言的（社会、文化）来源或进化论的问题。只有语言习得，就是孩子进入已经存在的语言系统，稍微有些相关性。孩子在这个过程中重新发明部分语言的事实被排除。形成出现的克里奥尔语言之类的现象被理解为生物语法的效果（Bickerton 1981）。在乔姆斯基参与的新的讨论中，他给进化生物学稍微作出了一些让步。但是，因为（Fitch，Hauser，Chomsky 2005）退到递归能力作为语言的创新能力，他们与现代自然科学所提的自组织理论的接触点极小。②

2. 形态发生立场，这是勒尼·托姆（RenéThom）根据生物学者查尔斯·沃丁顿（Charles Waddington）提出的主张。它接受了受控制论影响的研究者如冯福斯特等人所主张的自组织定义。托姆假定，在达尔文提出的作用机理背后还存在一些基本的设计

---

① 自组织能力的概念不仅模糊，而且是矛盾的，这是经常被批评的。模糊意为不同作者对它的定义不同而作者常用一种比喻性的说法，尤其是对数学概念用比喻性的表达方法。

② 值得注意的是，皮亚杰（1968：13—16）指出结构自动调和的功能，从而把传统的结构主义与自组织能力的框架连接起来。

原则，它们预先确定进化路线。达尔文的进化论用一个随机生成器和一个选择过滤器（是变量的且根据生态位不断改变）在形态发生受限的互相可以替代的群中作出选择。长远出现的模式不突出反映随机过程或选择的结果，而更有可能反映进化线路的限制。这种心态发生过程不是自组织的。①

3. 艾根和舒斯特（Eigen，Schuster）（1969）以超循环论为中心的生活进化模型。催化和自催化过程允许在分子层次上快速和激进发生自组织。这个对分子模型在何种程度上可以应用到更高的生命形式和语言，维尔德根（Wildgen）（2007a）作了测试，并用以在此解释一些符号学的自参照过程，然后把催化的定义扩大到语言和文化现象上来。符号媒体的物质性、语言作为声事件、图片作为视觉输入等可以起一种催化剂的作用，符号和象征作为精神和世界之间的中介的方法，就是怎么样可以起中介作用，要更详细地阐述。②

从雅各布森（Jakobson）、马丁内（Martinet）直到韩礼德（Halliday），语言在功能方面的理论是一个丰富多彩的领域，因为功能概念能被理解作为选择概念的特殊化（Wildgen 2007b）。功能语言学理论原则上可以与自组织理论兼容，但由于大多数功能语言模型拒绝做规则性过强的数学模型，因而功能语言模型和自组织模型整合起来有些困难。第三种立场虽然是提供生命起源模型（在分子生物学模型的范围内）相对较好的选择，但不容易应用在符号形式的层面。

---

① 威尔逊（Wilson）（2005）在复杂系统理论的基础上提出：他发现复杂系统论和进化论的一个矛盾，提出用一种协同方法解决该矛盾。

② 关于催化在布尔代数定义参见普拉特（Plath）（2009）。

六、结束语

自组织模型在自然科学中已经得到相当成功的运用并在心理学界得到公认①，但在语言学界仍然还是个未知的领域。② 这是因为语言与身体、心理、社会各方面之间存在着极其复杂的关系。目前缺乏动态的语言经验知识，同时我们有关语言的知识（语音、语法、词汇）也在不断地扩大。近几十年许多与自组织方式相反的问题研究走进了死胡同，这间接证明了研究自组织方式的必要性：

1. 语言不是神给人类提供的设施，这个问题赫尔德（Herder）（1770）已经作出了令人信服的证明。它也不是由先天的语言器官发出的通过基因决定的结构（乔姆斯基在很长时间内让我们这样认为）。

2. 语言的变化不是按照物理学和生理学基础的、永恒不变的规律而发生（见1870年前后的青年语法学派）。索绪尔是从青年语法学派失败的方案中得出一个草率结论并认为语言变化不能通过科学被解释。

3. 语言的实际形成和语言应用要多于从无穷多的所有句子里机械性地过滤出来一些准确的句子。

总之，“为什么”之类的问题将来在语言学里还应该进行系统性的研究，实际上很多根本性的语言学问题还没有开始得到准确的关注。

---

① 察赫（Tsacher）和道瓦尔达（Dauwalder）（2003）。

② 形成模型的可能性已经被维尔德根和莫特仑（Wildgen und Mottron）（1987）及普拉特和维尔德根（2005）解释。克勒（2002）提出语言变化的“看不见的手”理论与自组织机制无关。

参考文献

Armstrong, Stokol und Wilkox, 1995. Gesture and the Nature of Language. Cambridge U. P. , Cambridge.

Bax, Marcel, Barend van Heusden und Wolfgang Wildgen (Hg.), 2004. Semiotic Evolution and the Dynamics of Culture, Reihe: European Semiotics / Sémiotique Européenne, Bd. 5. Lang, Bern.

Behar, Doron M. et alii, 2008. The Dawn of Human Matrilineal Diversity, in: The American Journal of Human Genetics, Bd. 82, Nr. 5, 1130—1140, 24 April 2008; http: //www. ajhg. org/AJHG/fulltext/S0002 - 9297 (08) 00255—3

Bichakjian, Bernard H. , 2002. Language in a Darwinian Perspective. Lang, Bern.

Bickerton, Derek, 1981. Roots of language. Karoma, Ann Arbor.

Bourdieu, Pierre, 1982. Ce que parler veut dire. L' économie des échanges linguistiques. Fayard, Paris.

Cavalli - Sforza, Luigi Luca, 2001. Gene, Völker und Sprachen. Die biologischen Grundlagen unserer Zivilisation. dtv, München.

Chomsky, Noam, 1986. Knowledge of Language. Its Nature, Origin, and Use. Praeger Publishers, New York.

Condillac, Etienne Bonnot de, 1746/1973. Essai sur l' origine des connaissances humaines. Galilée, Paris (Erstausgabe 1746) .

Darwin, Charles, 1859. On the Origin of Species by Means of Natural Selection, or the Preservation of the Favoured Races in the Struggle of Life. John Murray, London.

Darwin, Charles, 1872/1969. The Expression of the Emotions in Man and Animals. Culture et Civilisation, Brussels Reprint, 1969/Erstausgabe London 1872.

Dawkins, Richard, 1994. Das egoistische Gen. Spektrum Verlag, Heidelberg. (Englischer Originaltitel: The Selfish Gene.)

De Boer, Bart, 2005. Self - organisation in Language, in: Hemelrijk (2005a: 123—139) .

Dunbar, Robin, 1997. Groups, Gossip, and the Evolution of Language. In: Schmitt et al. (Hg.), New Aspects of Humans Ethology. Plenum Press, New York: 77—89.

Dunbar, Robin, 2003. The Origin and Subsequent Evolution of Language, in: Morten H. Christiansen und Simon Kirby (Hg.), Language Evolution. Oxford U. P., Oxford (Kap. 12: 219—234).

Fitch, W. T., M. D. Hauser, N. Chomsky (2005). The Evolution of the Language Faculty: Clarifications and Implications, in: Cognition 97: 179—210.

Foerster, Heinz von, 1992. Cybernetics, in: S. C. Skapiro (Hg.), The Encyclopedia of Artificial Intelligence, John Wiley and Sons, New York: 309—312.

Furth, Hans G., 1972. Intelligenz und Erkennen. Die Grundlagen der genetischen Erkentnistheorie Piagets. Suhrkamp, Frankfurt/Main.

Greenberg, Joseph Harold, 1966. Language Universals: with Special Reference to Feature Hierarchies. Mouton, Den Haag.

Grimm, Jacob, 1851/1958. Über den Ursprung der Sprache: gelesen in der Preuβischen Akademie der Wissenschaften am 9. Januar 1851. Insel - Verlag, Wiesbaden.

Hemelrijk, Charlotte (Hg.), 2005a. Self - organisation and Evolution of Social Systems. Cambridge U. P., Cambridge.

Hemelrijk, Charlotte, 2005b. Introduction, in: Idem (2005a: 1—6).

Hemelrijk, Charlotte, 2005c. A Process - oriented Approach to the Social Behaviour of Primates, in: Idem (2005a: 81—107).

Herder, Johann Gottfried (1770/1966. Abhandlung über den Ursprung der Sprache. Stuttgart: Reclam [1st edition 1770].

Keller, Rudi, 2002. Sprachwandel: von der unsichtbaren Hand in der Sprache, 2. überarb. und erw. Aufl. Francke, Tübingen.

Kelso, J. A. Scott, 1997. Dynamic Patterns. The Self - Organization of Brain and Behavior. Bradford Book, Cambridge (Mass.).

Kouwenberg, Silvia, 2009. The Invisible Hand in Creole Genesis. Reanalysis in Berbice Dutch, in: Aboh, enoch O. und Norval Smith (Hg.) Complex Processes in New Languages, Benjamins, Amsterdam: 115—158.

Labov, William, 1994. Principles of Linguistic Change, vol. 1: Internal fFactors. Blackwell, Oxford.

Labov, William, 2001. Principles of Linguistic Change, vol. 2: Social Factors. Blackwell, Oxford.

Latour, Bruno, 2005. Reassembling the Social. An Introduction to Actor – Network – Theory, Oxford U. P., Oxford.

Livingstone, Frank B., 1983. Evolutionary Theory, Human Adaptations, and the Evolution of Language, in: Eric de Grolier (Hg.), Glossogenetics. The Origin and Evolution of Language. Harwood Academic Publishers, London: 163—184.

Maturana, Umberto (mit F. Varela), 2003. Der Baum der Erkenntnis. Die biologischen Wurzeln menschlichen Erkennens. Goldmann, München.

Morenz, Ludwig D., 2009. 12, 000 Jahre alte Texte? Zeichen zur kulturellen Bewältigung von Furcht, in: Zeitschrift für Semiotik 31 (1—2): 115—132.

Mufwene, Salikoko, 201. The Ecology of Language Evolution, Cambridge U. P., Cambridge.

Neuser, Wolfgang, 1994. Methodischer Neuplatonismus in den Selbstorganisationstheorien, in: System und Struktur, II, 2, 113—133.

Neuser, Wolfgang, 1998. Zur Logik der Selbstorganisation, in: Karen Gloy, Wolfgang Neuser und Peter Reisinger (Hg.), Systemtheorie. Philosophische Betrachtungen ihrer Anwendungen. Bouwier, Bonn: 15—34.

Niemitz, Carsten, 2004. Das Geheimnis des aufrechten Gangs: unsere Evolution verlief anders. Beck, München.

Oudeyer, Pierre – Yves, 2006. Self – Organization in the Evolution of Speech. Oxford U. P., Oxford.

Parker, Andrew, 2005. Seven Deadly Colours. The Genius of Nature' s Palette and How it Eluded Darwin. Free Press, London.

Piaget, Jean, 1968. Le structuralisme, Reihe: Que sais – je?, Nr. 1311. Presses Universitaires de France, Paris.

Piaget, Jean, 1992. Biologie und Erkenntnis : über die Beziehungen zwischen organischen Regulationen und kognitiven Prozessen. Fischer – Taschenbuch –

Verl. , Frankfurt am Main.

Plath, Peter, 2009. Self - organization and Identity - Links between Theories?, in: Wildgen und van Heusden (2009: 265—288).

Sankoff, Gillian und Suzanne Laberge, 1973. On the Acquisition of Native Speakers by a Language, in: Kivung: 32—47.

Schleicher, August, 1863. Die Darwinsche Theorie und die Sprachwissenschaft, Bohlau, Weimar.

Sebeok, Thomas and Jean Umiker - Sebeok, 1980. Speaking of Apes : a Critical Anthology of two Way Communication with Man. Plenum Press, New York.

Thom, René, 1983. Mathematical Models of Morphogenesis. Horwood (Wiley), New York.

Thom, René, 1987. Moderne Formen des Apriori, in: Gerhard Pasternack (Hg.), Philosophie und Wissenschaften: Das Problem des Apriorismus. Lang, Frankfurt/Main: 195—204.

Tomasello, M. , 1999. The Cultural Origins of Human Cognition. Harvard University Press, Harvard.

Tschacher, Wolfgang und Dauwalder, Jean - Pierre (Hg.), 2003. The Dynamical Systems Approach to Cognition : Concepts and Empirical Paradigms based on Self - Organization, Embodiment, and Coordination Dynamics. World Scientific, River Edge (N. J.).

Wildgen Wolfgang, 2007b. Linguistic Functionalism in an Evolutionary Context. Conference given at the 40th Annual Meeting of the Societas Linguistica Europaea; 29 August - 1 September, Universität Joensuu, Finland. http: // www. fb10. uni-bremen. de/homepages/wildgen/ppt/Linguistic% 20functionalism% 20in% 20an% 20evolutionary% 20context. ppt.

Wildgen, Wolfgang und Barend van Heusden (Hg.), 2009. Meta - representation, Self - Organization and Art. Lang, Bern.

Wildgen, Wolfgang und Peter Plath, 2005. Katastrophen - und Chaostheorie in der linguistischen Modellbildung, in: Quantitative Linguistics/Quantitative Linguistik. Ein Internationales Handbuch (hg. von Reinhard Köhler, Gabriel Altmann und G. Pietrowski). de Gruyter, Berlin: 688—705.

Wildgen, Wolfgang, 1982. Zur Dynamik lokaler Kompositionsprozesse. Am Beispiel nominaler ad hoc - Komposita im Deutschen, in: Folia Linguistica, 16: 297—344.

Wildgen, Wolfgang, 1985. Archetypensemantik. Grundlagen für eine dynamische Semantik auf der Basis der Katastrophentheorie. Narr, Tübingen.

Wildgen, Wolfgang, 1987a. Dynamic Aspects of Nominal Composition, in: Ballmer, Thomas T. und Wolfgang Wildgen (Hg.), 1987. Process Linguistics. Exploring the Processual Aspects of Language and Language Use, and the Methods of their Description. Niemeyer, Tübingen: 128—162.

Wildgen, Wolfgang, 1987b. Selbstorganisationsaspekte beim mündlichen Erzählen (mit Bemerkungen zur literarischen Erzählform), in: Willi Erzgräber und Paul Goetsch (Hg.). Mündliches Erzählen im Alltag, fingiertes Erzählen in der Literatur. Narr, Tübingen: 15—35.

Wildgen, Wolfgang, 2004a. The Evolution of Human Languages. Scenarios, Principles, and Cultural Dynamics. Benjamins, Amsterdam.

Wildgen, Wolfgang, 2004b. The Paleolithic Origins of Art, its Dynamic and Topological Aspects, and the Transition to Writing, in: Bax, van Heusden und Wildgen, 2004: 117—153.

Wildgen, Wolfgang, 2005. Das dynamische Paradigma in der Linguistik, elektronische Version von Teil 1, in: Wildgen and Mottron, 1987, mit zusätzlicher Bibliographie und einem Verzeichnis der Arbeiten des Autors zum Thema seit 1987: http://elib. suub. uni - bremen. de/ip/docs/00010028. pdf.

Wildgen, Wolfgang, 2006. "Kognitive Grammatik und neurokognitive Forschung", in: Sandkühler, Hans Jörg (Hg.). Theorien und Begriffe der Repräsentation. Beiträge zu einem Workshop, Schriftenreihe der von der Volkswagenstiftung geförderten Forschergruppe Repräsentation, Bd. 1. Universität Bremen, Bremen: 115—134.

Wildgen, Wolfgang, 2007a. Semiotic Hypercycles Driving the Evolution of Language, in: Axiomathes, 18: 91—116.

Wildgen, Wolfgang, 2008. Kognitive Grammatik. Klassische Paradigmen und neue Perspektiven. de Gruyter, Berlin.

Wildgen, Wolfgang, im Druck 2010. Die Sprachwissenschaft des 20. Jh. s. Versuch einer Bilanz. de Gruyter, Berlin.

Wilson, David Sloan, 2005. Natural Selection and Complex Systems: a Complex Interaction, in: Hemelrijk (2005a: 151—165).

Wolfgang Wildgen und Laurent Mottron, 1987. Dynamische Sprachtheorie. Sprachbeschreibung und Spracherklärung nach den Prinzipien der Selbstorganisation und der Morphogenese. Studienverlag Brockmeyer, Bochum.

语言：从确定到不确定[①]

皮特·F·大卫（Peat·F·David）[②]
吴东海　译

摘要： 哲学家在探讨哲学问题时，常常为所用词语的语义模糊所困扰。于是，人们就希望有一种语义清晰的理想语言。伯特兰·罗素提出了逻辑原子主义的理论，路德维希·维特根施坦提出了世界图像理论。但是，维特根施坦最后认识到，语言本身是有生命力的，任何限制语言的企图都是枉然的。语言的不确定性也是我们丰富的社会生活所必需的。

我们的语言是在我们的自然环境和社会环境中演化来的，因此，我们的语言是与我们的意识，我们的世界观紧密联系在一起的。我们的语言是以名词为基础的语言，这样的语言并不适于量子世界。黑脚人用流动的眼光看世界，他们的语言动词丰富并有各种时态变化，这也许会把我们领入另外一种世界观。

我们都是哲学家，在人生的某点上，我们提出了人类可能提出的最深刻的问题。我是谁？我们从哪里来？我们要到哪里去？生命的价值是什么？时间有尽头吗？什么是正确的行为？自由是什么意思？我应当如何对待别人？死亡的意义是什么？

① 本文是根据 Peat·F·David 的《从确定到不确定》（From certainty to uncertainty）的第四章 Language 编译的。

② 皮特·F·大卫（Peat·F·David），独立研究者、作家。曾在英国和加拿大的教学科研机构工作。

有史以来，所有文明的哲学家和宗教师已经讨论了这些问题。一些文明根据宗教信仰和神秘的启示给出了答案，另一些则创建出复杂综合的思想体系。一些哲学家用毫不相关的内容来回答这些问题，另一些则寻求终极性和完整性，并希望开创一个能到达所有问题和答案的单一途径。

一些宗教和哲学体系在他们寻求表达这种超越时玩起了诗人的比喻，其他的，特别在西方，则信奉清晰性和直接性的目标。另一方面，一些哲学著作写得曲折幽深，哲学家试图用语言来表达那些用言语难以表达的概念，强迫语言承担它通常并不承担的任务。

于是我们就遇到另一个巨大的麻烦：怎样才能做到说什么就是指什么？当我们说到世界时我们是怎样理解它的？我们是怎样把我们对这个世界的感知和思考进行交流的？我们如何说话才能不被误解？使用语言的正确方法是什么？

哲学家莱布尼兹（Leibniz）认为应当只用一种理性的理想的语言来进行哲学论争。大学生们讨论“自由意志”、“良心”和“道德”等时，很快就陷入定义紊乱的困境。我们说“我在谈这个事情，你却是在讨论另一个事情”，“让我们在我们正在讨论什么问题上取得一致”。于是，争论移动了方向，转到了努力界定自由意志或意识或我们说的“善良”是指什么。然而，当我们在这个定义上取得一致时，却又好像是走了味，因为，我们感到，我们是在讨论另一个有微妙差别的事。

莱布尼兹对这些潜在的困难理解得过于乐观了，他假定哲学家应采用这样一种语言，它的所有术语都事先定义好并剔除了暧昧的语义。如果我们在“自由”、“道德”、“因果”、“时间”和“空间”等是什么意义上取得了一致，我们只需认真地在我们的定义上使用这些术语，那么我们就能一起交谈，我们的讨论将会逐步地有逻辑地展开。这样，我们就会达到一定程度的确定性，并且没有歧义和混乱。

莱布尼兹的计划听起来是理想的。一旦这样的语言完善了，哲学的争论就能澄清了，进而哲学上的重大问题就能解答了。如此，哲学将会对什么是知道的和什么是还不能回答的达成一致意见。在各种哲学派别，我们将有百分之百的清晰性。哲学将围绕什么是能说的，什么是能知道的，什么是能肯定地说的，建立起藩篱和界线。界线之外剩下所有不能回答的问题和各种程度的不确定性，但是，界线之内这个区域是清爽而没有杂草的。

莱布尼兹的同代人，讽刺家乔那森·斯威夫特（Jonathan Swift）发现了这一雄伟计划的明显缺陷。他的观察被三个世纪后的路德维希·维特根施坦（Ludwig Wittgenstein）回应了。斯威夫特指出理想语言之梦想给人的印象是深刻的，但是现实中能存在吗？在《格里佛游记》（Gulliver's Travel）中，主人翁访问了伟大的拉伽杜学院。在那里语言教授消灭了除名词之外的每个成分，“因为现实中，只有名词不是想象能得到的，”而且“我们说的任何词，在某种程度上都是对我们肺的小磨蚀。”在斯威夫特的讽刺作品中，当两个哲学家希望争论时，他们必须避免所有的语义歧义和逻辑矛盾。他们扛着庞大的布袋来争论。第一个哲学家开始争论，不是使用语言，而是从袋子里取出一件物品并展示它，然后，另一个哲学家用展示另一件物品来反驳，如此这般。没有歧义和混乱的可能——书是书，砖是砖——所有语言和言语中固有的模糊性都避免了。仅有的问题是哲学家们没有多少可谈论的了！

斯威夫特的讽刺作品暴露了莱布尼兹梦想的固有弱点。如果我们希望避免所有潜在的混乱，我们必须使用一种纯粹的语言，在这里意义的所有差别和微妙都已排除，以至于每个词都为一个意义服务。如此，语言被高度狭窄地限制着。另一方面，如果我们希望讨论生活中最深刻的论点，我们需要人类语言具有它全部的丰富性，能包括比喻，容忍歧义和似是而非。这就是我们要在本章中提出的两难境地。这个两难境地挑战我们，是坚持确定性，还是把它作为人类的基本状况，承认世界有一定程度的模糊性和不确定性。

在第二章，我们知道伯特兰·罗素（Bertrand Russell）在数学中研究确定性和完整性。他也是讨论语言本质的活跃分子。他首先强烈反对英国哲学中被称为理想主义的早期运动，同样反对黑格尔（Hegel）的伟大哲学体系。罗素认为，“他体系的整个宏伟建筑”是建立在一个逻辑错误之上的，许多形而上学的体系也是如此。实际上，在他第一部意义重大的哲学著作《莱布尼兹哲学批判》（A Critial Exposition of the Philosophy of Leibniz）中，他认为形而上学的论断是从语言把世界分为主语和谓语的方式推来的。

为了反对理想主义，罗素希望建立一门非常清晰的哲学，他称之为“逻辑原子主义”。他的思想是从世界上我们能确切掌握的事物开始的，这些大体上都是科学的说法。罗素把这些看做是逻辑建筑砖块或他体系的出发点，他称这些为“逻辑原子”。正如分子是由原子构成的，我们周围的世界是由分子构成的，同样的，逻辑原子主义将通过逻辑原子的结合，构建出一个清晰的、一致的、理性的哲学。

结果，罗素自己的学生，路德维希·维特根施坦证明了这个程式无用。尽管语言可以在某种程度上被僵硬的逻辑限制，但是，通过进行比喻，容忍歧义，包含似是而非和多样性的功能，语言，比之于讨论世界的哲学，更适于编笑话、谈恋爱、唱儿歌、拉家常、祈祷和写诗。我们也许想要调整和限制语言，但是，我们一旦开始在一起交谈，语言就逃出我们的控制，走自己的路。在反对罗素的宏大语言程式时，维特根施坦建立起自己的哲学程式，该程式对思想的巨大影响一直延续到今日。实质上，通过展示语言作用和玩耍世界的许多方式，维特根施坦创立了一种最好被说成是针对哲学家的治疗法，这种方法帮助哲学家从他们自己制造的各种两难境地中解脱出来。

当罗素继续铸造他的逻辑原子时，维特根施坦却在他自己的领域探索：我怎么能说任何事情？一句话怎么能表示任何事情？语言和世界的联系是什么？什么是能说或能知道的？什么是不能说的？他把他的思考写进他带到东方和意大利的笔记本里。

在1914年，维特根施坦有一个关于语言本质的启示。传说是这样的，他读到一个有关交通事故的法院案例。为了演示案例，法庭用微型的车、路、房展示了事故的模型。使维特根施坦惊讶的是，模型找到了原因。模型代表了世界上事件可能的状态，模型的每个要素对应于或指向现实世界中的某事物。使维特根施坦惊讶的不是玩具车与真车之间的对应，而是某些更普遍的东西。是玩具车和房的安排对应于真实世界的事物和事件的安排。

维特根施坦突然来了灵感，语言能运行，是因为它给出了一个现实的图画。如果你做出一个陈述，如“猫在追老鼠”，每个词都对应于世界上的物，但更重要的是，这个陈述中词的安排对应于世上事件的特定状态。维特根施坦说，这就是为什么语言有意义，为什么能让我们说世界上的事物。

维特根施坦的笔记本后来出版了，名叫《逻辑——哲学论》。这应该是哲学著作中最短的一篇，也是二十世纪最有重大意义的作品之一。在仅有七十五页的短短叙述中，维特根施坦详细描述了，什么是能说的，什么是不能说并必须置之不理保持沉默的。

维特根施坦的命题，建立起语言和现实的图像对应。这本书是从他的第一个命题开始的：“世界是一切的实际事况。”它不断地运用命题、次命题、次次命题，每个命题都有适当的号码和次号码，以记下每个能被准确说出的事物。

对罗素的逻辑原子、维特根施坦的命题和能被明确地说出的事物，与科学的陈述相近。

根据维特根施坦的看法，这只是能说的那种事物，另一方面，我们人类平常并不用科学陈述来说话，我们想谈论我们的希望、愿望和恐惧，我们想知道，如果世界有目的，世界的价值是什么？所有这些与我们自己生活的价值有什么关系？

对维特根施坦来说，这些非科学的陈述，就不能清晰地表达，也同样不能描绘出世界上的对应状态。因此，他说："世界的意义应存在于世界之外。"《逻辑—哲学论》开始于"世界是实际事况"，在世界上的每个事物就在世界之中，发生了的事件也就发生了。但是，去追问事情的价值和意义，就涉及宇宙之外的某些东西了。因此，对维特根施坦来说，宇宙的意义就不是宇宙之内的事实了。

这就意味着，哲学中最重要的——伦理、自由的本质、意识的角色等——就不能被设计成命题的形式来判断真假。例如，死亡，这是我们每个人都要面对的。维特根施坦说："死亡不是生命中的事件，死亡是不活。"因此，维特根施坦劝告哲学家"除了能说的外，别说什么"。

但是，从古希腊以来的伟大的哲学传统是研究真理吗？维特根施坦认为，哲学家真正的事情并不是做出有关世界的伟大陈述，而是澄清由语言使用方式引起的逻辑混乱。

打个通俗的比方：我可以说"沸腾的雪"或"方形的圆"，这并不违反语法规则，英语允许我说这样的事，尽管它们没有意义。根据维特根施坦的观点，哲学上的大争论（关于自由意志、意识、道德的起源、因果性、时空范畴）都可归结为有似语言混乱。哲学家的任务不是为这些问题寻求答案，而是对语言混乱保持警觉，然后澄清它们。

维特根施坦似乎为语言划出一道界线，他说“在所圈领域之内的任何事物都属于哲学，其外是神秘主义者、诗人、情侣的领地，后者不是努力为现实制象，而是为了表明，这是决然不同的。”

维特根施坦后来退出了哲学，但最终他又回来了。他回来之后探索的领域之一，就是他早期语言图像理论的局限性。维特根施坦讲了许多有关此事的轶事给他的学生和朋友听，他们的说法各不相同。有一个故事是这样，他向意大利经济学家斯拉法（P. Sraffa）解释，语言中的一个命题必须同它所描述的世界上的事件有同样的逻辑形式。维特根施坦声称，这样的命题中总会有特定的措辞。作为回答斯拉法做了一个熟悉的表示解散或蔑视的意大利手势，从下巴下方往外扫过他的手指和手背，问道：“这个的形式是什么?”

维特根施坦惊讶了，这个手势有一个明确的意义，但是它不与世界上的任何事物对应。于是，在他与学生的辩论中，他开始探寻语言的丰富性和复杂性。他指出，意义与描述现实图象的关系不大，而与掌握语言的不同用法以及它的各种运行方式关系更大。

在《逻辑—哲学论》中，他围绕可以说清楚的东西建立了一道藩篱，现在，他认识到他限制了语言，干预了它的自由。尽管如此，他原来的部分论断仍然有效：哲学不是要到达普遍真理，而是要指出无意义的话，要消除混乱，要对语言做什么更清楚。他仍然断言，哲学“将永远不会到达世界的真实本质”。他根本不相信会存在某种暗藏的意义，能告诉我们“思想”或“正义”或“上帝”的真正的本性。正如玻尔（Niels Bohr）怀疑原子之下是否还存在“真实性”，维特根施坦怀疑一种哲学的“真理”是否能说存在。

在调查语言的诸多使用方式时，维特根施坦喜欢拿游戏做例子。设想一个从火星来的人问道："什么是游戏？"我们打开电视并看到一场足球赛和一场棒球赛，"哦！"火星人领会到"那么，英国众议院的争论应该也是游戏，因为它有两个队，一套规则，一个队赢一个队输。"

在回答时，我们指向在大街上玩耍的孩子，并递给火星人一本关于国际象棋的书，说"这些也是游戏"。火星人自然疑惑了，并催我们准确界定什么是游戏。它必须像国际象棋那样有一套规则和精确的作战计划吗？或像棒球那样总是有两个队吗？如果自由式摔跤是游戏，那么，大厅舞蹈呢？每种游戏都是涉及一个人或队与另一个竞争吗？那么单人玩牌呢？如果单人玩牌没有别的参与者也是游戏，那么纵横字谜也是游戏吗？数学家庭作业呢？股票交易楼里的所有人都在玩游戏吗？

我不断地指出不同的游戏，同时又告诉我的访问人，一场争论和一个计划会议不是游戏。"但是"火星人说："这里必定有一个游戏的本质，必定有一个准则来衡量事物，才说这个是游戏这个不是。否则，你为什么如此肯定地说，某些是游戏而别的不是？你到底是怎么知道的？"

关于游戏的某种类型的本质的想法，可追溯到柏拉图（Plato）和他的思想。柏拉图说，存在着一个椅子的构想，一个椅子的完整形式，真实的椅子只是构想的复制品。假如我们头脑中没有这个构想，当我们看到它时，怎么能认出它呢？这是否意味着存在一个游戏的构想，所有的游戏与它多少有关系？

维特根施坦说，这是废话和哲学上的混乱。仅因为我们给某物一个名字，并不表示这个名字对应于一个单一的确定类别。天国中没有这样一个大游戏，世界上所有游戏都在某种程度上与它一致。谈论游戏，有助于表明语言运行的方式以及我们不谨慎就会产生的混乱。

不存在一个概括性的游戏定义，没有这样一个界定得很好的类别，能做到所有的游戏都严整地符合，类别之外的每件事都明白无误地不是游戏。尽管如此，我们谈论游戏并把它们从不是游戏的行为中分别出来是毫无问题的，语言对这个应付自如。

维特根施坦认为，在游戏这个例子中，事情是通过他称之为“家族相似”（family resemblances）来起作用的。国际象棋与西洋棋是相似的，二者都是盘类游戏，但是它们也与足球有共同的东西——两个移动攻击的队伍。这里的家族相似，也与橄榄球和曲棍球共享，所有这些都使用球。曲棍球又与不在草地上玩，不用球的冰上曲棍球相近。这些场地游戏与排球又有共同点——两个队，一个球。排球与网球、羽毛球拥有家族相似——它们都涉及球、球拍和球网。从这里我们能转到英式回力球，它没有球网但仍与用球拍击球有关。就这样通过一系列的联系，我们得到整个游戏之网，而不必费尽心机地去定义游戏或求助于“所有游戏的类别”。

适用于游戏的思想同样适用于“真理”、“美丽”、“自由”、“精神”、“意识”和“上帝”。试图定义这些术语或钉住它们，只会把我们带进无尽的困境，因为，这阻碍了必要的自由和语言的创造力。维特根施坦建议，如果你想知道一个术语的意思，那就去看看它做什么，去看看它在语言中的各种用法。

在另一个场合，维特根施坦把词与驾驶舱里发动机上的控制杆相比。在某种意义上，词就是控制杆。然而，每个控制杆做不同的事，要了解控制杆的全部，就必须去看看这些不同的控制杆是怎么使用的。

维特根施坦说，哲学上的问题，来自两个或更多的人对同一个词有微妙差异的使用。假如他们都使用“自由”或“意识”，这并不意味着他们必定谈论着同一事物。每个人都用不同的方法使用这个词，并把它同词的整个“家族相似”的不同方面联系起来。另一方面，如果从定义词开始，那么，别的问题就产生了，因为，语言的运行方式意味着，当词被用不同方式使用时，问题中的词总是从它的定义上溜开。

语言简直就不能被压抑和限制，但这并不意味着我们就得对我们说的话十分小心，对语言在不同场合的使用方法投入很大的注意力。

关于哲学，维特根施坦曾说，就好像一个人发现自己被困在屋里，他试着钻窗户、爬烟囱都白费了，就在他转过身来，却发现门一直就是开着的。

玻尔（Niels Bobr）与语言

在很多方面，玻尔完善了维特根施坦的观点，特别是他的评论：我们是这样悬在语言中的，我们不知道何方是上，何方是下。维特根施坦在早期说过，哲学只能说清世界之内的事物，这是回避作出“关于”世界的陈述，诸如世界的意义或生命和死亡的本质。玻尔接着为“世界”设定了界线。我们人类是有一定的大小并生活在特定持续时间中的动物。因此，我们语言是在朝着反映这些状况的方向上演化的。我们陷入语言是如此之深，以至我们甚至没有认识到我们使用着属于我们宏观世界的空间、时间、因果等概念。当今世界量子概念已家喻户晓，当用我们的模式和观念去谈论量子世界时，混乱就产生了。因为，我们仅有的交流工具并不适合这个世界。

维特根施坦早期的“图像理论”表明，我们能说事情是因为语言指向现实中的事。对玻尔来说，我们语言中没有能指向量子世界的东西。当然，维特根施坦后来修改了他的主张，改用更灵活的观点去看语言，但是，玻尔的关于我们谈论量子世界的理论仍然能站住脚。

黑脚人[1]和“流型”

然而，是所有的语言都一样呢，还是有些语言能提供进入不断流动变化的量子世界的语言观？在前一章，我们遇到了一个处于不断流动着世界的社会。这是否意味着他们的语言也和我们不一样，也许更适合谈论量子世界呢？黑脚人的长老说，他们自己内部的说话方式同与非本族人的谈话方式决然不同。与此相联系，他们思考世界图像的方式也是不相同的。

在检查这个说法之前，我们先看一下沃尔夫——萨丕尔假说。这个假说有些争议。该假说声称，特定社会使用的语言与它的世界观密切相关，社会建构事件和历史的方式以及理解时空间隔的方式，可以通过仔细研究语言运行的方式来发现。

围绕沃尔夫—萨丕尔假说的争论，模糊了它作为走近另一种世界观的途径的重大贡献意义。当今流行的乔姆斯基理论认为，世界语言的差异都是表面的，因为所有语言都依赖一个共同的“深层语言结构”。因此，仅仅是特定语言的表面差异，怎么可能引起深层的世界观的不同呢？

斯提芬·品克（Steven Pinker）在他的语言学的通俗解释《语言本能》中，建立了一个简化的沃尔夫——萨丕尔假说，然后开始对它批判。品克说，沃尔夫——萨丕尔假说意味着，语言是我思考世界方式的原因。于是，他举出各种事例和经历，用来表明人类的思想能够克服语言的局限。但事实上，沃尔夫——萨丕尔假说并不像品克理解的那样简化、机械。沃尔夫——萨丕尔

---

① 这里指的是作者在上一章中提到的北美的一个少数民族，他们把世界看成是流动的过程。

假说确实是就语言和世界观得出一个微妙的观点，而微妙的观点是很难在实验室中检测的，心理学家更喜欢一个能被修改或反驳的简单化的理论。

大量证据表明，我们领会一个给定情况的方式取决于当时的背景，这包括在我们扫视一个场景时进入我们视野的任何东西。这个背景的一个方面就是语言。因此，语言、知觉、世界观就铁定地联系在一起。

人类社会生活在不同的生态和地貌中，我们周围的自然界决定我们是从事打猎、耕作还是渔业，以及是建立村庄还是过游牧生活。这些行为又影响了社会的建构方式；决定了谁做什么工作以及血亲关系和所有权如何建立。

必然地，在不同社会中，特定的语言和世界观的演化是携手并进、相互影响的。这里“影响”与“引起”不同。我们经常指出，因纽特人（Inuit）在北极地区打猎和旅行，他们学会了区分不同特征的雪，并有相应的丰富词汇。但是，这丰富的词汇并不“引起”他们认识雪的不同点有什么技术上的不同。这只是他们借以表达观察的一个精密工具。有了这样的工具，他们在经验的这个领域内，就更能作出很好的区分。

在我们的知识世界之中，我们也发展了丰富的词汇。我们得处理不同种类的机器、运输方式、信息系统等，并且有词来指称他们。同样，医生有丰富的术语，律师和其他专家也有。医生学习的部分内容就是学会所有脚骨的名称，掌握了这些名称就能辨认对外行来说只是骨头的东西。同样，律师使用语言通过法律辩论也做出很好的区分。这并不意味着医生或律师与其他人相比有不同的眼光和逻辑能力。外行也能认识骨头和做出逻辑辩论，只是没有专业语言的精致工具，要做到这样的精确，就比较困难。

常识告诉我们，特定领域中语言的灵活性、丰富性、精确性使我们能十分清晰地表达差异。反过来，这种差别又使我们能更明晰地看世界。乔纳森·米勒（Jonathan Miller）在《话说人体》（The Body in Question）中指出，对外行来说，人体的内部就像一块模糊的肉团，然而，医生的有关解剖体的组合和命名的训练，教他们用各种器官和联系的术语去“看”人体。而在创世故事中，是命名的行为把某些东西从混乱的背景中变为了实有。

当然，语言远不是一个词汇。黑脚人的发言人强调他们使用动词及动词时态区别的丰富方式。生活在一个流动的世界，他们的语言适于对付不断的变化。相比之下，我们印欧语系的语言重视名词——思想中的客体——通过动词的连接方式。这样的语言允许我铸造思想和概念并把他们看做思想中的客体。伯特兰·罗素认为，大量形而上学的产生，是因为语言的建构方式是句子的主语联系着谓语。由于谓语的存在以及“我”作为主语与它联系着，这就很容易把谓语作为一定意义上的现实的人来对待。

相比而言，黑脚人管的是过程，当他们需要指称客体时，他们使用动词形态。名字更有流动性，在人的一生中不断改变。黑脚人的发言人跟我开玩笑说：“我们比你们更适于研究量子物理!”这个笑话很有意义，因为大卫·波姆（David Bohm[①]）就有同样的观点。

波姆赞同玻尔的观点，我们必然地悬挂在语言之中。然而他不赞同玻尔的结论：我们因此永远受阻于讨论量子世界。波姆觉得，问题的产生是因为量子世界处在加工、变化和流动中，而欧洲语言用名词和概念的术语来对待世界。我们需要一种真正的过程语言，一种动词丰富，名词处在次要的衍生的地位的语言。在波姆看来，正如电子是一个不断地显现和消失成光运动的暂时结构，波姆语言中的名词和概念，不过是暂时展开了的动词。

波姆把这个假想的语言“流型”（rheomode）——rheo 指流

---

① 美国物理学家（1917—1992）

动。他甚至相信能够用“流型”进行交谈，并说服了一些学生去试验。实验并不十分成功，由于生来一直依赖于名词，这些学生就把“流型”中的动词结构用作名词的功能。直到晚年遇到了一些黑脚人，波姆才认识到这种形式的语言一直就存在着。

语言：谁是主人？

在路易斯·卡莱尔（Lewis Carroll）的《艾丽斯漫游奇境记》（Alice in Wonderland）中，当艾丽斯询问一个词的意思时，哈姆普提·达姆普提（Humpty Dumpty）训诫了她。对哈姆普提来说，一个词的意思就是他想要它表达的意思，因为，正如他所言，谁是主人——语言还是他？伯特兰·罗素想用他的逻辑原子主义去追随哈姆普提，使语言屈服于他的意志，并强迫语言恰好表达他打算让它表达的意思。作为一个年轻人，维特根施坦主张，语言为现实创造图像，只要把我们的陈述限定在类似于科学的命题，我们就能精确地说出世界上的某些事情。

后来，在生活的晚年，维特根施坦认识到，语言确实有自己的生命。诗人对语言的使用极为小心，他们能花几天时间去选择一个恰当的词。然而，这样的诗歌的真正魅力却在于，词的多重共鸣和它们唤起一个想象、比喻、微笑之网的方式。正是这些语言游戏为哲学设定陷阱，因为，当哲学家开始争论诸如自由意志、意识、因果、现实等时，语言的游戏就产生了混乱。

语言是一个活物，它能使我们游戏和有创造力。它能很好地适于每件事，从政治家和旧车推销员的信口雌黄到少男少女的谈情说爱。语言可用来编俏皮话、开玩笑、朗诵叙事诗、写吊唁信、唱民歌。语言是我们最精致的工具之一，但是，与此同时，借用玻尔的话，我们又总是悬挂在语言之中，以至我们不知道何处是上何处是下。我们西方社会是悬挂在一个偏爱名词的语言之中，而西方科学现在已进入一个新的领域，这里以名词为基础的语言也许不再适用。另一方面，改变我们自己说的语言去迎接这样的挑战又不大可能。当我们遭遇量子世界时，我们就到达了我们认识的边界了，玻尔的这个论断也许是对的吧？

正如本章所表明的，语言的确定性是我们在二十世纪初期不得不陷入的又一个幻觉。罗素的逻辑原子不能结合起来创造我们世界的丰富性。我们说话从没有绝对的一清二楚。我们不能把世界束缚在词里。而当语言不被穿上紧身衣时，它为我们提供了如此多的东西，我们的生活因此更加丰富多彩。也许下一个玻尔（Niels Bobr）将说一种亚冈昆（Algonquian）语系的语言。

延展的心智

——用复杂性和浑沌学理论解释语言和思维的关系

罗伯特·K·罗根·阿索克
(Robert K. Logan Assoc)①
戴红亮　张金生　译

简短摘要：

言语和人类心智的起源是随着感知到概念的分叉同时出现的。

较长摘要：

本文将使用“动态系统理论”思想解释语言和思维的起源、二者之间存在的动态关系等许多令人着迷的问题。它是在《第五语言》（R. K. Logan，Toronto Stoddart，1995）一书研究成果的基础上写成的，该书认为，语言既是交际工具，也是信息加工工具；口语语言、书面语言、数学、科学和运算规则成了语言的进化链。除了这些概念外，本文应用了来自浑沌理论、信息科学、语言学、麦克鲁汉的媒体研究、认知科学、进化心理学和早期人类考古学等学科中的思想，来构建一个关于大脑、心智、语言和认知的动态系统模型，以解决心智的躯体问题。

文章揭示了口语语言和人类心智产生的同时性，认为它们是

① 罗伯特·K·罗根·阿索克（Robert K. Logan Assoc），加拿大多伦多大学物理学教授。

从感知（percepts）向概念发生的分叉，同时也是对一种浑沌状态所作的反应，这种浑沌状态是与早期人类生活不断增加的复杂程度所导致的信息超载联系在一起的。随着我们的祖先开始制造工具、获得对火的支配、在更大的社会群体中生活、从事大范围协作性的狩猎，他们的心智再也无法在感知系统的基础上去应对丰富的生活。结果，一种新层次的秩序产生了，其形式是概念化和口语语言。口语语言刚产生时，主要是用做控制信息的一种方式，然后用做交际工具（这与人们关于智力是继承而来的普遍看法相反）。思维并不是无声的语言，恰恰相反，语言是发出声音的思维。

使感知向概念的过渡得以产生的机制是口语语言的诞生。口语语言使用的词语是概念得以表达或表现的实际媒介或机制。词语及隐语，也是通过单个概念把许多感知经历统一起来的奇异吸引子（strange attractors）。口语语言和抽象的概念思维是在完全相同的一个临界点上共同出现的，它们是处于前语言阶段的早期人类拥有的以具体感知为基础的思维所发生的分叉。这一转变标志着完全意义上的人类种属——现代人（Homo sapiens）的诞生。

浑沌和复杂性理论有助于我们理解进化的两个特征，即残留痕迹和非连续进化，亦称“缺失链”。每当一种新层次秩序从浑沌中产生时，便出现一种对“缺失链”进行解释的非连续性。产生新层次秩序的分叉保留了旧的秩序层次，这又对残留痕迹特征做出了解释。

从基于感知的思维过渡到基于概念的思维代表了人类思维的一种主要非连续性，需要早期人类认知经历三个主要阶段或突破：

1. 手工实践表达（或工具的制造和利用）。
2. 社会/情感智力（或社会交往语言）。

3. 前语言阶段交际（需要使用手势信号，模仿动作，姿势和韵律发声）。

文章表明，这些认知上的突破代表了三种不同的以感知为基础的原始语言，每种语言都拥有自己特有的语义系统和句法系统。它们是发展生成、表述和交际诸技能的实验室，因此是口语语言认知框架的发展源泉。

我们还使用我们的模型解决心智的躯体性问题。我们认为，思想是随着语言的出现而诞生的，因而是概念思维。语言是使大脑得以延展的工具，它使大脑更加有效。因此，语言不仅创造了现代人这一种属，也创造了人的心智。这一模型解释了为什么尼安德特人拥有比人类更大的大脑却仍受人类支配。尼安德特人缺乏用语言说话的能力，因而也就没有心智。

我们将《第五语言》的思想在时间维度上往前作了追溯，以理解语言和人类心智的来源。在同一维度上，我们还向后推进和延伸，应用这些思想去理解互联网给人类思维带来的冲击。我们称互联网为拥有自己独特语义系统和句法系统的第六语言，它正在改变学习和经商的方式，加速信息时代向知识时代的演变或分叉。每一种媒体都传达自己的信息，而互联网和万维网传达的信息则有五重，它们是：1. 双向交际；2. 获取信息容易；3. 持续不断的学习；4. 组合和一体化；5. 共同体。

我们有关心智的动态系统模型也被用于理解技术、商业、艺术表达、故事叙述（narrative）和科学之间的联系，产生我们戏称的“人类思维大统一理论”。三种以感知为基础的前语言阶段的原始语言不只代表了向口语语言和抽象概念思维的过渡。在随后产生的口语语言和概念思维的作用下，它们还成为现代人类三种基本活动的原型，即从工具制造中诞生的技术，从社会智力中诞生的商业，从模仿交际中诞生的艺术。通过这种方式，我们将这些活动和那些与口语语言、书面语言、数学、科学、以及运算规则相关的活动联系到了一起。语言是将一切人类进取活动连接起来的链条。

引　论

本文运用“动态系统理论”的某些思想，解释有关语言和思维的起源以及存在于它们之间的动态关系等诸多令人着迷的话题。它是在《第五语言》一书的研究结果上写成的，该书应用了浑沌学理论、信息学、语言学和麦克鲁汉（Mcluhan）媒介研究法等思想来考察语言的本质和进化过程。为了实现各种方法之间的整合，笔者还将从认知科学、进化心理学以及早期人类考古学中汲取思想和证据，以建立一个有关人类大脑、心智、语言和认知的动态模型。我们相信，该模型将有助于我们认识人类的心智躯体问题。我们也希望就浑沌学和复杂性理论是怎样帮助我们理解进化中的两个特征——残迹和间断进化或所谓的缺失链这一问题，提出我们的见解。最后，我们运用我们的心智动态模型来理解技术、商业、艺术表达、叙述和科学之间的联系，并由此产生我们戏称的“人类思维大统一的理论”。

第五语言和语言进化

在《第五语言》一书中，笔者提出语言既是交际的系统，也是信息加工的工具；不仅如此，口头语言、书面文字、数学、科学和运算规则形成了人类语言的一条进化链。笔者把这些活动的每一种都视为独立的语言，因为他们之中的每一种都容许我们进行不同的思维、创造新的思想和发展新的表达形式。另一个考虑是，这五种语言形式的每一种都拥有自己独特的语义和句法，因而根据经典语言学制定的标准，它们自身都具备成为语言的资格。

但是为什么它们会形成一条进化链呢？我们提出了这样的假设：每一种语言的进化都是对某种形式信息的超载或浑沌所引发的反应，它发生在前一种语言的容息能量不足以应对新层面的复杂性时。新语言代表了前一种语言所不具备的迈向新秩序的分叉。它保留了前种语言的某些特征，但同时增加了一些新的元素以便应对信息超载和它所引起的浑沌。

数学和书面文字大约于公元前3000年在同一个临界点上产生。它们是标记系统的一部分，被用来记录商品贸易，以解决苏美尔城邦国家农业商品的管理和贸易快速增长所造成的信息超载。书面文字和数学——继口头语言之后产生的第二、第三种语言——立即催生世界上第一批正规学校，去教授与这两种语言相关的新技能。学校要求老师传播知识和从事专门的研究，这反过来又产生新的信息超载。第四种语言——科学——也就在此之后1000年出现了，它代表了系统化的知识，这给由数学和书面文字所引发的信息超载带来了新层次的秩序。运算规则——第五种语言——是为了应对仅仅50年前科学所带来的信息超载而出现的。《第五语言》一书提出的语言进化模型提出了两个问题：

1. 第一种语言即口头语言——所有其他语言都是由此进化而来的——它是如何诞生的？

2. 这一进化过程会随着第六语言的进化诞生而继续下去的吗？如果答案是肯定的话，那么第六种语言将会是什么样子？

我们首先将目光转向口头语言的起源，然后再来讨论第六种语言的可能性。

分叉和言语的起源

从第五语言基本假设出发，我们应该预测到言语的起源是对某种形式的信息超载而产生的浑沌反应。从我们最早的祖先遗传而来的人类思维过程完全是感知的。在人类进化过程中，人类不断获得了新的技能——如工具的制造——它增加了人类生活的复杂性。一开始这种复杂性可能是通过额外的感知来处理，但是在某种临界点上，这种复杂性变得非常巨大，人类的思维不能再仅仅依靠感觉中枢来应对日益丰富的生活，感知本身也不能提供足够的抽象来反映日益复杂的生活。在随后出现的信息超载和浑沌中，一种新的抽象层次的秩序就以概念和概念化的思维方式出现了。这种思想可以通过使用 Ashby 必要变化的概念以稍有不同的方式来表达。当人类生活的复杂性变得如此巨大，以至于感知本身不再能提供足够必需的变化来应对日常生活的挑战时，一种基于概念的新层次的秩序就出现了。

我们可能会问，使这种转变发生的机制是什么？因为语言既是一种交际方式，又是一种信息加工系统，所以我们就可以得出这样的结论：言语的出现代表了感知思维向概念思维的实际转换。口语中的词汇，将如我们看到的那样，是概念得以表达和代表的实际媒介和机制。这里，我们必须非常谨慎，务必不要把语言和概念化思维的关系简单地构建成一个线性的因果关系。语言不会产生概念，概念也不会产生语言，概念和语言是在同一个临界点上出现的。语言和概念化思维是动态认知系统动态相联的部分，这一系统是延展的心智，它为它们的相互发展提供了环境。

但我们仍面临这样的问题，即在人类进化过程中，是什么产生了复杂性、信息超载和浑沌？这种浑沌导致了由感知向概念的过渡或分叉以及言语的产生。引发这些事件绝对不是简单的发展和突破，而是一系列发展累积的结果。我认为这之中既包括工具的使用、火的控制、由于使用火而产生的更大的社会环境、也包括产生于更大生活群体的大规模狩猎活动和非言语性模拟交流的出现等等。

一旦石器时代的狩猎和采集这些元素占据社会主导地位时，感知就不再能代表和模拟人类的经验。正是在这样的环境下，言语出现了，从感知思维向概念化思维的过渡或分叉发生了。最初的概念实际上是口语中最早使用的那批词汇，它们作为一种隐喻和奇异吸引子，通过使用单个词，因而也就是单个概念的表达方式，将人类的许多感知经验统一起来。对水的所有感知和经验就用一个简单的词——水——来表达，它也就代表了一个简单的概念。作为前语言人类以具体感知对象为基础的思维的分叉，口语和抽象的思维在同一个临界点上产生了。这个过渡的时间也就是我们真正意义的现代人出现的明确时刻。

浑沌和达尔文进化论

在浑沌学理论中，一种新层次的秩序突然出现的方式为达尔文进化论中的“缺失链”提供了可能的解释。这种所谓的缺失进化环节是不存在的。进化并不像达尔文所想象的那样是无限缓慢连续的过程，而是被急剧的非连续性的突然转变分隔开的。在我看来，这种急剧的非连续性的突然转变，产生于作为一种生物系统的奇异吸引子的突然出现，经历了一系列的急剧变化，最后形成了新的稳定的形式。新物种以分叉的形式出现，为在进化链上的早期物种的残余特征提供了一种简单的解释。本体论概括了系统经历各种稳定状态这一发展过程。语言也像物种一样保留了语言表达早期形式的某些残余特征。

三种原始语言：工具制造、社会智力、模拟交流

从基于感知的思维向基于概念思维的过渡代表了人类思维的重大的非连续性。发展言语和概念所需要的技能经历了漫长的时间，跨越了几百万年和人类进化的许多阶段，包括从南方古猿阶段（Australopithecus）、能人（Homo habilis）阶段到直立人（Homo erectus）阶段，再到智人（archaic Homo sapiens）阶段，一直到具有现代意义的现代人（Homo sapiens or humans）阶段。默林·顿纳德（Merlin Donald）把这种过渡阶段看做是模拟文化时期，"我认为在从猿到人的转变过程中，存在一个古老但很明确的人类文化范畴，人类文化的这一媒介层或称干预层，就叫做模拟。"（Merlin Donald, The Origin of the Modern Mind, Cambridge, Mass, Harvard Univ. Press, 1991）

就是在这个时期里，人类发展了一系列的生存技能，它们与工具的制造和使用、火的控制、居所的修建、相互合作的社会结构、大规模的协作狩猎和模拟交流相联系。在人类认知过程中，这些重大的突破代表了基于感知的三种独特的原始语言：

1. 手工实践表达（或工具的制造和利用）
2. 社会/情感智力（或社会交往语言）
3. 前语言阶段交际（需要使用手势信号、模拟动作、姿势和韵律发声）

在人类认知发展过程中，我建议把这些突破理解成基于原始语言三大非语言的感知，其理由是它们中的每一种都代表了交际和信息加工——定义语言的两大基本功能的原始形式。这些原始

语言是人类认知的实验室，它们为发展人类的生成、表现和交际技能提供了场所，同时也为言语的认知框架的形成提供了源泉。

这三大原始语言的信息加工元素是非常明显的，但它们交际的维度却并不明显。将这三种语言视作模拟技能的默林·顿纳德这样描述它们作为一个交际系统和技能传承的功能："模拟技能或模仿依赖于自觉的、自主的、有代表性行为的能力，这些行为与目的有关，但不是语言的……尽管模拟可能不是作为一个交际方式，而是作为一种复制性记忆的不同使用而产生（如工具的制造），模拟行为的性质通常是公共性的，拥有内在的交际的潜能。模拟的技能导致了已有知识的分享，这样，群体中的任何一个成员没有必要再去重新创造那种知识。"（Donald，P168 & 172—3）因为它们具有交际能力，模拟技能创造了社会技能。它们导致了社会的公共控制和合作、合伙狩猎、知识分享和社会文化特征的产生等。孩子们模拟成人行为的模仿游戏，为这些技能的运转方式提供了活生生的现代范例。孩子们的培养——尤其在狩猎和采集社会中，和现代学徒的培养非常相像，都是模拟性的。随着人类的进化和不断创造出更多需要年轻人学习的技能，孩子们的培养周期也增加了。

将默林·顿纳德区分的这些模拟技能看做原始语言的进一步证据是，它们中的每一种都拥有自己独特的原始语义学和句法形式。手工实践表达（或工具的制造和利用）的语义学是制造工具过程中所包括的各种不同的元素，如创造工具所需要的步骤、原材料等。工具本身就成为制造工具这种原始语言的语义成分。制造和使用工具的句法，是执行制造和利用工具程序所要遵守的顺序。如果不按正确的顺序进行的话，所需完成的任务将无法完成。

我们已经看到每一种新语言的产生总是与某种形式的信息超载相联系在一起。我们可以明确地指出导致了工具的制造和利用这种原始语言出现的浑沌和信息超载的原因，就是最早期人类为了生存而必须面对的额外信息的大量涌现。作为生活在热带大草原的两足动物，他们不再拥有生活在树上所得到的那种保护。创造工具就是为了应对地面生活的新挑战，因为地面上存在比树上更多的危险。

工具的制造导致了对火的控制。通过编织筐子，火种可以从一个地方转移到另一个地方。随着核心家庭聚集起来利用火带来的许多诱人的用途，如取暖、免受动物伤害、制取熟食——它又促使增加了可种植性植物的数量，火的控制和利用产生了新的更复杂的社会结构。在这一发展所产生的更大的社会结构里，由于社会交往变得日益复杂，一种新形式的信息超载又发生了。在这种环境下，社会交往的一种新语言出现了，其伴随的社会交往的语义学内容包括问候、结交伙伴、寻找伴偶、分享食物以及为了氏族生存的其他形式的社会合作等。这种社会智力的句法就是：这些交往必须行之有序，以促进社会和谐和避免人与人之间的冲突。由于创造社会和谐和合作以及避免冲突具有重要的生存的价值，因此，它们为人类文化的进化做出了贡献。

与更多的人进行交往以及进行更高级和更复杂的活动所带来的超载，导致了更好交往的需要，以进一步改善社会的事务处理和合作活动，如大规模狩猎。在这种复杂性的浑沌中，模拟语言交流产生了。模拟交际的语义——第三种原始语言——由下列元素组成：非语言性发音的不同声调、面部姿势、手势符号和模拟动作。这种交际形式的句法就是这些元素的顺序安排和协作。将一个姿势和一个有声语言的语调结合在一起，或同一个语调在某种停顿后再伴随着某个固定的姿势，或姿势先出现而语调后出现，比较起来，它们具有不同的意义。随着模拟交际的句法变得越来越复杂和高级，它就为人类交际的下一步发展阶段奠定了基础，即具有声音形式的语言，有声语言从残迹上看仍包含了模拟交流的元素。传达口语信息的不只是词的意义本身，还有词的声调，它们的曲折变化形式，以及伴随着语词的面部姿态和手势。

三种原始语言中的每一种语言的句法，都内嵌一个生成的语法，它容许：

1. 用不同的方式连接工具和手工实践，以便在新挑战出现时，执行各种不同的新任务。

2. 创造新形式的社会合作和社会团结，以应对生活提出的无限多样的挑战，包括谨慎应对不同形式的社会冲突（其种类是无限的）。

3. 通过模拟交往表达人们大量的、不同层次的感情。

从制造和利用工具开始，人类就开始不断发展有声语言所必需的生成能力。运用原始语言的正确句法，如按正确的次序行事，就进化成有声语言的生成语法。这个模型为乔姆斯基关于人类天生拥有生成语法和孩子可以迅速习得言语的理论提供了支持，同时它也为生成语法在某种程度上是神秘地牢固地植根于人脑的理念提供了另一解释。默林·顿纳德的工作揭示了言语的生成语法经历了漫长的、成千上万年的进化，穿越了工具的制造、社会的相互作用和模拟交际三个阶段，也就是经历我们以上刚确认的三种基于感知的原始语言的使用。

从原始语言到基本原型：技术、商业和艺术的起源

三种基于感知的、在有声语言产生以前出现的原始语言，不仅代表了向有声语言和抽象的概念思维的过渡，而且由于受到随后出现的有声语言和抽象思维的改造，它们也为现代人类三种基本活动提供了原型，即源于工具制造的技术，源于社会智力的商

业，和源于模拟交流的艺术。“人类模拟文化的残迹内嵌在我们现代的文化之中，模拟文化的思维内嵌在现代人类思维的整个大厦之中。”（Donald，162）

手工实践：从工具制造到高科技

在言语产生之前，早期人类发展出的生产性工具制造技能是现代人类非常重要的一部分。今天匠人的技能几乎完全依靠手工、而很少或基本上不需要语言就是证明。生产性手工实践为人类技术的创立打下了坚实的基础。但是随着有声语言、文字、数学、科学和运算规则的出现，技术已经逐步进化成更高级、更先进的形式，它成了以感知为基础的手工实践和从有声语言中获得的概念相结合而产生的混合物。纯粹的手工实践的残迹仍然以某种形式保留于传统的技术中，如在印度农村的马车，它的设计是经历了漫长时间以感知为基础的反复实践而产生的。对这些马车的现代科学分析表明，远在基于工程学的分析性科学原理产生之前很久，它就取得了最佳的设计方式。这些例子阐明了以感知为基础的推理和思维的重要性和力量，这种推理和思维是数百万年前就获得的残迹的认知结构，在今天仍然是人类思维不可或缺的一部分。

作为社会和情感智力一种形式的商业

以感知为基础的残迹认知结构至今仍是人类智力重要组成部分。这种认知结构的另外一个例子是社会智力或情感智力。这种早期人类发展出来的社会智力在大规模的合作狩猎活动中第一次得到应用，并且最终又进入到人类其他形式的商业活动中。社会/情感智力是所有的商业形式的基石。那么到底什么是商业呢?它不过是一个社会群体为了获得生活必需品而进行的合作活动，这些活动的进行惠及整个群体，使群体的生存得到保证。商业活动是交易各方自愿参加的，因为它能使每一个人受益。仅仅一方受益的交易不是商业，而是某种形式的盗窃、掠夺、奴役和剥削。

我的商业定义不一定需要涉及货币，因此也不应该与经济活动混同起来。经济活动是一种商业行为，但它是随着高度分析性的货币概念的引进，而作为一个混合系统逐渐进化而成的。商业虽然不依赖货币，但它是人类为了生存而进行采集、生产、物品和服务的分配而形成的合作系统。经商意味着物物交换，而最早的物物交换可以追溯到社会组织的最初形式，那时，人类的分工第一次出现。为了群体利益而从事不同分工的人进行协作，这为交换和商业打下了基础。但是这种形式的物物交换和商业并不需要有价值概念参与其中的市场观念的存在。在语言和概念出现之前，没有什么办法来计算所交换物品和服务的价值。没有人计数和做记录。个体慷慨的社会比那些个体自私的社会有更好的生存机会。在口头语言产生之前，早期人类的商业是建立在狩猎和采集基础上的纯感知行为。随着口头语言和概念化思维的出现和成千上万年时间的流逝，狩猎和采集被转变为以动物饲养和农业为基础的、更稳定的商业形式。商业的工业化形式可以追溯到中世纪末发生在欧洲的三种发展，即由农业发展而形成的采邑系统，在这种系统中，农产品被系统地转化为商品；为分配这些农产品和商品而兴起的市场系统；机械科学的兴起所产生的技术向系统的工程形式进行的转化。这些工业系统将社会智力的新形式和工程学、科学和数学的抽象的概念化技能结合起来。

信息时代的经济是另一种混合系统，它由产生了新形式的社会智力的计算法的发展而兴起。我们现在正处于一种更新的商业形式的门槛上，这就是著名的知识经济，它与信息经济有很大的差别。知识时代比建立在专利知识储存的工业时代和信息时代需要更大的合作和共享，后两者是建立在储藏专利知识的基础上。

艺术和运动技能

艺术的根源可以追溯到基于感知的模拟交际，这种模拟交际的基本元素是韵律（发音的语调），面部表情，手势语和模仿。最早的艺术形式都是从无语词的模拟交际，即第三种原始语言中产生的，它们包括音乐、绘画、雕塑和舞蹈，都是宗教仪式的一部分。最早形式的绘画是身体和面部的画像，形式最早的雕塑面具和服装，它们可以视作改善和加强面部姿势和模仿的努力。随着口头语言形式的出现，新的混合形式的艺术出现了，它们将模拟交际和语词结合起来，产生了现代（后语言的）艺术形式，如既有语词又有韵律的诗歌，语词和音乐结合而成的歌曲，将语词、模拟和舞蹈结合起来的戏剧。

口头语言的出现导致了许多基于概念的文化形式的产生，如故事叙述、文字、数学、科学和运算规则。口头语言也改变了许多早期形式的以感知为基础的活动，生成了新的、混合形式的人类文化，包括建立在技术基础上的科学，建立在农业、工业和计算机基础上的商业和艺术形式。我们人类的认知模型将三种基于感知的原始语言，即手工实践、社会智力和模拟交际，与概念和基于语言的技能结合起来，这些技能又和口头语言、书面文字、数学、科学和计算法相密切联系在一起。从这种方法中诞生出来的“大统一理论”，将那些通常看起来相互独立的活动，即商业、技术、艺术和科学连接在了一起。

延展的心智：起源和进化

通过将有关语言的性质和功能的思想、浑沌学理论的分叉概念和默林·顿纳德进化心理学的概念结合起来，我们便获得了有关语言在人类思维中所起作用方面的深入了解。在这一认识的基础上，我想再来讨论人类心智和大脑之间的关系这一存在了许多世纪的老问题。对一些心理学家而言，这不成为问题，因为它们相信“大脑”和“心智”是同义的，只是用来描写同一现象的两个不同的词，一个来自生物学，另一个来自哲学。另一些心理学家则认为，这两者之间是有区别的。他们中的一些将心智定义为意识、思维、情感和意愿的活动场所。另一方面，那些我们无法意识到的过程，如对我们生命器官的控制、感官信息的接收、反射作用和自动控制等，则是大脑的机能，而不是心智活动。

我认为不存在一个客观的方法能解决这两种不同观点之间的分歧，但是在我们有关语言的动态系统模型基础上，我们可以在心智和大脑之间作出一个有用的区分，将它们视作从基于具体感知对象的思维向基于抽象概念的思维所产生的分叉。因此，我认为心智是随着有声语言，因而也是随着概念思维的出现而产生的。有声语言延展了人类大脑的效能，因而也就创造了心智。语言是一种工具，并且所有其他的工具——根据麦克鲁汉的观点——都是身体的延伸，它们可以让我们更有效地使用我们的身体。我相信语言是一种工具，它延展了人类的大脑，并且使它更为有效，从而也就创造了人类的心智。

人类心智是人类大脑在语言方面的延伸和延展，是大脑的一次分叉。它在残迹方面保留了大脑感知特征，同时也使抽象的概念思维成为可能。它代表了人类的最后一次分叉，即从古代的智人转变为真正意义的现代智人。因此，人类是唯一具有心智的物种。但这并不否定我们的祖先——早期形式的人类——有过思维和意识。然而它们的思维模式纯粹是以感知为基础的，它们的大脑只是加工机器，其运转无需抽象概念，而抽象概念只有语言才能创造，只有语言才能对其进行加工。

总之，语言的出现代表了三个同时发生的分叉：

1. 从感知到概念的分叉
2. 从大脑到心智的分叉
3. 从古代智人向真正的现代智人的分叉

这种假设或模型为尼安德特人的命运提供了一种可能的解释。尼安德特人的大脑比现代智人的大脑稍微大一些，但是，他们似乎没有使用有声语言，而且他们的智力比人类智力要低。生存超过了十万年的尼安德特人最后被人类所统治，并且在与人类共同聚居生活了一万年后在欧洲消失了。显而易见，将大脑这个感知引擎和语言这一概念生成器两者特征结合起来的心智，是一种比大脑本身更强大的推理工具。语言一旦产生，大脑本身尺寸的大小已不再是智力的唯一决定因素。

随着人类大脑的尺寸大小和复杂性的逐渐增加，某种生物的极限便达到了。如果人类要保持他们活动的能力，婴儿脑袋的大小就受到女人髋部的限制，这是生存的一个重要因素。将更多的推理能力纳入脑袋这个狭小空间的一个进化策略是发展大脑的脑回（convolutions of the brain）；另一个策略就是男性和女性解剖结构的性别分化和性别任务的专门化。女性有更宽的髋部来生育大脑袋的婴儿，并且倾向于花大量时间从事与家庭生活有关的事务，而男性则依旧保留较窄的髋部，以便可以到处狩猎和保护家庭免受外来的掠夺。任务的性别专门化是人类进化中的残迹，可以追溯到直立人时期，它一直存在并延续到我们今天的时代。幸运的是，由于女权革命，这种性别专门化正在慢慢地消失，并且在随着新数字媒介的到来而形成的以知识为基础的新经济中，它将有可能会完全消失。

毕竟，人类智力增长的生理机制已经被使用到了极限。大自然通过浑沌理论协力增加人类的智力。它采取的是软件而不是硬件的策略。软件就是指心智和概念化从中产生的有声语言。词汇把基本概念编码，这样就可以对信息和知识进行更有效的加工。

概念化可以创造更多的新词汇和新隐喻，以便获得更高层次的概念化和更高级的语言。概念和词汇构成了动态系统的自主力量，也为它们彼此之间的动态发展创造了条件。语言在提高人脑功能方面所起的作用就好比一个微机（人工大脑）的磁盘驱动器或加速器，它允许进行更复杂的储存和运行更多的资料和信息。

走向人类思维和活动的“大统一理论”

我们已经提出了“大统一理论”来解释人类活动的全部内容，包括技术、商业、艺术、故事叙述、数学和运算规则。在我们的模型里，心智基本上是一个系统，在其中，作为残迹被保留下来的感知思维系统和与有声语言相联系的抽象分析形式的推理系统，进行动态的相互作用。我们因此需要理解这两种不同的认知类型以及它们相互作用的方式。问题是大部分研究似乎只关注其中的一种，而不是把两者结合起来考察。我们希望，我们用来将两种思维方式联系起来的语言隐喻将为它们的动态性提供更深层次的见解。

作为这种方法的延伸，我们还需要考察技术、认知和进化之间的关系。并回答一个问题，即一种新技术或语言是否会创造新的认知结构，从而带来心智进化。工具制造产生的重大思维转向，为口头语言和许多其他技能的发展奠定了基础。因此，对于新技术或新语言会创造新的认知结构这一点，我们不应该感到惊讶。随着大量的新的数字媒介，诸如因特网、“虚拟现实”和“专家系统”的出现，我们将会拥有更完美的实验室来研究这个问题。这是一块值得认知心理学家、语言学家、动力系统专家共同努力开拓的领域。

我提议建立一个人类思维和活动的“大统一理论”。这一理论的基础——基于感知的原始语言和基于概念的有声语言——是人类心智的动态系统模型。关于大脑的发展和人类心智的出现的进化模型表明，技术、商业、艺术、文学、数学和科学形成了一个动态系统，这种系统需要运用由动态系统的方法整合起来的许多领域中的思想和工具，来进行整体的研究。

数字现实：第六语言及其他

在这篇文章里，我们把《第五语言》的思想在时间上往回作了推移，以便理解语言和人类心智的起源。现在我们将时钟往前拨，来考察伴随着基于计算机的新数字媒介的出现，新的语言会是什么样子。由于我选择了《第五语言》作为我著作的标题。经常有人问我第六语言是什么样子。在过去的两年里，我对这个问题进行了深入思考，我相信因特网和万维网将有可能代表有声语言进化链上的第六种语言。因特网正在改变学习和商业，并加速从信息时代向知识时代的进化或分叉。因特网有自己独特的语义学，如网址、网页、互联网、局域网和安拓网（extranets）。它也有自己独特的句法，即超文本和超链接。每一种媒介都传递本身内含的信息，因特网和万维网传递的信息有五重，即：

1. 双向交际
2. 获取信息容易
3. 持续不断的学习
4. 组合和一体化
5. 共同体。

这五种特征正在催动着知识时代的出现，知识时代反过来又在加速和增强这种媒介的使用。

在这里，我们没有时间去进一步讨论这种思想了，但我愿意同我的读者分享我的思想，以此作为与可能在相同的方向上进行思考的其他研究者进行一种知识联网。进一步来表达我的一个不会获得支持的观点，我怀疑两种其他语言正在新数字媒介的框架内逐步成形，即“虚拟现实”和“专家系统”有可能分别代表语言链条上第七种和第八种语言。从心理、发展和教育的视角来看，这些新语言的进化，它们的轨迹以及它们的影响都是值得研究的，并且在未来的岁月中它们将成为充满戏剧性的新发展的源泉。

语言、文化和世界观相互关系的再认识[①]

兹丹耐克·萨尔兹曼（Zdenek Salzmann）[②]
谭志满 译

摘要：语言、文化与世界观的相互关系是多门学科研究的一个问题。萨皮尔——沃尔夫假说问世以来，引起了哲学家、人类学家和语言学家的极大兴趣。Zdenek Salzmann 认为，任何语言在语音、词汇、语法方面的区别是明显的；任何语言的词汇都能反映出非语言文化所强调的内容；不同语言使用者的思维方式是不同的；不同语言之间的相互翻译很难对等进行；语言的结构特征在一定程度上影响人们对周围世界进行认识和分类。

在关于语言和文化之间相互关系的讨论中，语言和文化这两个术语是必须仔细定义的。我们已经知道，语言这个术语是指用于口头交际的人类心智潜力的联合体，或者简单地说，它是指交际的工具。与此相对照，一种语言是指被不同人类社会集团使用的几千种口头交际语言系统中的一种。尽管在孩子的童年时期，语言能在特定文化背景中的许多非文化方面被习得，但是，语言仍是人类遗传中天赋的一部分。在某种意义上说，语言不仅仅是

---

① 本文是根据 Zdenek Salzmann 的《语言、文化与社会》（Language, Culture, & Society: An Introduction to Anthropologg Linguistics, 1993）一书的第八章第155—163页翻译的。

② 兹丹耐克·萨尔兹曼（Zdenek Salzmann），美国北亚利桑那大学语言与文化人类学兼任教授。

与人们使用它的这个社会的传统习惯和价值取向特点等文化因素相联系，而且，在这个背景下讨论特定语言的时候，可以很方便地至少在两个方面——语言的词汇和语言的结构（传统上指语法）上进行。

文化这个术语所涉及的内容是很广泛的。综合起来，文化常常被理解为人类代代相传的、习得的行为总模式。当人们谈到一种文化，严格地说，语言的详细提及是很多的。因为任何特定的语言是习得行为的一种形式，因此也是文化的一部分。解决语言和文化概念叠和问题的方法就是要在非语言文化和交际语言二者中进行区分。非语言文化可以进一步分为精神文化（如世界观或价值取向）、行为文化（如进房子以前擦脚或进行心脏移植手术）。根据一些人类学家的观点，文化还包括物质文化。物质文化是指行为的物质产品（如一个啤酒易拉罐或射电望远镜），物质文化常常是行为（人类技术）和精神文化（知识）作用的结果。

尽管语言与文化在表面上有许多不同，但假若所有的语言都具有一些共同的特征，或者说语言的结构在某种程度上被人类大脑结构所决定的说法是准确的话，那么人们就能想象出人类经验的一般结构的可能性。在这种情况下，从深层次看，语言与文化的关系问题就不会存在。

毫无疑问，任何语言的词汇能够折射出非语言文化所强调的内容，那就是对一个社会成员来说，非常重要的那些文化方面在词汇中表现得相当突出。例如，就骆驼各种特征（年龄、品种、性别、功能、环境等等）的词语表述来说，它们在依靠骆驼为生的贝都因人的语言中比在英语中毫无疑问是更加丰富的；在美国英语中，随着每年各种汽车样式和制作法名称的增加，表达汽车样式和制作法名称的词汇是很完备的。在澳大利亚土著语言之一的 Pintupi 语里，至少有 10 个描述在自然中被发现和在人工作品中出现的各种各样洞穴的名称。mutara 是标枪上的一种特殊的孔；pulpa 是兔子洞；makarnpa 是蜥蜴洞；katarta 是蜥蜴藏身后留在地面上的洞，等等。这个例子显示出，尽管一种语言的单词与另一种语言的单词不对等，但是通过描述性的短语来进行适当的翻译是可能的（如，katarta 可以翻译成 15 个英文单词）。为了避免借词的冗长和使用，许多语言就创造新词。几年前，一个美国人类学家认为 kidship 必须包括 nephew 和 niece，于是就创造了单词 nibling（兄弟姐妹）作为一种范式。然而，不同词汇中相应术语的缺失必须联系到人们对世界的不同的感知能力，但要从中归纳出什么结论是很牵强的。

Whorf 的 Hopi 语的例子需要解释。根据 Charles M . Voegelin、Florence M. Voegelin 和 La Verne Jeanne（1979）等人的观点，霍皮语中瞬止体和链续体之间的关系并不像 Whorf 所描述的那样直接，例如，并不是所有没以 - ta 结尾的非重复词干者阿以表示瞬止体。而且，虽然使用 Hopi 语的人很少在“将来”与“非将来”中进行区分，但他们确实能用时间副词表示时态，用后缀 - ni 表示将来，用晦涩的 - $ŋ^{w}ɨ$ 表示某事一般是真实的。

Whorf 宣称 Apache 人的思维方式“非常不像”英语使用者那样。因为“这是一处滴答的泉水”这个表达从 Apache 语译成英语就是“水，或泉水，清澈地向下移动”。但是，假如一个外语使用者要把“breakfast（早餐）”照字面翻译成“breaking the fast（禁食）”，把“bonfire（篝火）”译成“a fire of bones，bone fire（火的骨头）”，把“spinster（未婚女子）”译成“a woman whose occupation is spinning（纺线妇女）”，结果可以看到，非英语使用者与英语使用者的思维方式是多么的不同。

语言之间明显的词汇差别，可以对环境相应部分有着不同分类的结果。不论是一个或几个孩子、成年人、老人、下级、或比自己职衔高的上级，英语使用者都用“you”来指代；当在祷告中或在特定的上下文中表达“神”的话，不论是在朋友的交谈中或诗歌中，都要用“thou（仅仅表示单数）”来表达。欧洲人所讲的大部分语言中这种情况还要更加复杂。当表达某人的时候，荷兰语、法语、意大利语、俄语、西班牙语和其他语言的使用者对“熟悉的”人称代词（T形式）和“礼貌的”人称代词（V形式）以及相应的动词形式进行选择（符号T和V从语法tu和vous而来，表示熟悉的和礼貌的第二人称代词）。例如，在捷克语中，要表达单个的“谁”是很严格的，在社会中对相识很久的有关联的人，或对青春期年龄以下的小孩，人们通常用人称代词ty表达。但是，表达偶然相识、一个陌生人、一个受到尊重的人，就用人称代词vy；vy也可以当作ty的复数。一个讲话者有时会迷惘，当他要表达被他视为孩子的成年人而不断地使用ty时，他究竟该用哪一种形式呢？把捷克语译成英语，涉及的这些代词（或者相应的动词形式）毕竟是不对等的。捷克语短语“ty a já”和“vy a já”翻译成英语就是“你和我”。即使第一个短语使用的是非正式的、熟悉的——甚至亲近的人称代词，它也不能用在适合表示正式的、礼貌的人称代词的第二个短语中，英语的翻译仅仅与原文相近，但它不能完全地表达讲话人与听话人之间的情理关系。

我们再来分析一个具有重要影响的例子。在美国大平原的土著部落Arapaho部落中，表达“我的母亲”用néínoo。这个表达“我的母亲”的Arapaho词语也可以指“我的母亲的姐妹”，即在美国亲属系统中提到的表示“我的姨”的人；一个人称呼他的母亲的弟兄为nési，相当于“我的叔叔或舅舅”。同样，表达“我的父亲”的neisónoo也指父亲的弟兄；父亲的姐妹用neisónoo称呼，相当于“我的姑”。现在假如自己父亲的弟兄称为neisonoo，它也指称自己的父亲，那么就应该推出，父亲弟兄的妻子也应该用表示父亲的妻子的同一称谓néínoo来表达。同样的道理，母亲姐妹的丈夫在 Arapaho 部落中应该用表示“我的父亲”的称谓 neisónoo 来表达。然而，在美国的亲属关系称谓中，生物学上的父母亲称谓是与叔叔和婶婶的称谓相区别的。Arapaho 人和许多其他人把他们的直系亲属和旁系亲属放在一起，一边是生物学上的母亲、母亲的姐妹和父亲弟兄的妻子；另一边是生物学上的父亲、父亲的弟兄和母亲姐妹的丈夫。由此可以得出，那些用生物学上的父亲和母亲的术语来指称的父母代亲属，也可以用称呼生物学的儿子和女儿的术语来称呼与生物学上儿子和女儿同代的亲属。

是不是根据 Arapaho 的亲属称谓，就可以说 Arapaho 人对生物学上的母亲（或父亲）和她的姐妹（或者他的弟兄）的区分是不明晰的呢？当然不可以说。它所隐含的意义是，Arapaho 亲属称谓 neisónoo 和 neisónoo 的内涵从生物学上的父母亲延伸到其他方面的亲属，是与 Arapaho 人对待他的或她的生物学上的父母亲的行为态度延伸到相同称谓所涉及的亲属相平行的。尽管有时完成责任和义务被特定的环境所限制，但所有被 Arapaho 人称作“父亲”和“母亲”的人都对被称为“儿子”和“女儿”的人有责任和义务；反之亦然。在“父母亲”和“孩子们”之间，他们的相互行动有时被遥远的距离所限制，但强调的是与此有关态度的延伸，而不是重在行为。这一点是很清楚的。

语法特征对于说这种语言的人对他们周围的世界进行怎样的认识和分类有影响吗？至少在一般情况下，一定程度上确实存在。在有些场合，这种影响是不重要的。在英语里，教师是指从事教育的人，不管这人是男是女。但我们从学生的评语“我们的老师太严厉了”这句话看，它并没有表示老师的性别。尽管在接下来的谈话中用老师的名字或者性别特指人称代词（他或者她），性别还是透露出来了。这种模糊现象在德语中就不会发生了，德语中“老师”的阳性形式（Lehrer）与阴性形式（Lehrerin）是有区别的。与此相同，后缀 - in 把 Arzt（男医生）变成阴性 Ärztin（女医生）；男教授 professor 加上 - in 就变成了女教授 professorin。英语在性的形式上是可以选择的，而德语确是必须的，这一点英语与德语有明显的区别。但这两种语言的差别对使用这两种语言的人对事物的看法有影响的说法很难得到证明。例如，没有人讨论在说德语的国家是否多少存在一些性别歧视的情况（但是，在英语、德语和其他一些语言中，表达“阴性”的形式从“阳性”的形式而来。如英语中母狮 lioness 从 lion 而来；德语中母狮 Löwin 从雄狮 Löwe 而来）。

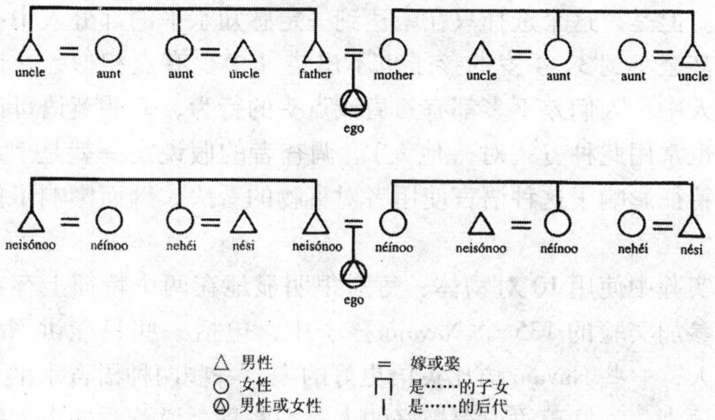

图 8.1　美国和阿拉帕霍亲属称谓部分对照表

英语中的复数形式区别于相应的单数形式很少有例外，如 child 与 children，mouse 与 mice，horse 与 horses，book 与 books，pen 与 pens。而在中国境内的很多语言和方言中，就没有这种单数与复数的区别：名词的相同形式既代表单数又代表复数。然而，名词中“数”语法标志的缺乏和没有必要对一个或更多的物体进行区分，并没有明显地妨碍中国人在数学等科学领域取得成就。在一些语言中，除了单数和复数外，也有表示双数的，相对来说，这些语言并不多；也还有将“数”四分法的。总体上说，语言对“数”进行语法分类具有明显区别的时候，社会的成员却很少用到数学。

几个研究都表明语法特征可能对非语言行为有影响。这个项目中最有名的一个研究报告是关于Navajo人和美国白人孩子的一个实验（Carroll和Casagrande，1958）。根据被触摸物体的形状和其他特征，如固体类圆的（石头）、细长柔软的（绳子）、无立体感柔软的（布）、细长坚硬的（棍棒）、非挤压的（毛料衣服）等，Navajo语言使用者必须从Navajo语中选择一些触摸类动词。但是，这个选择只在未达到一定感知水平的部分人中起作用，甚至小到3、4岁的孩子也不出错（多少有点相似，在讲英语的人中，人们差不多都有耸肩或点头的行为，而非英语母语使用者也常用此种方式对待他人）。调查者的假说之一就是Navajo语的特征影响了这种语言使用者对事物的看法，继而影响了他们的行为。

实验中使用10对物体，每对很明显地在两个特征上存在区别。参加实验的135个Navajo孩子中，包括一些只能讲Navajo语的人，一些Navajo语比英语更好的人，一些两种语言水平平衡的双语人，一些英语说得极好的人，一些只会说英语的人。每个人先给出一对物体，再给出第三个与前一对物体的每一个有相同特征的物体（如，给出一根黄色的棍棒和一条长度相当的蓝色绳子，第三个物体是一根黄色的绳子），然后，要求他们用那一对物体中的任何一个与第三个进行比较。主要讲Navajo语的孩子在比较中明显地偏向于形状，而不是颜色。在主要讲英语的Navajo孩子中，颜色在最年幼的人中间显得更重要。但是，到了孩子10岁，这两组人汇合，选择显著偏向于形状。

与主要说英语的Navajo孩子相比，波士顿地区白人孩子的表现更相似于说Navajo的孩子。根据两个调查者的观点，这样的结果可能至少部分地是由于在孩子早期，孩子常玩有形状变化板块的玩具，这种玩具强调形状和尺寸大小，而不是颜色。关于偏向于主要讲 Navajo 语和主要讲英语的 Navajo 孩子们的差别，调查者得出结论：

孩子比较物体偏向于形式或者材料而不是尺寸或者颜色，这种倾向随着年龄而增强，这可能是通过学习一种语言强调了这种倾向。像 Navaho 语，由于形式和材料在语法结构中起中心作用，就需要学习者在语言学习的早期阶段对形式和材料进行明确的分辨，以便自己讲话让人听懂。

Navajo 人是被广泛研究的本土美国人群之一，我们对 Navajo 文化的深度理解是由于对那些在特定文化环境中濡染的个人进行长期测试的结果。像 Gray Witherspoon 这样一位人类学家，他把 Navajo 当作自己的家已经 10 年了。在他学术生涯开始前，他就为 Navajo 社区和地方教育委员会工作过，他成了当地社区生活的一个积极热心的参与者。他通过听 Navajo 人讲话并跟他们交谈学会了 Navajo 语。

在《Navajo 世界的语言和艺术》（1977）一书中，通过自己对 Navajo 人语言和文化的体验，他得出了一些独特的结果。他在"Navajo 人对世界的看法"一节中写到，"语言不是现实的镜子；现实是语言的镜子。"Navajo 文化中宗教仪式语言是丰富的，它的最初目的是为了保存 hózhǫ́（符号［ˊ］表示高调，ǫ表示 o 鼻音化）。尽管这个词涉及 Navajo 人世界观的核心以及宗教思想，但它的使用被限制在宗教仪式环境中——此词在日常语言中听起来很流利。hózhǫ́指的是什么呢？zhǫ́指的是具有这样一些特点的状态，如友善、和平、秩序、幸福、福祉、健康、美丽（自然环境）、愉悦、完善、解放、关怀、成功、与他人关系的和谐（这些条目并不完全但应该列出）。zhǫ́这个形式不仅涉及审美，而且还涉及道德、感情以及智力的品质。它很难用一个单词甚或一个短语转译成英语。词语前缀 ho－是 hózhǫ́的一部分，它加到主干部分，增强了表示整体、一般、概括、模糊等“总体环境”的意义。正如 Witherspoon 所说的，Navajo 人的生活和文化是建立在经验和生活目标的整体基础上的，他们的生活目标就是创造、持续以及对表达经验总体的 hózhǫ́的回归。就像 Witherspoon 所说：“Navaj 的生少和文化是基于经验的充一，Navajo 生活的目标就是创造、维持和恢复 hózhǫ́，即表达了经验的统一”（Witherspoon 1977：154）。

第二方面的论述，我让 Witherspoon 自己来阐述：

通过语言对相互行为的分类

句子“女孩喝水”是人们容易接受的，但是“水被女孩喝”在 Navajo 人的世界观中是不可接受的。

8.1 通过语言为动作关系分类

Atééd　　tó　　yoodlą́ą́

（女孩）　（水）　（它－它－喝）

Tó　　Atééd　　yoodlą́ą́

（水）　（女孩）　（它－它－喝）

很明显，我们需要一些非语言的统计和信息来对这些十分不寻常的语言句式作适当的解释。它们并不是由 Navajo 语语法深层结构层次的一套模式产生出来的，而是通过一套文化规则引起的。这套规则主要地是由更基本的抽象定理衍生而来，这个抽象的定理在 Navajo 人那里是不需要证明的。

就通过文化的方法来解释这个 Navajo 语句法的形式看，几年以前，我问妻子为什么说“水被女孩喝”是荒诞的，她想了很久，觉得很难，不能解释为什么它对我来说是荒诞的。最后，她说，“这个句子归因于水的智力比女孩的要高，并且任何人（即使你——也在其中）都应该知道人类比水要聪明。”通过她的话，我顺着解这个谜。但是，我相信不能取得成功。她继续说，水不思考，怎么会让女孩去饮用它呢？但我坚信，水既不行动也不会思考，它就可以饮用。她反驳我造出的那个句子表达了水是饮用行为的起因，而不是女孩。从上面的讨论中，我后来猜想也许这个句子应该翻译成“水引起女孩来饮用它”。我试着把这个翻译讲给几个懂 Navajo 语的人，他们说这句话与“水被女孩饮用”相比，非常接近于 Navajo 句子的意思，但他们仍不习惯这个句子，通过一些思考和讨论之后，我们发现了一个翻译“水让女孩饮用它”。通过这种方式，我们获得的不仅仅是 Navajo 句子意义的英语翻译，而且更重要的是觉得它在英语表达中明显的不合理的特点。

——摘自 Gary Witherspoon《Navajo 世界的语言和艺术》，1977，P65—67

最后一个例子是从日语来的。根据 Agnes M . Niyekawa - Howard 的观点，日语的被动语态由两个不同的结构形式组成，一个是完全被动，它的意思是中性的；另一个是相对被动，暗示句子的语法主语隶属于一个讨厌的东西。当相对被动被因果关系连接起来的时候，得出的隐含意义是句子的主语对事情的发生没有责任。因为他或她被“引起”所产生的行为是由主要动词表达的。这个隐含意义不是讲日语的人常常能察觉得到的。

研究的第一部分包括，通过英语母语使用者把 20 个日语短故事翻译成英语；通过日语母语使用者把 20 个英语短故事翻译成日语，然后对其中的被动语态进行测试。正像所假设的，相对被动的隐含意义在译成英语时趋向消失；当日语翻译者读了英语原文后译成日语时，其隐含意义就显现出来。

研究的第二部分是比较日本人和美国人的关于人际冲突情况动画片的解说。与美国人相比，如假设一样，结果发现日本人在更大程度上注重事件对他人的消极后果所负的责任。这种态度是从传统的主张服从的日本文化衍生而获得支撑，而不是从日语的语言结构而来吗？为了回答这个问题，Niyekawa－Howard 检测了德国人的一个样本。他们的反应区别于那些日本人，而与那些美国人接近。这个研究表明，特殊的语法结构至少能增强人们的感知习惯和文化观。

认知语言学的“动力学转向”

沃尔夫冈·维尔德根（Wolfgang Wildgen）

张　磊　译

摘要：本文引言部分对语言学理论的固有目标提出下述疑问：为什么结构主义语言学未能实现其解释的意图？为什么对语言的动力学研究能成为语言学理论的根本性目标？为了了解“动力学”的概念，本文将对动力学理论进行简要介绍，随后将探讨Talmy，Lakoff和Langacker的主要观点以及如何从动力学视角解释语言的原因/使能的动力传导（Talmy的动力驱动理论）、隐喻影射（Lakoff）以及构件句法（Langacker）。上述作者所提出的形象化模型往往与动力语义的数学模型相对比（以突变理论、分叉理论和混沌理论为基础），二者的缺点和优势也往往成为研究与探讨的对象。目前，短语和语句的动力研究成为以ERP和fMRI脑部扫描为基础的神经动力模型的中心话题。而这一研究也应该成为对语言深入研究的领域，以探讨自然语言动力语义研究的可能性。

一、为什么结构主义语言学未能实现其解释的意图？

认知语言学继承了由Saussure和Hjelmslev提出的结构主义的基本取向和划界问题。而后来，从Chomsky到Langacker/Lackoff 的语言学革命掩盖了这一事实。Chomsky 的语言学“革命”对美国战后语言分类理论及其趋势发起了挑战，将生成和转换理论引入到语言描述技术所展示（发现程序和基于分布的语言分类）的语言使用的静态世界。事实上，非形式化的发现程序和分类学方法已经被严格的、以数学为基础的形式主义所取代。对 Chomsky 来讲，语言被认为是可通过算法定义的无限集合，而他的老师 Harris 一直试图使用数学模型方法来改造语言研究。Chomsky 的主要观点来源于 Bar - Hillel 的论证，经典意义上的语言分布（纯粹的数学形式），如词语类型，并不可行。可以这样说，Hjelmslev 对 Saussure 结构主义的形式化以及 Chomsky/Bar - Hillel 以美国结构主义（继承了 Bloomfield，Bloch，Trager，Pike 的传统）为基础的对语言研究形式化的复制形成了语言研究发展的两条奇特的平行线。Lakoff 和 Fillmore 的“第二次革命”是对形式语言学的反叛，也是对后索绪尔语言研究发展的回归。所有这些转向和革命并没有真正消除 Saussure 对于历史动力以及语言依赖于社会环境和个体变化的否定。1850 年后，欧洲对进化理论的抵制已经被前索绪尔时期的理论所消除。

对于许多历史语言学家来说，这方面的发展似乎是语言学研究进展和现代科学学科形成的必要条件。我们反观 1850 年以后主要科学的发展，会发现其中隐藏的矛盾。其基本问题是，如何处理物理学上的动力学研究超出牛顿动力学的革命性成就（后期在化学方面），如何处理数学领域在微积分、非欧几里德几何，拓扑和微分拓扑方面（Felix Klein，Henri Poincaré，在此领域做出巨大贡献的著名数学家）取得的进一步发展。在物理学方面，Maxwell 的波段、量子力学和 Einstein 的相对论象征着动力学观点的突破。之后，在化学、生物学和心理学的应用也顺应了这个趋势。奇怪的是，结构主义语言学与之相反，在发展中它摒弃了语言动力学在科学研究中的作用。本文观点非常明确，这一范式曾经在二十世纪主导了语言学研究众多理论学派，为语言研究提供了新的路径和思路：为了解释人类语言，理解语言的动力机制至关重要。

二、为什么说对语言动力机制的理解是语言学理论研究的重要目标？

近百年来，曾经显得模糊不清的语言的两个方面逐渐清晰起来。(索绪尔在 1910 年 12 月发表了他著名的演讲)。

1）语言是人类进化过程中的迟到者，但经过漫长的认知和社会发展的建构，快速演化为一种稳定的生理机能。因此，语言的大部分原则涉及语言的口语和语法形式出现之前对认知和社会发展环境的选择（Wildgen，2004）。

2）语言利用大脑的神经动力，并不像电脑的硬接线和编程，而更像是一种自发的、复杂的、可适应性强的大脑运行过程。运行过程既不是一种规则控制，如同烹饪指南一样，也不像机器人由编程语言和固定模式控制。对大脑的透视技术帮助我们了解大脑工作过程。这项技术的作用和效果犹如伽利略在 1610 年对望远镜的使用，也就是说，通过经验判断获得的很多推断变得毫无意义。

充当进化动力学（历经 3500 万年到 5 万年）和神经动力学（每百分之一秒）之间最佳联结的是历史语言的转变（19 世纪语言学的主要研究课题）和语言习得理论（19 世纪末以来早期心理学的研究焦点）。他们描述了语言动力理论的主要内容：

揭示基本原则，如果可能，发现那些不仅激发人类语言能力进化和历史演变，而且能够控制语言习得和应用的本质规律。

由于人类生物学进化越来越依赖于周围生态的变化（物理学和生物学的变化）和人类大脑的化学和物理进化，语言学的解释功能和物理、化学和生物动力学方面的基本问题有着密切联系。这种观点和角度迫使语言学放弃了笛卡尔两个世纪的观点（物质/心智，自然科学/人文科学）并促成了语言学的同化。这一理论和方法的出现并不意味着语言研究方法自主性的丧失，相反，这种所谓自主性恰恰是由于我们对观察途径和知识缺乏的结果，同时，即使归纳出一种语言学归类的理论，它并不值得去坚持和维护。需要注意的是，不成熟和空洞的同化理论并没有实际的帮助，他们更有可能掩盖那些尚没有发现的问题。

从历史的观点来说，动力学和认知语言学由于研究目的不同几乎没有共同点。二者的相似之处就是发轫于交叉学科研究，其中对生物学和逻辑学问题的研究成为其主要动机。根据法国数学家 RenéThom 的研究，从 Leibniz 到 Poincaré 的思想传承，使 40 年代和 50 年代的数学研究引入到实际应用，而这应该成为这一范式的起点。受 Waddingden 生物形态发生学研究的影响，Thom 将这一想法扩大到语言研究领域。

三、语言动力学能够在哪些领域获得成功研究？

这一问题以本体论（Husserl，1913）为前提。我们并不能解释全部的现象，而必须选择某一领域或者某一点，只有这样，才可能对动力学规则有深刻的理解，我们称之为“局域解释策略”。这些理论观点可以用于探索未被研究的领域。自然科学的新发展可以为相似研究提供指导。我们或许因此会问哪一种动力原则在物理和化学（包括演进生物学和神经学）领域被发现，它们如何同语言学现象产生关联？大部分关于动力学的见解主要集中于有关运动学和动力学的数学概念结构，即微积分、拓扑学和动力学理论。这个领域的核心观点来自于突变理论（从广义上讲，由 Arnold 于 1996 年提出）。浑沌理论和随机动力学（Prigogine，1980；Haken，1983）已经扩大了研究领域，成为大学课程体系的组成部分。下面，我将解释以下一些关于结构稳定、稳定进化和浑沌吸引（参见 Wildgen，1982 年，1985 年，1994 年，1999 年，2005 年的阐述）的主要理论原则。

开普勒关于行星围绕太阳运动规律的发现在物理学方面是一个巨大突破。后来，这一观点得到牛顿万有引力定律的解释。从数学方面来看，行星的周期性运动只是一个最基本的钟摆运动。钟摆的摆点是一个吸引点，而星球也有一个吸引维数，不是一个能够轻易接近的吸引点（实际上，开普勒所展示的火星运动只是一个椭圆形轨道，但大部分的行星轨迹接近圆形）。在微分拓扑学中，这些见解导致了（因为 Poincaré 的工作）结构稳定理论的产生，即行星系统及其他可预见的动力系统结构稳定。对这种行为原型最为简单的描述就是一个钟摆，它的吸引子/排斥点和电位 V 的抛物曲线对变量 x 的映射。图 1 描述了两个吸引子和排斥点（只有当钟摆超过头顶时才能达到排斥点）。基本公式是 f（x）$=X^2$ 的（吸引子）和 f（x）$=-X^2$（排斥点）。如果不最大限度地使钟摆减幅（如果它是一个自由摆动的钟摆），我们必须添加周围的吸引力，可以表述为 $i=\sqrt{-1}$ 的虚根）。

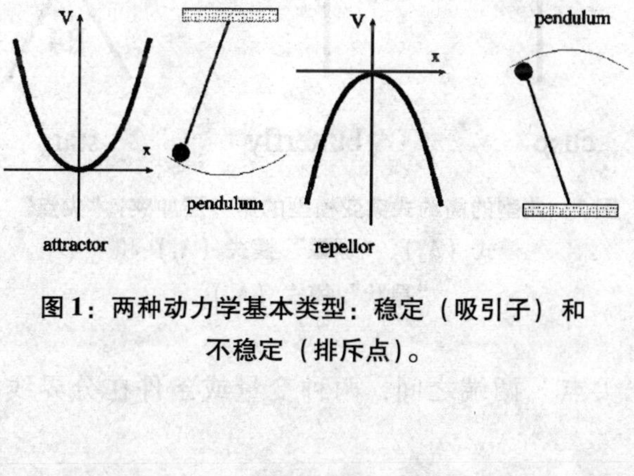

图 1：两种动力学基本类型：稳定（吸引子）和不稳定（排斥点）。

在突变理论中，已被证明增加一个常数和其他二次函数（y^2 和 z^2，…）或持续变化而不破坏这一典型的动态系统，即系统不改变其形式，没有演变为更复杂的无序系统，甚至没有受到干扰。这些动力系统就像是宇宙中一个充满了混乱、无序却很稳定的岛屿。

为了超越这种动态的原型，我们找到一个稍受干扰便会改变的系统（数学上，我们添加变量和常数函数以增加功能）。如果改变，它们会遵循一个可预测的途径。基本结果（Thom 提出并由 Mather 证明的定理）给出了系统分类，一个或两个系统内部参数和数量不断增加的（外部）参数（他们控制演变过程）。最基本（简约型）突变是尖点 $V = x^4$，演变 $V_u = x^4 + ux^2 + vy$；蝴蝶 $V = x^6$，演变 $V_u = x^6 + ux^4 + vx^3 + wx^2 + tx$；星状 $V = x^8$，并且演变 $x^8 + ux^6 + vx^5 + wx^4 + tx^3 + sx^2 + rx$。有两种形式（+/-）和二次项 Q 可以被自由加入。这些系统的特点即制度的稳定和边界线的最大数量，如图 2 所描述。

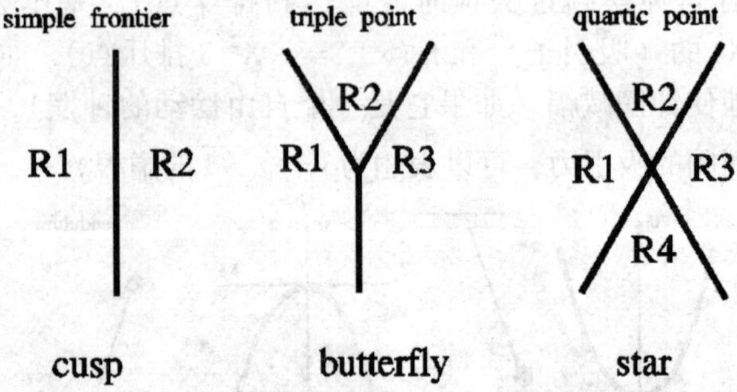

图 2：典型的简约式突变模型的第一层冲突："尖点"模式（A_3）、"蝴蝶"模式（A_5）和"星状"模式（A_7）

在"尖点"两端之间，两种变量或条件在分界线处相遇，分界线上的每一点都处于两端之中，而且演化参数中的细小变化使得系统从一种条件转移到其他条件。此特点激发了所谓的“突变”。在蝴蝶模式中，三种变量在交叉处相遇。三线重合点显示了其不稳定性，因为最小的变化可能会影响系统是否转换到 R_1，R_2 或 R_3。在随机力作用于系统状态时，它可能出现三线重合点从一种变量转移到另一种并且永远不会停止的情况。在星状的情况下，四点重合现象出现。尖点模式的序列趋于无穷（X^{10}，X^{12}，X^{14}…）。

如果我们有两个内部参数（在物理上两个不同的控制驱动力量)，一系列稳定的演变将随着抛物脐而停止（$V = x^2y + y^4$）。所有拥有两个内部参数和较高指数的系统，和那些有三个或更多的内部参数的系统，都不拥有稳定演化的有限集合。这也意味着有限的原型不能被准确地分到固定的有限模式中去。

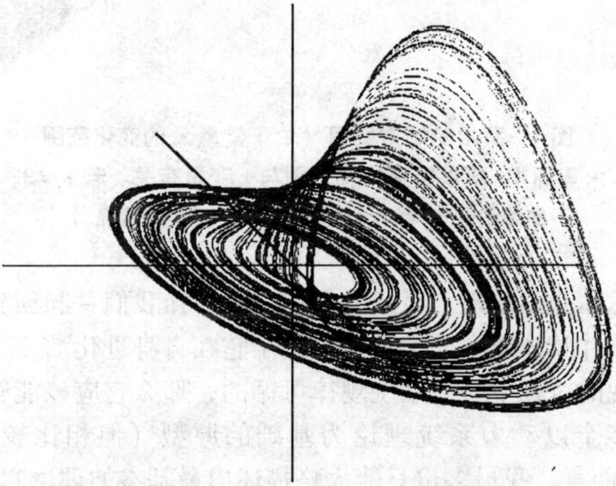

图 3：Rössler **吸引子（其中**，a = **0.035**，b = **0.46**，c = **4.5**；**参考 2005 年**，Wildgen & plath)

有关奇异吸引子以及浑沌体系的思考系统地丰富了代数领域

的内容。同时他们还展示了吸引子（或反射极）和分叉点的系统图，但是，这些吸引子是没有周期性的，并且分叉点也会重复出现。图 3 的展示即为一个浑沌系统（Rössler 吸引子），图 4 则为费根鲍姆方案（Feigenbaum – scenario）中的分叉点。

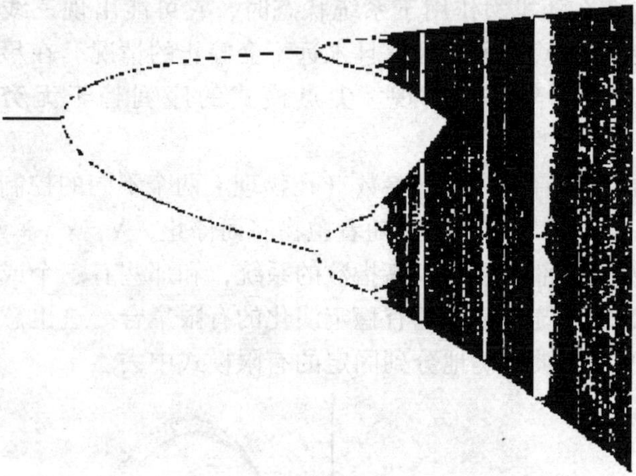

图 4：费根鲍姆方案图（由于常量 K 的变化范围为 2 到 4，所以竖坐标轴范围与 x 变量有关。若 K=3，曲线分裂，若 K=3.58，则有无限种情况。）

在总体介绍了动力系统的理论之后，让我们一起回到人文科学的领域并具体研究人类语言。鉴于它在自身进化演变、产生和自然出现的过程中是有系统规律可循的，那么它应该能够符合一个或者多个以动力系统理论为基础的原型（但相比较 1985 年 Wildgen 而言，我最多也只能大略描述出最基本的理论）。已经被详细诠释并被体系验证的假设有：

1）大部分进化转型都是比较稳定的演变，并且有控制其进化的力量（数量有限）。

2）尽管语言的变化是由地理、社会（包括心理）空间等多种因素造成的，并且由于语言水平的不同，行为方式会有所区别，但主要的规律变化应该有其演变特点并且吻合 Thom 列表中的部分要素（能够反映出一些浑沌行为的原型）。

3）在语言习得方面，从无语言状态（例如哭，咆哮，模仿）到最初级语法的掌握以及整体语言构造的学习，都可以体现演变的特点。

4）在脑动力方面，可以假设，包括交流的动力、句子以及段落的产生，都给前语言思维一个准确的定型。动力集合的不协调分布必须以（短时间歇）言语产生的稳定性为基础。稳定理论或许可以解释这一现象。

由于语法主要描述了（4）的过程和它的先决条件（过程类型 3 中获得），本文将专注于这个领域。

语法自古以来一直是学者关注的焦点，我要将认知语法，语言传统的当代产物作为一个起始点。由于这些语法与思想、视觉和记忆之间有程式化链接，并且承袭物理和微积分的传统而整合入当前脑科学，我们可以提出疑问，认知语法中所体现的主要规律是否可以形成动力系统理论，这样，演变过程的假设可以得到验证。在此，我们挑选三个有关认知语法的核心问题来测试上述假设。

动力学（Talmy）

隐喻映射（Lakoff）

识解（Langacker）

四、古典“认知语义学”中的动力学特征

认知语言学研究自 50 年代以来一般位于跨学科并更需要技术支持的领域：信息理论（Shannon）和控制论（Wiener）。而这

一领域的发展得益于Quine的逻辑经验主义和Carnap的形式句法所形成的哲学氛围。以此为基础，Chomsby提出了简约心智主义。Lakoff、Langacker和Talmy将上述观点和格式塔心理学、现代计算机视觉技术与生成语义学相结合，但这两条研究线路过于冗长。从历史的角度看，动力语言学和认知语言学是从不同的角度发展的结果。其外在表现聚焦于跨学科研究，其中生物学/心理学研究提供了基本的动机。

（一）动力学与介词及连接词的语义学

从认知语义领域来看，Talmy的“动力学”解释几乎全部来自于动力系统理论的应用。不过，哲学壁垒阻碍了上述理论的引进。在此，我将提出认知语义学和动态语义学之间的过渡理论。

Talmy的绝大多数分析所依据的材料是介词（1）和连词（2）。

1）The ball sailed past his head.

The ball sailed through the hoop.

He ran around the house.

He walked across the field.

（Talmy, 1975：201 -205）

2）The ball kept rolling because of the wind blowing on it.

The shed kept standing despite the gale wind blowing against it.

（Talmy, 1988：5）

在处理动词的含义时，Talmy将之称为谓语常数，如MOVE和CAUSE等（Talmy，1975 & 1976），提出了他的“影像系统”理论。所谓“影像系统”是指“抽象的几何描述”，如下文对（1）中例句的“心理”分析以及对（2）中例句的“力量-动力”分析。

Talmy文中的图片清楚表明，（1）中的例句运用了空间、边界、转换和运动等概念，其中的运动可以根据动力系统理论进行建模。下文，将对这一复杂的描述加以简化。例句“He walked across the field.”中的场地是一块连续的、有边界限定的表面体（不包含岛屿或者其他有边界地区），是一块可以被穿过（进入/离开）的区域。我们有两种驱动力：慢（稳定）的驱动力和快（短暂）的驱动力。后者与下面两种类型中之一相吻合，也就是发现吸引要素或者避开排斥要素。动词“walk”是一种慢而平稳的移动，包含进入（开始）阶段和离开（停止）阶段；然而，“across”的终点则在于动力的快速变化：被称为“两极突变”。图像5表现了这个状态。

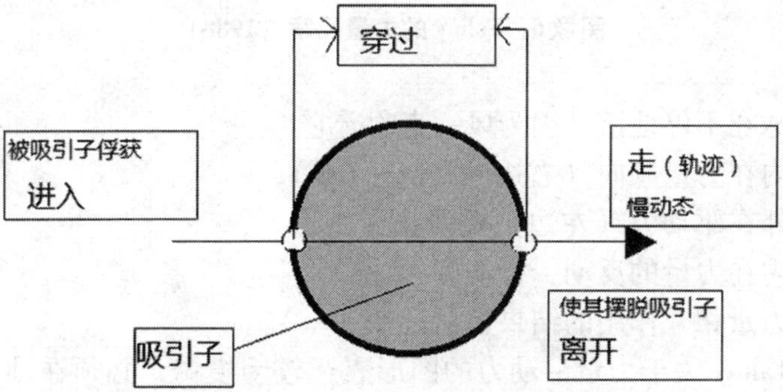

图像5：句子成分中对动力构成要素的突变理论描述

Talmy的“动力驱动”使用（或假设，因为没有给出定义）了“停止”和“行动”，对应着“吸引子”和“突变”（改变）的概念。但是，“力量倾向”和“力量相互作用的结果”的概念远远超过了突变动态，因为人们需要一个包括能量损失和获得的能量流。然而，就稳定性理论而言，一个基本的图解就可以代表Talmy最简单的象形描述。图像6即反映了Talmy的象形图表。

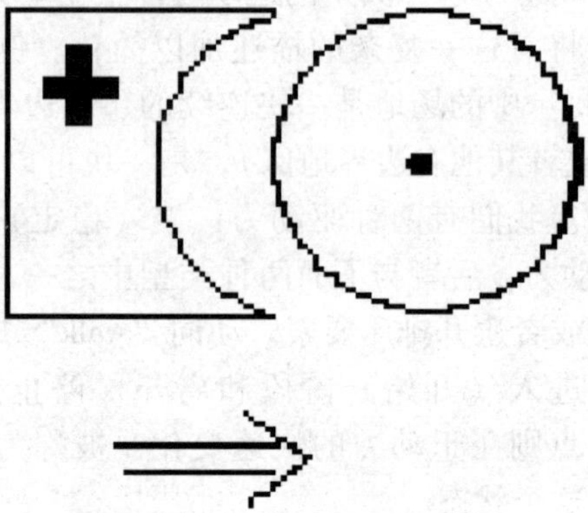

图像6：Talmy 的力量图解（1988）

球在不停地滚动因为风一直吹着它。
内在力量倾向（右边）：停止（●），
外在驱动力（左边）更强壮（+），
内在力量的反动：行动，
力量相互作用的结果是：行动（⇒）。

Talmy 关于力量-动力的图形表述较为模糊，必须在动态模型中通过分解才能更好地理解。图7中，只有突变理论部分通过图表可以表现出来，反之，动力模型则通过普通的语言描述表达出来，但这完全可以被数学模型所代替，不过因为过于专业本文没有进行详细介绍。对动力的定性研究而言，能量归于零（因为扩散），类似于死亡（移动的停止）。两个系统（球/风）的连接阻止了突变的发生，因此产生了以下的进程。

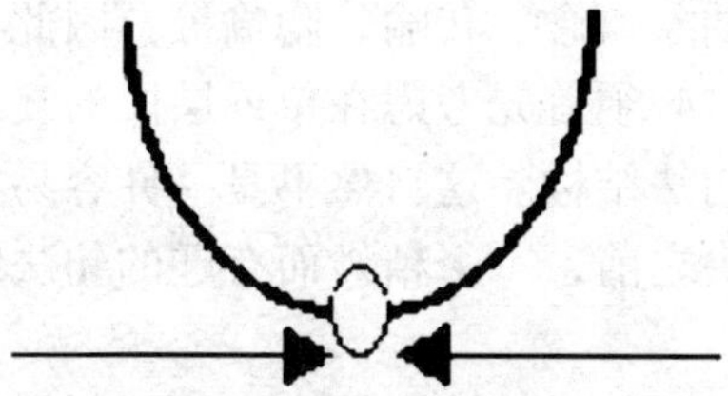

图像7：Talmy 描述的动力分解

1. *滚动：* 移动（被静止状态吸引）。上图表现了动态系统 f（x）= x，抛物线描述了钟摆被引向静止位置时的移动。

2. *吹动：* 能量获取，即使被引向静止位置，钟摆仍能持续移动。

3. *原因：* 能量获取和自然（扩散性的）能量流失之间的因果关系。

4. *持续：* 能量流失和能量获取（增加）之间的平衡；展开垂直于吸引子路径。

作为动力扩散规律的基础力量——“滚动”和“吹动”，连接在一起构成一对动态系统（“原因”）并（至少）获得力量流失和供给之间的平衡。因此，连接器代表了两个系统的动态联接。

两个动力系统的联接已经在物理系统领域得以分析（该传统领域由摇摆和共鸣现象组成）。动力系统方法产生了被 Herman Hake 叫做“热力协同学”的跨学科研究。上述方法已经被应用于认知研究。Haken 和 Kelso 研究动物移动步伐的协同，但是 Haken 应用协同学的方法进行同步化和去同步化研究，上述研究表现为 EEG 和 MEG 模式。Oullieret 将这一范式扩展至感官协调能力的研究。在一个以名词开头担任修饰语的情况下，我们可以建立词语的动力语义模型。这一方法的主要困难在于许多词语概念简单，但语义却十分复杂，因为这些概念（意象）涵盖了许多认知范畴以及抽象概念、转喻、隐喻等，因此，单词在依照句法规则组成句子时必须首先考虑在单词层面的复杂性，尔后在此基础上组织构建句法结构。这自然不是一件容易完成的工作，然而在这些难题解决之前，一个精妙而有趣的句法结构理论是无法发展起来的。

如果为每个句子创设语义演化脚本，从句的连接词必须要符合系统要求，如，表“CAUSE”关系的不同连接词。通过对连接词的选择，可以充分显示出其典型的效果。如视情况不同而选择使用 because 或 despite 等。

虽然动态理论体系的方法几乎摧毁了 Talmy 范式中的简化视图理论，但它明确指出了 Talmy 的描述中隐藏的问题：

（1）物理动力（如风，球）、感知或者假想的过程、记忆的痕迹（伴随着抽象的过程）和语言表达之间是存在映射关系。第一层面隐含在 Talmy 关于力量 - 动力模式的阐释中。如此一来，部分认识层次就被它掩盖了。

（2）复杂句式的语义混合了不同种类的动力模型：

——拥有吸引子和突变时空动力模型

——能量功能及其子系统

成熟、完善的认知分析，必须建立与外部世界形式、认知、意识控制力、记忆和感性支配的假想之间的桥梁。而这一切要应用到物理学、心理学和精神学学科知识。如果社会行为及其内在互动、社会关系与冲突在同一个句子或文章之中加以表述，社会学与社会心理学对社会行为的阐述以及两者之间的联系必须同时被考虑到。

（二）隐喻映射

亚里士多德学派对隐喻的定义可以用下面的对等式加以简要说明：

life（生）/day（白天）=death（死亡）/night（夜晚）

youth（年轻）/morning（早晨）=age/evening（年长/夜晚）

对等式预设了人的生命领域与客观世界运行（sunrise 日出—sunset 日落）的转换。正如 Lakoff 和 Johnson 的方向性隐喻所显示，人体部位及其体验（如上/下，前/后，左/右，手/眼/耳）的结构关系能够被用于指明某些抽象事物之间的关系，如感觉，情绪，欲望和责任等，从而为这些抽象事物提供相对简单和固定的表达形式。正如 Talmy（2007）所说，基于体验的语义结构可以被复制并体现抽象的事物。亚里士多德关于隐喻的对等式是正确的，这些固定的关系模式的原型可被理解成为音乐和弦：即简单的节拍，如1/2，1/3，1/4，1/5等。

如果使用“尖点模型”进行度量，（大/小，新/旧，上/下），该比率为1/2；如果考虑到一个中间阶段（热/暖/冷，儿童/成人/长者），该比率为1/3，等等。类似动力模型可体现为“尖点模型”（两个变量），“蝴蝶模型”（三个变量），和“星状模型”（四个变量）。因此，亚里士多德的几何概念可以成为突变理论框架（即继承了柏拉图的数学的基本观点）。如“Argument is war.”和“Love is a journey.”是 Lakoff 和 Johnson（1980）提出的“War is a journey.”的百科知识式的映射。这些示例的基本特点是选择（即只有部分百科全书的知识被重复利用）和角度转变（更多的原则已经在 Fauconnier 和 Turner 的“概念融合模式”中被提出）。因此，如果认为“Love is a journey.”，这将是一个愉快而短暂的过程。“Love is craziness”和“Love is war”是以爱的特别体验为前景化。有人认为可能存在无穷的视角，这是很有可能的（某些视角可能更为频繁，而且以文化传统为依据）。Lakoff 的解释模式还存在下述问题：这种看似任意的选择和视角，在不同主题和文化之间是稳定、可复制和可继承的吗？如果是的话，是怎么实现的？

Johnson 所选择的现象学方法和角度被称作体现。Rene Thom 用了好几年的时间提出了语义密度或深度的概念。“假定存在一个确定的同构，建立概念 Q 的精神机制和用 Q 表示实物 K 的物理机制……由此推出，一个概念越‘复杂’，它的稳定性对机制规则的要求就越多，它的‘语义密度’就越大”。早期的与现象有关的体验在语义上比后来的体验更加稠密，而且包含了更多人类生态学的内容。我们需要建立更为精细的刻度，而非人体/世界的度量，至少包括：

1）生物学上具有普遍意义，物种特有过程/实体（就像人类身体）。

2）生态学上中枢控制中心，就像人类的定位运动（眼、手、脚的运动）和基本的物体运动（拥有，抓取，弹跳）。

3）社会学意义上的协调控制（给予，接受，正面或负面的强制），社会关系（母亲/父亲/兄弟姐妹），价值（好/坏），语言等等。它们主要来自社会环境中的体验（在关心－关爱的环境中）。

4）文化机能和主要语言获取后的整体知识，这个整体是由语言来作为中介的。

Rene Thom 把基础动力学称为“孕育”的扩散。这个比喻的过程是对“怀孕”含义的演化，并使之成为更丰富的人类知识（这是由语言作为中介的）。Lakoff 的隐喻假设只是这座冰山的顶尖。

体验语义学的基础认知问题是从由非语言体现的概念到普通的语言词汇，以及从普通语言词汇到更抽象层次（社会经验，智力活动）映射的本质。需要提出的问题有：

· 这些映射的稳定性如何？

· 如果映射是可复制的，会变得杂乱无章吗？

·对于一个稳定映射来说，源域空间（有关维度，成分数量等等）的复杂性有限度吗？如果有，是什么？为什么？

·是否有跨越个人阶层（社会/文化）的稳定性力量（例如，传统和社会选择）？它是否能够构建一个平台，使稳定的构建过程起始于此？

如果选择典型特征而忽略其他特征，映射就会很有趣。它们也需要维持一个基本结构（映射的“核心”）。在最有趣的事例中，它们还减少了被映射对象的维度。因此一个地理学家可以选择距离而改变角度或者相反，他（她）一般在一个二维平面上构造三维的（表层或球体）结构。道路地图可能甚至只有一维而且只保留路线的距离。

在人的体验中，人体自我认知具有三维性，而在语言表达中是一维的，如：在顶端－在底部；向前－向后；朝左－朝右。如果包括视觉，听觉，嗅觉等以及内在感官情绪都需要被表达出来，这些前语言的含义会在多维角度上互相影响，但其边界是模糊的。由于上述的感官表达界限的模糊性的存在，一些记忆（心灵）和语言的映射通常都是不稳定的。如果这一映射过程被重复解读和认知，例如由对人体的认知到对他人的认知，再到对记忆、意象、语言图解和情境话语的认知，则这种不稳定性就会大大增加。每种层次的认知都要有相对应的约束力存在以确保其稳定性。当映射具有高度稳定性时，身体－心理－语言之间必须以转喻和隐喻映射保持稳定为预先假定（虽然导致模糊性的上升）。对于转喻来讲，稳定整体的分割是先决条件；对于隐喻，把握边缘的相似度和近似度是必要前提。Lakoff 和 Johnson 忽略了连续体中的分割问题，并且假设一个分割的语义实体已经存在。Langacker（2006）已经探讨过关于连续性和离散性的问题。然而，目前所有认知模式都坚持古典结构主义本体论，语言就是已经分割的实体。因此语言学意在对这些实体进行分类，并在对其有限集合和离散定义的基础上，描写其组合约束条件和规则（音素、词素、词与句子的基本类型）。

浑沌理论表明，在两维输入的情况下（如电视屏幕），动力系统无法用数据完美的反映出来。在经典模式中，它有一个系统固有的，完全独立于外界变量的吸引子。由于输入信息的缺失，复制过程被转化成一个标准模式。下表 8 的 Sierpinski 三角即为一个典型事例。在实际的认知过程中，映射会选择主体主观偏爱的映像（回响映像）。

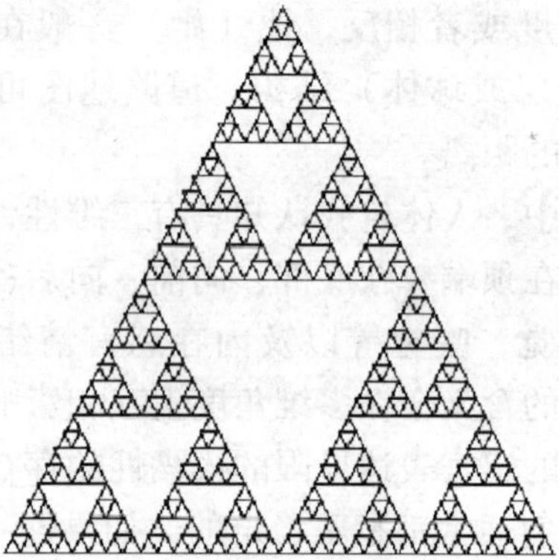

表 8：Sierpinski 三角作为浑沌映射过程的标准吸引子

因此，人们可以预见一个单一且高效的映射链：身→心→语言（项目 1）→语言（项目 2）→……被预测的可能性约等于 0。可以得出两个结果：

1）语义空间的表达必须是低维的。

2）旧有的身体 - 心智映射（非语言）行为是不稳定的、不成熟的映射的起始。

这些似是而非的假说，构成体验语义学的根基，其结果是认知语义学需要提出一个意义演化的问题，即意义从何而来。

(三) 认知语法的“识记”

尽管 Bloomfield（1926/1987）削弱了刺激－反应－结构的意义，视其为心理学要解决的问题。认知语义学必须从认知表征的视角建立起组成成分的含义，并且必须对其组成－过程进行详细说明。下文将评论 langacker 的两个简单示例。

1）图 9 所表现的动词“ENTER”来自 langacker（1987）的研究，展示了分析过程中的两个阶段。在较上面的图示中，作者对行为步骤的分解未加数量限制（快门形式）。如果第 5 幅图，这一数字只是 langacker 的选择，增加到无穷大，我们就可以绘制用微分方程表示的连续过程。在第二张图中，这一过程只被分解为（n＝3）。事实上，中间状态的图片可以消除。Langacker 的研究终止于逻辑模型和连续模型之间，就认知模型而言，他回到非动力语义的逻辑模型中。

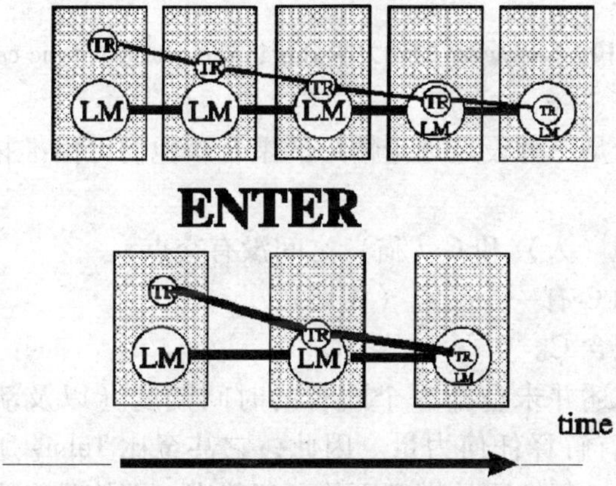

图 9　Langacker 关于动词“ENTER”的分析

2）在命题为“The man found the cat.”的空间表征中，FIND 的图示与 ENTER 的图示相似，其主要区别是对实体的填充。但是对 ENTER 的解释中，边界理论说明了 ENTER 的空间背景。二阶动词 FIND 需用两种具体空间对应与 man 和 cat，并且失去空间背景焦点。这种 TR 和 LM 的二分法不能够抓住 ENTER 和 FIND 的重要区别。在动词 FIND 图示中，其成分结构被解释为一个半开放的空间。

"动力" 被削弱为理论上的顺序。如图 10 所示。

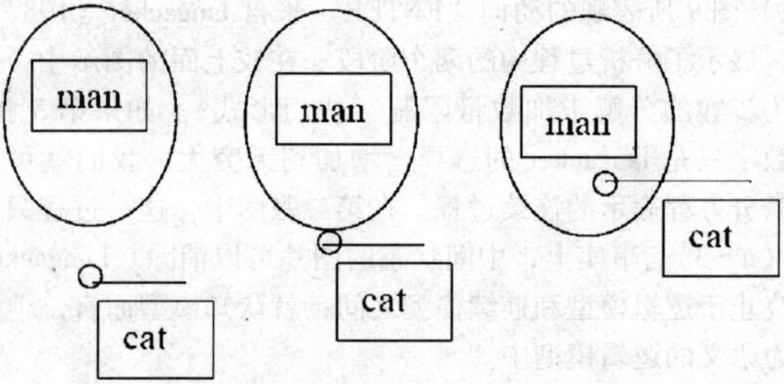

图 10：Langacker **的动力学分析：**The man found the cat.

动力学是三种设定理论情形的聚合，他们可由准拓扑维恩图加以描述。

· 在 M（人）和 C（猫）之间没有交点，

· M 和 C 有一个交点（相切），

· M 包含 C。

上述陈述并未包括一个固有的时间刻度（以及活动数值范围），也没有解释任何力量。因此，它甚至比 Talmy 所介绍的从动力学视角进行解释的模型更趋向于静态，即使是在类似低水平的模型中。ENTER 和 FIND 的语义差异依然非常模糊，更不用去探讨 CATCH，EAT 和其他二价不对称动词的差别。与 Langacker 的模式相反，CATCH 的突变理论模型详细说明其拓扑结构（几何学也提供了类似的解释），具有两种动力类型（矢量场的快速运动和时间的慢速运动）、一个临界点（两个相互吸引子之间的分叉）和潜在的动力。显然，Thom（1972）所列举的16种原型无法区分Ballmer和Brennenstuhl（1986）所总结的8000个基本动词。根据Wildgen的理论，表运动动词的动力分解提供了进一步解释突变理论模型的基本策略。它借鉴了运动程序和运动知觉心理的研究成果。

身体和身体部分的活动要从属于两种控制：

1）运动的非线性控制，很大程度上独立于具体环境要素，且界定了运动的目标。非线性控制包含突变，即进程演变中的突然变化。

2）线性控制往往与具体环境特征相适应，且与运动模式相协调。

如果我们以四肢的运动为例寻找类似的身体机能，我们将会发现弹性摆和双摆两种模式。图11显示了一个双摆以及与一条腿的运动的类比。图11中右侧图显示出当人们在行走的时候一条腿的运动位相（Johansson1976年的实验结果）。腿的动力系统可以比喻成双摆（有强烈的衰减和自由受限制的区域）。

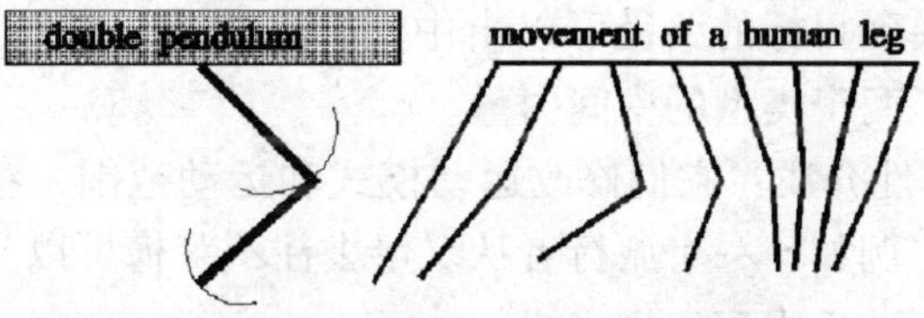

图11：一个双摆以及与一条腿的运动的类比

有两个层面的四肢运动：

1. 运动节奏，对运动体分类感知的代码。

2. 运动图式

运动的拓扑结构有三个阶段：

1 运动开始与终止位置的缺失，

2 平稳运动，

3 新的终点位置和终点定位的获得。

2 阶段的平稳运动是一种图式，组成表运动动词的语义，如走、跑、驾驶等，传统上被定性为“持续性”。简单模式的不稳定性可以添加到由不同类型信息建构的基础图式中。

1. *内在信息* 包含在背景图式中：A = speaker，B = listener，连续的运动能够进入 A 的领域或者远离它。这一图式的原型是：

C comes（接近于 A = speaker）

C goes away（离开 A = speaker）

2. *外在信息* 则包含在言语与言语背景中，就像：

John enters (the house).

John leaves (the house).

这两个例子中，基础图式包含了被称为“出生/死亡”模式的不稳定性（从突变理论来看）。身体运动的进程是连续的或者保持不明晰的抑或明确的边界，以及边界的方向。而这一取向界定了目标及意向。

从源头到目标的路径可以由中间力量引入。在语言情境中，我们发现了两个类型的中间力量。

1 工具性介质：它们修改运动模式和运动范围，整体图式保持稳定性。例如：一个旅行者从汉堡去往不莱梅可以步行、骑自行车、开车、坐火车、坐飞机。

2 因果施事关系：作为中介，其中包括了对其他施事行为或自然过程的控制，因果关系的归因与时空认知相关联，归因意向等。

认知图式的分类不仅与动词词汇有关，也是使役结构的认知基础。

（四）动态语义的进一步发展

动力学在语言学（和其他人文科学）的应用须首先遵循应用数学的标准，所以在研究中，我尽力在语言研究方法可接受范围内坚持这些标准。很显然，语义研究方法中，定量方法和数量统计的缺乏限制了其发展。突变理论的基本拓扑性质要求一个“粗糙”建模，以获取其基本特征。在开始时期，语言动力学必须重点考虑临界转型、双模态和多模态模型等。具体的预测或对细节的描述并不是这些模式的目标，因为它只是一个拓扑（而不是一个几何）模型，且所有的说明都必须解释为平滑模型，不能简单地把他们转移到度量的标准。这也就是说，只有普遍性问题才能借助于动力学的量化研究进行检测。在 1979 年后的时期中，我针对不同子域进行研究，例如字的语义、动词的语义、模糊性和歧义、名词词义的构成、对话与叙事、音系、预测与时间语义。在所有研究下，词汇的稳定性和句法结构的选择都得益于动力系统理论。

下文将研究神经语义模型，以发现它们是否更倾向于 Lakoff、Talmy 和 Langacker 提出的认知语义学，并采取类似的研究路径。

五、神经语义学中的语义构成

神经语义学建立于对动物大脑神经动力评估的结果以及对它们自己所处环境（知觉、注意力、记忆）的分析。神经语义学的基础在于在人类语言处理过程中神经波的实验分析。研究提出的认知机制既不像认知语义学那样来源于高水平的语言行为（和讲话者共享的直觉），也不像动力语义那样来源于动力系统最一般的特征。神经语义学的研究既独立于传统，又允许我们评判上述范式的认知合理性。语义成分可以通过名词、短语的词序来研究。比如，名词“square”，颜色形容词“red”和现在分词“moving”；

red moving square

大脑如何将一个名词和两个有关颜色和情感的附属词连接在一起？Andreas Engel（2004）为意识信息划分了三个主要区域：视觉区域（细分为区域 V1 到 V5）、枕骨区域、颅骨区域，构成了从部分到整体、历时、同步、同步失调以及背景与图形区分的集合。两种视觉刺激可以被脑电图仪器的 γ 波段（30 - 70Hz）和 β 波段（15 - 20Hz）检测到。额定前凸中心选择那些可转换为记忆的相关特征。

视觉的部分或所有特性在一个短的时间间隔内，被一组神经元的共时激发所连接。例如，神经系统的集合（成千上万的神经元和它们发射的频率节奏）被连接到“square”、“red”、“move”。这种类型的分析法考虑到的不仅是感知、注意力和记忆的组成，还要推想词语与句法之间的平行演进，包括名词和形容词句法结构上的要素。在人类解决语言任务的实验中，可以一直观察到受试者所独有的脑电波（在 γ 谱上为 30 - 50Hz）。它们是大脑中两个集合体间相互关联的同步化过程。语义分歧导致大脑中可测得的不同步性。但原则上，大脑不同部位的细胞组合的动力会给予这种结构以明显的特点；同时，集合体中的共时激发也造成大脑特征的差异。深入的研究已经显示，记忆及在识别中自上向下的处理过程显示相似的机制。因此结构的译码是动态的和时间的，不是静态的和空间的。上述冲突出现在认知语法中，它反映了在神经语言学发展之前，心理意识的发展状态。同时，它也显示语义突变理论的基本动力图式，表现在大脑活动中表现为更为明显的动力变化。

我们可以用公式表述认知语言学的关键所在，部分组成要素构成整体的基本类型可以分为如下几点：

· 属性——名词词组（语义学上表示为 NP）

· 补足语——动词词组（语义学上表示 VP）

· 句子的连接（如：由连接词连接）

如果上述基本机制得到了进一步的阐明，我们便可以开始建立一种具有科学基础的认知语法。Langacker 的建议可能是有价值的，但作为直观假设必须加以详细论述以及在神经学方面的审慎评估。

由于瞬间连接，我们可以对语义合成设定诸多限制。正如 Teisman（1999：108）所说：

……它（同步连接假说）也为注意有限性提供了一个貌似合理的理由，而这一现象可在知觉和视觉记忆研究中被广泛观察到。在固有的噪音的和偶然性的背景下，被区分开的不同激发率可以对被同时连接的对象设定最低限制。

价模式和嵌入（递归操作）的限制已经随着 Chomsky 的实验而备受质疑。相反，它们暗示了语义合成过程的本质，从而比代数概念的递归操作更有趣。突变理论应用到了语义学的传统领域。由于这种复杂、但结构稳定的价模式超越了目前神经学的实验研究，动力语义的合理性仍然必须依赖于现实的模式（物理过程模式）和（在不同语言的句子）语言形式的同构。我们认为作为连接中介的大脑具有若干途径和方法将物理过程映射到稳定的语言模式。

六、结 论

关于自然语言实验的 fMRI 和 ERP 测量并不能简单使用由

Talmy，Lakoff 和 Langacker 制定的语言模型。人们需要一种方法来归纳研究的发现并建立一个语义神经动力模型。这种模型将建立在大脑的拓扑学领域，同步化、自我组织的局部耦合（过滤，主导模式的选择）、自我意识的监控等基础之上。上述新模型的发现归功于动力系统理论，尽管现在这种突变理论模型还比较简单，需要在混沌吸引子、秩序和混乱之间建立随机模型（扩散方程）。为了使这种建模也能应用于语言研究，我们就必须向动力模型打开语言学理论研究的大门，与未来的以神经语言学为基础的语义学相兼容，并能捕捉自然语言的表达中对力量和运动的直观概念。

BIBLIOGRAPHY

Arnold V. I.. 1986. Catastrophe Theory. Heidelberg: Springer.

Ballmer, Thomas T. & Waltraud Brennenstuhl, 1986. Deutsche Verben. Eine sprach - analytische Untersuchung des Deutschen Wortschatzes. Tübingen: Narr.

Bar - Hillel, Yoshua. 1959. "On Syntactical Categories". Journal of Symbolic Logic 15: 1 - 16.

Bloomfield, Leonard. 1926. "A Set of Postulates for Linguistic Analysis". Language 2: 153 - 164. Reprinted in: Hockett, Charles F. (ed.), 1970. A Leonard Bloomfield Anthology. Chicago, Ill.: Indiana University Press: 70 - 80.

Chomsky, Noam. 1957. Syntactic Structures. Den Haag: Mouton. Engel, Andreas K. 2004. "Synchronisation und Wahrnehmungsbewusstsein". Paper presented at the symposium: "Freier Wille - frommer Wunsch", Nürnberg, October 2004 (download from: www. 40hz. net).

Fauconnier, Gilles and Mark Turner. 2002. The Way we Think. Conceptual Blending and the Mind' s Hidden Complexities. New York: Basic Books.

Gazzaniga, Michael S., Richard B. Ivry & George R. Mangun. 1998. Cognitive Neuroscience. The Biology of the Mind. New York: Norton.

Haken, Hermann. 1983. Synergetics. An Introduction (Third revised and augmented edition). Berlin: Springer.

Haken, Hermann. 1996. Principles of Brain Functioning. A Synergetic Approach to Brain Activity. Behavior and Cognition. Berlin: Springer.

Haken, Hermann & Michael Stadler, eds. 1990. Synergetics of Cognition. Proceedings of the International Symposium at Schloβ Elmau. Berlin: Springer.

Herrmann C. S., Munk M. H. J., Engel A. K. 2004. “Cognitive Functions of Gamma - band Activity: Memory Match and Utilization”. Trends in Cognitive Sciences 8: 347 - 355.

Husserl, Edmund. 1913/1970. Ideen zu einer reinen Phänomenologie und phänomenologischen Philosophie, vol. I: Allgemeine Einführung in die reine Phänomenologie. (new edition, 1950) Den Haag: Nijhoff.

Johansson, Gunnar. 1976. " Spatio - temporal Differentiation and Integration in Visual Motion Perception". Psychological Research 38: 379 - 393.

Johnson, Mark. 1990. The body in the mind: the bodily basis of meaning, imagination, and reason. Chicago: Univ. of Chicago Press.

Kelso, J. A. Scott. 1995. Dynamic Patterns. The Self - Organization of Brain and Behavior. Cambridge (Mass.): Bradford.

Lakoff, George and Mark Johnson. 1981. Metaphors We Live By. Chicago: University of Chicago Press.

Lakoff, George. 1987. Women, Fire, and Dangerous Things. What/How Categories Reveal About the Mind. Chicago: Chicago U. P.

Lakoff, George. 1993. The Contemporary Theory of Metaphor. Orthony 1993. 202 - 221.

Langacker, Ronald. 1984. The Nature of Grammatical Valence. Series A; Paper 131. Trier: Linguistic Agency Trier.

Langacker, Ronald. 1987. Foundations of Cognitive Grammar. Theoretical Prerequisites. Stanford: Stanford U. P.

Langacker, Ronald. 1993. Foundations of Cognitive Grammar. Descriptive Application. Stanford: Stanford U. P.

Langacker, Ronald. 1990. Concept, Image and Symbol. The Cognitive Basis of Grammar. Berlin: De Gruyter.

Langacker, Ronald. 2006. On the Continuous Debate about Discreteness. Cognitive Linguistics 17 (1): 107 - 151.

Merleau - Ponty, Maurice. 1945/1999. Phénoménologie de la perception. Paris: Gallimard (reprinted 1999).

Oullier, O., K. J. Jantzen, F. L. Steinberg & J. A. S. Kelso. 2004. "Neural Substrates of Real and Imagined Sensorimotor Coordination". Cerebral Cortex Advance Access 24: 1 - 11.

Orthony, Andrew, ed. 1993. Metaphor and Thought (Second Edition). Cambridge: Cambridge U. P.

Peitgen, H. - O., H. Jürgens & D. Saupe. 1992. Bausteine des Chaos. Faktale. Heidelberg/Stuttgart: Springer/Klett.

Petitot, Jean, 1985 : Morphogenèse du sens I, Paris : Presses Universitaires de France.

Petitot, Jean. 1992. Physique du Sens. De la théorie des singularités aux structures sémio - narratives. Paris : Editions du CNRS.

Petitot, Jean, 2003. Morphogenesis of Meaning (translated by Franson Manjali; a revisited version of Petitot 1985). Bern: Lang.

Pike, Kenneth Lee . 1971. Language in Relation to a Unified Theory of the Structure of Human Behavior (2nd edition). The Hague: Mouton .

Prigogine, Ilya. 1980. From Being to Becoming - Time and Complexity in Physical Sciences. San Francisco: Freeman.

Stewart, Ian. 1990. Does God Play Dice? The Mathematics of Chaos. London: Penguin Books.

Talmy, Leonard. 1975. "Semantics and Syntax of Motion". Syntax and Semantics ed. by. John Kimball. vol. 4, 181 - 238. New York: Academic Press.

Talmy, Leonard. 1976. "Semantic Causative Types". Syntax and Semantics (The Grammar of Causative Constructions) ed. M. Slubatani, vol. 6. . 43 - 116. New York: Academic Press.

Talmy, Leonard, 1983. "How Language Structures Space". Spatial Orientation: Theory, Research, and Application ed. by Herbert Pick & Linda Acredolo. New York: Plenum Press. Reedited in : Talmy 2000a. 177 - 254.

Talmy, Leonard. 1988. “Force Dynamics in Language and Cognition”. Cognitive Science 12 (1). Reedited in: Talmy, 2000a: 409 – 470

Talmy, Leonard. 2000a. Toward a cognitive semantics. Vol. 1: Concept structuring systems. Cambridge (Mass.): MIT Press.

Talmy, Leonard. 2000b. Toward a cognitive semantics. Vol. 2. Typology and Process in Concept Structuring. Cambridge (Mass.): MIT Press.

Talmy, Leonard. 2007. Cognitive Semantics. An Overview, Pre – final draft of an article to appear in: Handbook of Semantics edited by Claudia Maienborn, Klaus von Heusinger, Paul Portner, Mouton de Gruyder (visited 10th of March 2008) http://linguistics. buffalo. edu/people/faculty/talmy/talmyweb/Recent/overview. htm)

Teisman, Anne. 1999. “Solutions to the Binding Problem. Progress Through Controversy and Convergence”. Neuron 24: 105 – 110.

Thom, René. 1972. Stabilité structurelle et morphogenèse. Paris : Interéditions.

Thom, René. 1983. Mathematical Models of Morphogenesis. Horwood (Wiley). New York.

Thom, René. 1988. Esquisse d'une sémiophysique. Physique aristotélicienne et théorie des catastrophes. Paris: Interéditions.

Tomasello, Michael, 2003. Constructing a Language. A Usage – Based Theory of Language Acquisition, Harvard U. P., Cambridge (Mass.).

Whitney, William Dwight. 1899. The Life and Growth of Language. An Outline of Linguistic Science. New York: Appleton and Company (first publication 1875).

Wiener, Norbert, 1948. Cybernetics or Control and Communication in the Animal and the Machine. New York: Wiley.

Wildgen, Wolfgang. 1982. Catastrophe Theoretic Semantics. An Elaboration and Application of René Thom's Theory. Amsterdam: Benjamins.

Wildgen, Wolfgang. 1985. Archetypensemantik. Grundlagen einer dynamischen Semantik auf der Basis der Katastrophentheorie. Tübingen: Narr.

Wildgen, Wolfgang. 1987. “Dynamic Aspects of Nominal Composition”.

Process Linguistics. Exploring the Processual Aspects of Language and Language Use, and the Methods of their Description ed. by Thomas T. Ballmer & Wolfgang Wildgen, 128 – 162. Tübingen: Niemeyer.

Wildgen, Wolfgang. 1988. "Processual Semantics of the Verb". Journal of Semantics 5: 321 – 344.

Wildgen, Wolfgang. 1994. Process, Image, and Meaning. A Realistic Model of the Meanings of Sentences and Narrative Texts. Amsterdam: Benjamins.

Wildgen, Wolfgang. 1998. "Chaos, Fractals and Dissipative Structures in Language or the End of Linguistic Structuralism" Systems: New Paradigms for the Human Sciences ed. by W. Koch & G. Altmann, 596 – 620. Berlin: de Gruyter.

Wildgen, Wolfgang. 1999. De la grammaire au discours. Une approche morphodynamique. Bern : Lang.

Wildgen, Wolfgang. 2004. The Evolution of Human Languages. Scenarios, Principles, and Cultural Dynamics. Amsterdam: Benjamins.

Wildgen, Wolfgang. 2005. "Catastrophe Theoretical Models in Semantics". Quantitative Linguistics/Quantitative Linguistik. Ein Internationales Handbuch ed. by Reinhard Köhler, Gabriel Altmann & G. Pietrowski, 410 – 423. Berlin: de Gruyter.

Wildgen, Wolfgang. 2006a. "The Dimensionality of Text and Picture and the Cross – cultural Organization of Semiotic Complexes". Aspects of Automatic Text Analysis. Festschrift in Honor of Prof. Dr. B. Rieger ed. by Reinhard K? hler & Alexander Mehler, 421 – 442. Berlin: Springer.

Wildgen, Wolfgang. 2006b. "Kognitive Grammatik und neurokognitive Forschung ". Theorien und Begriffe der Repräsentation. Beiträge zu einem Workshop ed. by Hans Järg Sandkühler, 115 – 134. Universitätsverlag: Universit? t Bremen.

Wildgen, Wolfgang. 2008. Kognitive Grammatik. Klassische Paradigmen und neue Perspektiven. Berlin: Mouton de GRuyter.

Wildgen, Wolfgang & Peter Plath. 2005. "Katastrophen – und Chaostheorie in der linguistischen Modellbildung ". Quantitative Linguistics/Quantitative Linguistik. Ein Internationales Handbuch ed. by Reinhard Köhler, Gabriel Altmann

& G. Pietrowski, 688 – 705. Berlin: de Gruyter.

Wright, George H. von. 1966. “The Logic of Action: A Sketch”. The Logic of Decision and Action ed. by N. Rescher. Pittsburg: University of Pittsburg Press.

Zeeman, E. C. 1977. Catastrophe Theory: Selected Papers 1972 – 1977. Cambridge (Mass.): Addison – Wesley.

语言习得的分形模式

维拉·露西亚

(Vera Lúcia Menezes de Oliveira e Paiva)[①]

孔　艳　译

世界上的一切，皆无法悖于它的本来规律，逆道而驰，
消逝的一切，将永远消逝。
生命犹如大海中的波浪，永无休止，来来去去。
此刻我们的所见，皆已不同于它的前刻，
世界上的一切总在变化，犹如大海中的波浪。

——Lulu Santos

一、问题的提出

我和其他一些作者（麦克劳克林 McLaughlin，1987；埃利斯 Ellis，1990；布朗 Brown1993a 及 1993b）都认为，语言习得模式没能充分考虑习得语言时的所有过程，尤其是外语习得。我把这些模式看做是单一系统中的零散部分。虽然据此可以推论出在习得过程中是存在类化的，但是，每一个类化都有各自的特点，这

① 维拉·露西亚（Vera Lúcia Menezes de Oliveira e Paiva），巴西应用语言学会主席，巴西米纳斯吉拉斯联邦大学（Universidade Federal de Minas Gerais）英语教师，应用语言学教授。

样，要描述所有的现象就存在困难。在习得过程发生的环境中，除了如数量/质量投入、社会距离、类型和强度的反馈、文化和固定模式等等的不同之外，还包括生物体、智力、能力、态度、年龄、认知模式、动机、个性及情感因素等的不同。（见埃利斯 Ellis，1990；布朗 Brown，1993a 和 1993b；埃尔曼 Ehrman，1996）。

但是，与 Y 比例变量中的 X 无法起到决定作用不同，这些因素组合在一起，可以产生有效或无效的习得结果。因为人类是不可预测的，在类似的情况下也会发生不同的变化。

许多作者都提到过语言这种习得现象的复杂性。努南（2001：91）在指出第二语言在习得过程中的复杂性时说：

“目前的第二语言习得研究可以用一个词来概括：复杂性。研究者们已经意识到对于习得，除了有心理层面的因素外，社会和人际因素同样重要，并且，输入和输出也同等重要。形式和意义最终是无法分开的，习得本身是一个有机过程，而非线性过程。”

阿尔梅达·菲略（Almeida Filho）在提到这一复杂性的某些方面时指出，“从另一方面说，外语也是一个复杂的概念，教师在教学过程中应该深入考虑到这一点。”不过，拉森－弗里曼（Larsen－Freeman，1997）才是参照复杂系统或浑沌学理论研究这一复杂性的第一人。

“浑沌理论认为，微小的变化会导致巨大的差异，并且，我们的周围存在着一个潜在的规则。”这一理论“……试图解释这样一个事实，即复杂并且难以预测的结果会出现在初始条件具有敏感性的系统中。”这种非线性的思维方式与笛卡尔逻辑相悖，忽略了决定假说并放弃了客观事物必定具备系统性、客观性及普遍性这一科学概念。上下文的概念对于我们理解多元化的自然现象非常重要。根据观察现象的新方式来看，这些系统是具备复杂的、非线性的、动态的、混乱的、不可预测的、对初始条件敏感的、开放的、受吸引的、自适应的以及自我组织能力等特点的。

拉森—弗里曼（Larsen - Freeman）给出了很多方面的证据来证明第二语言习得与浑沌理论或复杂理论之间存在着很多相似性：习得过程中的活力、复杂性、非线性、受吸引性以及中介语的自我组织性，都处在一个不断调整的过程中，可以解释为一种对反馈的反应。为了支持自己的这一假说，拉森-弗里曼通过五个例子来对此进行讨论：习得机制、习得的定义、中介语的稳定性与非稳定性、个性差异以及学习效果。

为了讨论第一个例子，拉森-弗里曼（1997：152—154）联合皮亚杰（建构主义者）及乔姆斯基（语言天赋论者）指出"个人创造力与社会活动相结合会影响语言语法的面貌。"

早在这一复杂理论出现之前，维果茨基（Vygotsky）在20世纪20年代就已经对作为复杂系统的言语思维有过类似的见解。在对所论及的语言和思维部分进行总结时，他谈到，言语思维是作为一个复杂的、动态的实体出现的，语言和思维在这一实体中的关系正如通过一系列平面的运动（维果茨基，1962：152）。

受复杂理论的启发，我想继续追溯这一研究，并通过理论方法对这一研究再思考，我一直觉得，关于这一问题我始终是在徒劳地寻找理论支持。

关于习得定性研究的成果似乎可以用来证明语言习得是一个无法通过因果法则来解释的现象。埃里克森（Erickson：1996：104）指出：

"关于教学的实证研究假设了历史是可以重演的，无论是在相同还是不同的情况下，从过去的事情中学到的东西都可以推演到未来的事件中。解释性研究者在他们的假设中表现得更为谨慎，他们的观点与很多经验丰富的教师们一样：昨天的阅读小组和今天的完全不同，在阅读小组中的此刻与下一刻也完全不同。"

对于复杂性科学来说，大自然就是一个复杂性系统，在它内部是同样复杂的各系统的组合。那么，我就可以进行这样的设想，语言习得是这些不断变化的复杂子系统中的一个，同时要在不忽视任何一个具体特征的情况下，尽量像解释作为外语的英语那样来解释第二语言。

有足够的证据可以判断，由于环境强加给它的适应不同情况的固有能力，语言习得可以看做是一个复杂的自适应系统。从一个操母语的人转变为一个操第二语言或外语者是一个如同从整体到混乱的过程，没有可预见性。

二、习得理论

一些理论把习得看做是一个具备可预测性的线性过程。这一观点在这些理论中有如下呈现：

★行为主义模式将习得看做是通过重复（操练）而获得的自然习惯。

★克拉申（Krashen's 1985）的输入假说认为，理解性输入可以增加一个难度层面（i+1），以便产生信息习得。

★哈奇（Hatch 1978）强调了互动的重要性，尤其是对于词汇习得，学习者与语言精通者之间的互动，可以讨论语言的意义，并习得该语言。

★斯温（Swain）（引自 Markee，2000：8）认为，学习者也应该产生理解性输出，以便从输入的语义到语法分析改变中介语。

★舒曼（Schumann）认为，第二语言习得就是一个文化适应的过程，也就是说，在不受情感因素（如文化冲击）的干扰下对某社会群体的适应可以加速对该群体语言的习得。舒曼认为，学习者对该地的文化适应得越好，对语言习得就越有帮助（Ellis，1985and1997）。

这里还可以举出很多其他假说的例子，所有这些假说都谈到了子系统之一或习得过程中的一部分，这些都是构成语言习得复杂系统的部分。我认为包括行为主义者在内的所有这些理论，都在努力解释整体中的一部分。因此，没有必要去否定这些理论，而应该将这些理论组合起来为我们的研究提供一个完整的视角。

三、习得是一个复杂系统

语言习得，跟其他任何形式的习得一样，不是一个线性的过程，因此，就无法像那些习得模式所假设的那样具备可预测性。初始条件下的很多微小的差异会产生完全不同的结果。正如卢因（Lewin 1992：11）所指出的：

在非线性系统中，微小的输入或改变会导致巨大的后果。这通常被称作蝴蝶效应：一只蝴蝶在亚马逊的雨林中扇动一下翅膀就会导致一场芝加哥的风暴。但是，下次，这只蝴蝶同样扇动翅膀却不会发生任何气象变化。

为了支持卢因（1992：12）的观点，克里斯兰顿（Chris Langton）解释了动态非线性系统如何通过下列方式产生作用：

“在某种情况下，会有这样一些互动，可以产生巨大的分歧性行为。这可以被称为确定性浑沌。它看起来是随机的，其实并非如此，因为它是你可以指定的一种均衡结果，是非常简单的均衡。在另一种情况下，动态系统中的互动会产生一个突变的整体顺序，并伴随一整套的奇妙特征。”

我们绝对不能以任何的确定性声称，将要发生的是一个习得过程，因为，对某一个学生来说看起来很有作用的方式对另一个学生却是没有效果的。因为创新是这一复杂系统的特点之一，因此，习得环境就包含了一套不可预测的动态行为。诺曼（Norman，引自卢因 1994：71），称之为处在“浑沌边缘”并“固有存在于复杂系统中的创新”。

浑沌边缘这一概念与维果茨基（Vygotsky 1984）提出的最近发展区（ZPD）有共同点，这一观点也跟克拉申（1985）的“输入增加”概念有相似之处。

维果茨基也认为语言习得的过程是非线性的。在他看来，“儿童成长是一个复杂的辩证过程，其具备周期性以及不同作用下的发展、变态或从一种形式到另一种形式的质变的不平衡性，同时，在内外因素的相互交织下，它也是一个自适应过程，会克服儿童在成长过程中遇到的障碍。”

对于维果茨基来说，学习发生在最近发展区（ZPD），他将其定义为：

“通过独立解决问题而定义的实际发展水平与通过成人指导或与能力更强的同伴合作解决问题而定义的潜在发展水平之间的差距。”（第 86 页）

克拉申（1985：2）认为，我们学习一种语言是通过接受“理解性输入”来完成的。他认为，“我们从 i 点开始学习，目前达到了 i + 1 的水平，那么，按照自然规律，下一个水平就一定是通过理解包括 i + 1 在内的输入来达到的。”

他继续说到，“在语境的辅助之下我们能够理解包含未知语法的语言、语境包括超语言信息、我们对世界的认知以及已经具备的语言能力。”

那么可以看出，两位作者都提出，习得是出现在类似于“浑沌边缘”的点以及部分系统中对变化敏感的点：学习者通过“输入增加（维果茨基）”或者通过与能力更强的语言持有者的互动来提高能力。

菲格雷多（Figueiredo 2001：63）指出了维果茨基和克拉申两位作者在结构上的差异。他说：

其中一些研究第二语言习得过程的人，比如，理查德－阿玛托（Richard－Amato1988）和拉诺（Schinke－Llano1993）直接或间接地将最近发展区的概念与克拉申的 i＋1（1982，1985）联系在一起，认为克拉申（1982，1985）所称作的 i 与维果茨基（1998）所说的儿童实际发展水平是相符合的，而 i＋1 就是最近发展区。不过，邓恩（Dunn）和兰德福（Lantolf 1998）以及 Thorne（2000）认为，两个结构之间的相似性是很表面的，而深层的相异性却表现在很多方面，对于克拉申（1985）来说，习得发生的程度与个体接受的理解性输入、问题的互动、输出是一致的，但远远处于次要位置。相反，维果斯基（1998）认为互动和对话是认知发展的关键。

但是，对于我们此次探讨的目的，其相关的一点是，即使克拉申主张关注输入问题，而维果斯基强调交互理论，两位研究者都认识到习得起因的存在。

那么，我认为，习得模式应该被看做是在以“浑沌边缘”过渡点为方向而运动的动态系统中相互关联的一套体系（卢因，1994：71），即，具有最大习得潜力的创新区域。

四、吸引子与适应能力

分形结构以“浑沌吸引子”的方式在运动，也就是说，是以动态系统的路线在运动。

许多动态系统有三种类型的吸引子：不动点、周期吸引子和浑沌吸引子（Lewin，1994：65）。在第二语言习得中，我认为，不动点（或平衡）是已经习得的知识，所有新的语言习得都必须通过这个不动点，将新的知识与已获得知识联系起来。认知是周期吸引子，其他的吸引子是浑沌或“奇异吸引子”，各种因素都会影响习得（互动，输入，材料等）。这些吸引子都是处在不断变化中的。正如卢因（1994：93）所说，“它们会改变，因为动态可能性会随着环境的变化而变化”。

接受这一模式并不意味着否定之前的模式，而是将它们联系起来，因为，每一个模式都可以部分地解释在语言习得过程中所发生的复杂现象。

我们来设想这样一个比喻。为了走路，我们必须让我们的心脏和肺处在一个“X”功能状态。而走路会提高我们的氧气摄入量并加速新陈代谢，同时心脏也会从走路中获益。所有这些部分都相互作用，而这一相互作用可以保持机体的活力。

语言习得也是这样一个类似的过程。子系统之间的相互作用（生物、认知以及情感过程；动机；历史和社会环境；从属过程；输入处理；自动习惯的创造和互动）会创造稳定期，同时会出现最大值的交替改变。这种变化是由于某一模块波及整体中的其他部分所发生改变而产生的。由于复杂系统的自适应性，在浑沌时期之后，秩序会重新建立，但是已经跟之前的秩序完全不同。从另一方面来说，在其他时间，却不会产生任何影响，这就证明了复杂系统的不可预测性。

正如一个叙述中（它是由托多罗夫，Todorov，1979：138，定义的。）所说的，在习得中会出现一个稳定的状态，同时任何形式的力量都会对这一状态产生影响，结果使其成为一个不稳定的状态。当一个反作用力作用于这一状态时，平衡又会重新建立，第二次建立的平衡虽然与第一次的平衡近似，但却不相同。

在习得环境中，这种稳定秩序下出现的不平衡是不计其数的。举一个最简单的例子，读一篇文章的时候，会碰到生词，此时，意义理解上的不平衡就会产生，那么紧接着就会发生几种改变这种状态的方式（查字典，从上下文推断生词的意思，问别人），直到平衡重新建立。但是此时的平衡已经不同于之前的平衡，因为它们之间已经建立了连接并且已经有额外信息添加到了习得过程中。

因此，我们可以看到，语言习得不应被看做是一个最终产品，而是一个持续的无尽的过程，在这个过程中，所呈现的是一个周期性动态状态。此外，我们应该记住，语言习得的对象，即语言本身，不仅是一个静态产品，而且是一个动态的、在经历不断变化的复杂系统。

同样的道理，一张网就仅仅是一张网，因为它的各种相互连接都是以同样的模式在继续；而语言习得，在我看来，像一个分形结构：认知的产生是通过系统反复重复自身的多个部分产生互联关系来催化的，由此构建出一个知识网或语言使用网。

据格雷克（Gleick 1987：109），分形方法“就产生它以及逐渐从大型到小型变化的分支法来说，其包含整个结构”。这样，就像一个由很多结合在一起的相似形式所组成的漩涡体一样，语言习得是一个由相似过程的持续所产生的结果，下面我将进行解释。

第二语言习得是一个经历很多中介状态的过程，会在各种情况下发生，并且因个体的不同所发生的情况也不相同。正如每个人都是独特的一样，符号学过程与其所产生的连接也是唯一的。

关于语言习得是什么这一描述基于符号领域，也就是说，它依赖于文化决定，这一决定既是任意的又是约定俗成的。如果我们审视语言教学的历史，我们可以看到，对语言习得的这些描述已经经历了改变并且影响了教学方法：掌握一门语言就是要掌握它的语法（语法学），并且能够翻译它（语法—翻译法）；掌握一门语言就是要像母语人那样掌握好该语言的口语（直接法和听说法）；掌握一门语言就要能够用它来沟通与交流（交际法）；

掌握一门语言就是允许内部的无序（言谈法），根据内韦斯（Neves 2002），引自 Nelman（1992）and Coracini（1998）。

五、分形模式

下面介绍一下我提出的模式中一个具有说明性的代表，分形模式，这是一个复杂的动态系统，是由同样复杂和动态的子系统所组成的。这一代表模式只是分形组合中的一种可能性。由于系统是动态的，因此，其他不可预测的组合必然会出现。比如，在这一图形示例中，互动是与输入和自动反应直接相连的。因此，其他情况也具备存在的可能性。例如，互动可以与环境（如互动可以是面对面的或者由计算机连接的）相关，甚至也可以同时与几个其他因素相关。

每一个子系统又可以进一步分成几个其他的分形，代表那些会对整个系统产生不可预测的影响的变量，因为较小的分形并非不会受到影响发生变化，而只是因为在相同的结合网中连接在了一起。每个子系统的每个分形都会进一步分成其他分形。

子系统的其他组成部分我称之为生物认知：第一语言、年龄、性别或身份、性格、认知风格和感觉、学习策略。在输入分形中，我总结了以下几种输入类型：正式的、非语言的、交际性的、人工的、真实的、零星的、连续的、口头的、书面的、变化的。在互动分形中，我列出了下面几种可能性：真实的、模拟的、虚拟的、谈判式的、成组的、成对的、以教师为中心的、与其他学习者一起的、与母语人一起或者更多语言能力强的人一起的。社会历史语境分形将以下几个方面结合到了一起，如教师、自然环境、激励、反馈、文化、小组、说话者、机会、时间和空间。在自动性方面、有声音、语调、结构、词汇、片语、学生分班、性别、标准文本格式、标准话语模式以及国际规则。在所属上，我总结出身份、偏见、魅力、集成、定型、接近、政治背景、地位和归属感或非归属感。最后，分形情感包括：焦虑、态度、信念、自尊、情感过滤和动机类型如：综合的、工具的、政治的和情感的。

为了便于描写，我将生物和认知成分置于同样的分形中。不过，这些方面中的每一个都对应一个特定的分形。当然，它们也可以再细分成为其他的分形。比如“学习策略”这一因素，就可以再分成其他的分形，如认知和元认知。在认知分形中，我们还可以再进行细分，如分为：记忆，翻译，推理等，而这些本身又可以进行进一步的细分。在元认知分形中，可以分为：规划，监测以及自我习得评价。

在各分形之间的相互联系中，有许多组合的可能性。比如，对于一个学习者来说，在某一个习得过程中，“互动”会与焦虑连接在一起，这种焦虑是由于学习者认为自己不具备语言习得能力倾向而产生的。因此，这种学习者会在外语学习中经历更多的互动交流障碍。另一个习得过程可以创造出另一种形式的分形模式，在这个模式中，互动会与社会环境（面对面互动或通过计算机互动）连接在一起。这种可能性是无限的，因为影响语言习得的因素也是无限的。

运动中的分形模式代表图形可以访问这个网址：http://www.veramenezes.com/fractal1.html。另一种模式所展示的子系统可进行进一步的细分可访问下面的网站：http://www.veramenezes.com/fractal2.html，这些子系统的部分，或者说分形，同样也是处在相互作用中，伴随着动态组合的某一种无限可能性，这种动态组合是存在于复杂习得系统的分形中的。

这里提出外语习得的模式同样适用于第二语言习得。第二语言习得与外语习得的区别就在于环境的不同，或更具体点说，第二语言是在讲该语言的国家习得或使用的，或者说它是在使用这一语言而不是学习这一语言的国家习得的。

根据各子系统之间的连接不同，第二语言习得不如外语习得那样成功。也就是说，外语习得已经走过了一段成功的历史，而第二语言习得情况要差一些，这取决于各子系统之间是否建立了连接。

六、教学方法

教学方法根据主导理论一直在发生着变化，因此，语言习得理论也随之在发生着变化。然而，无论这两者经历了一些什么样的方法上的变化，学习者们依然在继续学习和使用第二语言或外语。方法的变化不是催化习得过程的唯一因素，还有其他的因素存在，比如，学习者的自主性。

学习者是习得过程中的主要部分，应该被看做是自己的学习代理人，而不是方法或教师所规定模式的施行对象。

由于忽略了学习者自身的作用，一些教学方法和习得模式所创造的假说和线性解释没有考虑到由于人类始终是自我学习的调解者，因此会对同一组的变量出现不同的反应。同样，我们也不能忽略“在习得新的知识之前，该生物体就已经表现出了对某种组织形式的倾向。这些倾向与系统中的某一内在动力相对应。”(Pellegrini，2000：33)

之所以在这里复述佩莱格里尼（Pellegrini）对学习运动技能的描述，是因为我想强调，在语言习得中，新的沟通模式（如句法、文本、互动和言语模式）会出现并伴随实践而完善（通过接触语言并使用它），与此同时也改变了系统的状态。这种新的沟通模式一旦被接受，就会伴随实践成为一个吸引子，同时改变所有吸引子的布局，并作为一个新的模式通过这一中心而积累。

七、结 论

在我的整个研究过程中，我发现了大量证据可以证明习得是一个复杂系统。比如说适应能力，这是动态系统的特点之一。在我对学习策略研究的数据中（Paiva，1994），我已经证明我的实验对象在努力适应外语习得环境，尽量寻找可以使用英语的机会。一些人说他们在镜子前与镜中的自己对话；另一些人在上班途中试着用英语给透过公共汽车的车窗看到的所有物体命名。他们还观看了大量的英语电影、听音乐、与说外语的人进行信件交流以及大量阅读等。

另一个适应的例子是策略能力的使用（Canale e Swain，1980），或称作补偿策略（Oxford，1980），这一策略帮助学习者克服了自身知识的局限性。也就是说，为了跨越语言知识的不足，学习者使用这些策略类型中的某一种形式，从而使自己在与文本或另一个说话者进行互动时能够成功恢复平衡。

掌握一种语言不仅是积累该语言的语言结构和词汇信息，而且要在口头和书面互动的连接与使用的基础上，有能力创建新的词组。

正如帕卡德（Packard）所说，（引自格雷克 Gleick，1987：251），"从一个人自童年时代观念的发展来看，很显然，信息不只是积累，而是出现了从无到有的创建。"这个创造力，已经被乔姆斯基（1957）注意到，该创造力似乎可以解释学习者具备可以创造其未曾听说过的词组的能力。

我认为，这个复杂系统理论可以解释下列一些现象：

★当一个学习者一直处于平衡状态时，到了一定的时间，会突然出现快速变化，显示出习得进展。也就是说，在习得中，稳定期之后伴随的是“爆炸”和改变。

★同样的教学和学习策略并不会对所有的学习者产生同样的效果。

★相互连接对于系统产生其作用是必需的，无论是认知还是社会。

★语言难度顺序在外语教学中不是外语习得的主导因素，因为，复杂系统的特点之一就是自我重组性，即，有序存在于无序之中。

★小的刺激可以产生不可预测的或正面或负面的后果。因此，在正式的环境中，教师不仅可以激活教学机制，同时也会创建不可逾越的障碍。

透过复杂系统的棱镜来看语言习得让我得出这样一个结论：教师应该引导学生发挥个人创造力，而不是将个人的语言习得方法强加于学生，正如中国谚语所说“百花齐放”。

鼓励学生经常接触尽可能多的输入来促进在各种讲话者（学习者、有能力的讲话者和母语人）中的互动也是教师的责任之一。语言习得也是一个依赖于这些讲话者之间互动的社会过程。

在正式的学习环境中，教师的作用就是鼓励学习者使用语言，提供使用语言的机会，并且给每个学习者使用最适合个体的学习策略的自由，这样，他们就可以通过自己的学习风格来习得语言。在正式和自然的环境使用语言，复杂习得系统就会遵循自己的途径，这样学习者就会继续建设语言知识并习得语言。

这样，我们的角色就是“扰乱”稳定区，进而挑起浑沌状态从而产生一个创造区（浑沌边缘或最近发展区 ZPD），在这个创造区，习得过程中的细微变化会产生巨大的影响。

参考文献

ALMEIDA FILHO, J. C. P. (1993). Dimensões Comunicativas no Ensino de Línguas. Campinas: Pontes.

BROWN, H. D. (1993a) Principles of Language Learning and Teaching. 3rd edition. Englewood Cliffs, N. J.: Prentice Hall.

BROWN, H. D. (1993b) TESOL at twenty - five: what are the issues. In: SILBERSTEIN, S. (Ed.) State of the Art TESOL Essays, Alexandria, Virginia: Teachers of English to Speakers of Other Languages, Inc.

CANALE, M.; SWAIN, M. (1980) Theoretical bases of communicative approaches to second language teaching and testing. Applied Linguistics. Oxford: Oxford University Press, v. 1, n. 1, p. 1 - 47.

CHOMSKY, N. (1957) Syntactic Structures. The Hague: Mouton.

ELLIS, R. (1990) Understanding Second Language Acquisition. Oxford: Oxford University Press.

——. (1997) Second Language Acquisition. Oxford: Oxford University Press.

EHRMAN, M. E. (1996) Understanding Second Language Learning Difficulties. Thousand Oaks, CA; London; New Delhi: SAGE.

——. (1997) Second Language Acquisition. Oxford: Oxford University Press.

ERICKSON, F. (1990) Qualitative Methods. In: LINN, R. L.; ERICKSON, F. (Eds.). Research in teaching and learning. New York; London: MacMillan.

FIGUEIREDO, F. J. Q. (2001) Correçᾶo Com os Pares: os Efeitos do Processo da Correçᾶo Dialogada na Aprendizagemçᾶa Escrita em Língua Inglesa. 2001. Tese (Doutorado em Letras) - Faculdade de Letras, Universidade Federal de Minas Gerais, Belo Horizonte.

GLEICK, J. (1987) Chaos: Making a New Science. New York: Penguin Books.

HATCH. E. (1978) Discourse analysis and second language acquisition. In HATCH. E. (Ed.). Second Language Acquisition: A Book of Readings. Rowley, MA: Newbury House,.

KRASHEN, S. D. (1985) The Input? Hypothesis: Issues and implications. London, New York,.

LARSEN – FREEMAN, D. Chaos/complexity science and second language acquisition. (1997) Applied Linguistics. Oxford: Oxford University Press, v. 2, n. 18, p. 141 – 165.

LEWIN, R. (1992) Complexity: Life at the Edge of Chaos. New York: Macmillan.

MACLAUGHLIN, B. (1987) Theories of Second Language Learning. London: Arnold.

MARKEE, N. Conversation Analysis. (2000) Mahwah, N. J.: London: Lawrence Erlbaum. .

NEVES, M. S. (2002) Processo Discursivo e Subjetividade: Vozes Preponderantes na Avaliaç α̃ oda Oralidade em Língua Estrangeira no Ensino Universitário. Tese (Doutorado em Lingüística Aplicada) – IEL/ Universidade Estadual de Campinas.

NUNAN, D. Second language acquisition. (2001) In: CARTER, R.; NUNAN, D. (Ed.). The Cambridge Guide to Teaching English to Speakers of Other Languages. Cambridge: Cambridge University Press.

OXFORD, R. L. (1989) Language Learning Strategies: What Every Teacher Should Know. New York: Newbury.

PAIVA, V. L. M. O. (jan. /jul. 1998) Estratégias individuais de aprendizagem de língua inglesa. Letras&Letras. Uberl? ndia, v. 14, n. 1, p. 73 – 88.

PELLEGRINI, A. M. (2000) A aprendizagem de habilidades motoras. Revista Paulista de Educaçα̃o Física, supl. 3, p. 29 – 34

SELINKER, L. (1972) Interlanguage. IRAL v. 10: 201 – 231.

STERN, H. H. (1975) What can we learn from the good language learner? Canadian Modern Review. n. 31, p. 304 – 18.

TODOROV, I. (1979) As Estruturas Narrativas. Trad. Leyla Perrone Moisés. Sα̃o Paulo: Perspectiva.

VYGOTSKY, L. S. (1978) Mind in Society. Cambridge, MA: Harvard University Press.

——. (1987) Pensamento eLinguagem. Trad. Jeferson Luiz Camargo. São Paulo: Martins Fontes.

第二语言习得中的浑沌/复杂性理论

那斯林·哈迪迪（Nasrin HADIDI）[①]

吴　平　译

摘要：复杂性理论旨在探讨内部的关联性（互动性）及其与外部的关系。有观点认为，英语作为外语（EFL）的研究应该依据科学思维中的最新进展，并采取可以得出以系统理论为目的的英语课堂的调查，以便更全面了解所涉及的因素。有别于一些传统的隔离系统的科学分析方法，浑沌/复杂性理论（C/CT）主张由个体组合成为整体，在不可预知的相互作用下，以较大的结构产生新的形式。作为一种对动态和复杂过程的评估，本文以对拉森-弗里曼（Larsen－Freeman）（1997 年）的研究来简要介绍浑沌/复杂性理论在第二语言习得中的应用。

关键词：浑沌，复杂性，理论，第二语言，习得

一、引　言

教师都清楚，语言教学课堂是一个系统，是教师和学生共同创建的一个小型社会，它有其自身的特点、属性、角色、限制和预期。定性研究方法出现之前，研究这种学习环境的方法是以实

---

① 那斯林·哈迪迪（Nasrin HADIDI），伊朗塔布里兹伊斯兰阿萨德大学二语习得教师。（Islamic Azad University of Tabriz － IRAN）

验的、隔离的方式识别和审查其成因。人们期待，通过对隔离部分的客观调查将揭示出更有效的教学方法并将使之更高效。这种方法来自于自然科学，但自然科已经推进了对现实的另一个观点，即把世界看成是一个复杂的动力系统。（芬奇，2002 年）。

系统理论提供了一个探索在其内部的连接/互动以及与外部环境关系的手段。鉴于这种考虑，有人认为英语作为外语（EFL）的研究应建立在科学思维的最新进展之上，并应采取系统理论作为语言教学调查和描述的手段。这样，可以获得对学习因素更全面的了解。回顾教育的历史，显而易见的是古希腊和中国哲学家、教育家对教育的全面界定，他们坚决强调对人的整体教育，并着眼于提高个体意识在宇宙中的位置。后来，这些观点得到文艺复兴时期一些思想家的修改。随后，出现了机械的、因果宇宙观。随着工业革命的到来，世界上普遍把学习看做一个机械过程。最终诞生了行为主义思想，人被看做是一台经过刺激即可预测其反应的机器。根据这种观点，语言研究的角色是发现适当的刺激能触发起的预知的、有效的语言学习反应。这种做法反映了同时代科学家的思想：如果宇宙中的每个原子的位置和速度都可知的话，那么，也就可以肯定地预测未来。这是拉普拉斯（Laplace）的说法，科学家可以测量宇宙中所有粒子的位置和速度（Larsen – Freeman，2002）。

20 世纪的相对论和量子力学改变了这个观点，它不仅表明了原子的位置和速度不能在同一时间观察到，而且原子可以一下子出现在两个不同的地方（Horgan，1996 年，引自 Finch，2002 年）。海森堡量子物理学中的测不准原理，是为了试图说明事物在量子或亚原子层级中可能会有某些获知的极限（Larsen – Freeman，2002 年）。拉波夫（Labov）的悖论又从另一个维度清楚地表明，可以通过强制电子选择一种状态和位置而观测其行为；而在此之前，他们存在于不确定状态（Finch，2002 年）。就现在的复杂性理论而言，古典（牛顿）物理学未能解决物理学的根本意义：在“多球问题”上（Brown，1972，引自 Finch，2002），没有一个物体的相互作用不能用简单的线性方式按照运动规律来描述。最后，随着对自然界不可预测性的发现越多，不可预测性更大、更复杂的，非线性系统对拉普拉斯（Laplace）可预见宇宙中的所有粒子的位置和速度的说法提出了质疑。（拉森-弗里曼，2002）。事实上，它发现，某些现象是固有的随机性。整体而言，对物理、数学和生物科学新的探究打破了牛顿科学的限制，对隔离结构和非线性科学等领域的研究促使了浑沌学、复杂性理论的出现（van Lier，2004）。

纵观更全面的现实，物理科学的新领域有：浑沌理论和复杂性理论。物理科学还抛弃了不参考相关背景，进行个别因素研究的孤立主义方法论。根据这种观点，它是通过在一个系统连接/互动来确定其性质。不同于传统的单个成分的科学分析方法进入该系统及其组成部分，并采用相互隔离的方法研究他们，浑沌/复杂性理论（C/CT）综合考虑新事物整体并研究整体内部个体之间的互动。从这些不可预知的相互作用、较大的结构的出现、新形式的呈现来看，它是假定整体大于部分之和的。如果研究人员在探讨自然系统的特点，必须明白主题自身的学科背景，并描述主题与环境之间的互动。芬奇（Finch，2002）以树为例阐明了这一点：树，它可定义为一个活的有机体的生命，并与其他生物（包括昆虫、鸟类、动物、植物、细菌等）、土壤、周围的树木、气候等相互作用。为了了解树，研究者需要考虑到其所有的相互作用和周围环境，而不是研究孤立的部分（如树叶）。树超过其成分之和，其生长的方式和相互作用的环境，决定了它的形状和一个生命系统的成功。

拉森-弗里曼（1997）对浑沌/复杂性理论这样定义：研究在物质世界里发生的复杂性、非线性和动态过程，它是过程而不是状态，是生成而不是存在。（Gleick，1987，p.5，引自拉森-弗里曼，2002）。Capra（1996 年，2004 年引自 van Lier）强调学习“过程”的需要，而不是因果机制或固定结构。Van Lier（2004）指出，当模式沉淀进结构，这些结构是沟通、支配、定界的过程，并保持稳定的关系。本文简要介绍并探讨浑沌/复杂性理论及其在第二语言习得的应用。

二、复杂的非线性系统的特征

浑沌/复杂性理论研究者发现了若干复杂的非线性特征，主要有：动态、非线性、浑沌、不可预测的、对初始条件敏感、开放、自我组织、反馈敏感、适应性（拉森-弗里曼，1997 年，第 142 页）。另外还有：奇异吸引子、分形等。接下来对这些特征进行了简要讨论：

浑沌/复杂性理论关注的是动态系统的行为以及该系统的及时变化。浑沌学（复杂系统的随机性）研究的是过程，而不是状态和存在。动力系统通过空间/时间的运动，所经过的路径称为吸引子，即动态系统状态或模式被吸引（拉森-弗里曼，2002 年）。有趣的一点是，没有循环遵循相同的路径，或与任何其他循环重叠。de Bot（2005）声称，动态系统的主要特点是，所有变量随着时间的推移相互交流，并持续不断地变化。Briggs and Peat（1989，引自 de Bot，2005）认为，规模较小的系统是更大系统的一部分。换句话说，复杂的系统可能被嵌套。在不同的描述下似乎有不同的嵌套层次，这都起源于相似性。

浑沌/复杂性理论侧重于复杂的系统。拉森-弗里曼（1997）认为系统是复杂的，原因有两个。首先，一个复杂系统通常包括大量的成分；第二，复杂系统的行为大于其内部成分的行为。事实上，该系统产生的结果源于其复杂的相互作用的组成部分，而不是任何一个组成部分。同样，在系统组成成分之间的相互作用（连通性）是未来可能出现不可预知结构的重要基石。“雪崩效应”表明，轻微事件所引发的结果超出自身比例，并对我们理解复杂系统大有裨益。如同 Finch（2002）所阐述，一块卵石被投掷到山上的卵石碓上可以引发山崩，一只波多黎各的蝴蝶拍打翅膀可以触发一场南美洲的飓风。这些例子告诉我们，最后引发的“全球性”事件的结果，其实是可以预测的。然而，对事件发生的那一刻，不可预知的是在“本地”。因此，我们说预测的可靠性在于，它会预测在某一特定日子特定城市的雨水（全球级的），但由于很多限制而无法预测雨水下在一个特定学校的特定操场上。

复杂的系统从环境中获取能量实现重组，使他们变得更加复杂（拉森-弗里曼，2002 年）。根据热力学第二定律，熵、无序是系统不可避免的，因为它们没有规则形式或模式，必然地走向平衡的格局。不过，正如拉森 - 弗里曼所指出，在上世纪末，我们发现生命系统从无序向有序发展。现在，如果动态系统是开放的，是远离平衡的状态，大规模的自发重组就会发生；如果它是近平衡，则具有一定的稳定性。作为开放系统的演变，通过从环境中吸收能量，以此增加其有序性和复杂性。能量流迫使该系统远离其最初的无序和混乱而走向有序和复杂（Churchland，1988 年，引自拉森-弗里曼，1997 年）。

复杂性的另一个特征是非线性系统的反馈敏感（拉森 - 弗里曼，1997 年）。达尔文的伟大的洞察力是对一个基本的反馈机制的断定，其机制即自然选择。积极的反馈促使演变向前发展（Briggs，1992 年，引自拉森-弗里曼，1997 年）。由于复杂的生物系统的自然选择和自我组织，它应该具有自适应性（Kauffman，1991 年，引自拉森-弗里曼，1997 年）。再者，动态的复杂的系统是非线性的，这意味着起因和效果是不相称的（拉森-弗里曼，1997年）。也就是说，一个特定的力量造成的结果可能不会是受到同等强度的影响。例如，一个滚动的小石头可以引发雪崩。如前所述，因为这些系统对初始条件非常敏感，有内在的不可预测性（拉森-弗里曼，2002年）。对初始条件的敏感性意味着一个初始条件的微小变化对未来的行为可以有很大的影响，一个简单的触发可能足以使整个系统进入一个混乱的状态。看来，复杂的非线性系统进入不可预测的浑沌状态。虽然浑沌也许可以预测，发生完全的随机性的起始时期其实是不可预知的（拉森-弗里曼，1997年）。这可能是复杂系统中有序的行为，直到一个临界点，他们才变得浑沌。经过这种浑沌之后，他们可能会再次有序（Briggs，1992年，引自拉森-弗里曼，1997年）。

除了所有这些，动态系统还被可追寻到的时空路径所吸引。拉森-弗里曼（1997）指出，一个复杂的非线性系统有一个奇怪吸引子，因为尽管它周而复始地重复自己，但却没有按照相同的路径循环或与其他周期重叠。什么是共同的奇怪吸引子？是他们的分形。比如“几何数字就是在不同层面上具有自相似性。”（第145页）。例如树，尽管在事实上有不同的形状，我们却可以很容易把树跟其他事物区别开来，这是因为我们无论放大多少倍率，它总是显示出自己的再生性。

三、复杂的非线性系统和语言

许多复杂的非线性系统和语言之间似乎有相似性。语言可以被看做是一个动态系统。这通常可有两种解释。第一个相似性的意思是，语言可以被描述为静态要素的集合，但在实际使用中却涉及一个积极的言语动态过程（拉森-弗里曼，1997年）。另一个“动态”的意思是在发展和变化上双方等同。Rutherford（1987 年，1997 年引自拉森-弗里曼）认为，语言是一个生物体的比喻要强于机器，因为机器具有构造性，而生物体则具有生长性的特点。语言，无论是共时还是历时，无疑都是动态的（拉森-弗里曼，1997 年）。

如拉森-弗里曼（1997）所说，从历时的角度看，语言是一种非线性变化。新语言形式的进入和保留方式都是不可预见和非加和的。不同的说话人可能使用不同的形式，但表达的意思却是一样的。我们能做的最好的事情就是解释发生了什么变化，而不能准确地预测下一个变化。受浑沌/复杂性理论的启发，拉森-弗里曼还有第三个解释，他认为“动态”一词的重点是假设，在一般使用和变更/增长之间没有任何区别，因为他们都是同构过程。这一观点认为，任何时间语言都被使用，都发生变化。Diller（1995 年，引自拉森-弗里曼，1997 年）断言：“一种语言，例如英语等是英语说话人的协作努力，英语系统的变化是‘自然发生’的。”（第 116 页）。这种观点认为，语言本身的发展和组织，像其他复杂的非线性系统所作的一样，是一种自下而上的有机方式。

拉森-弗里曼（1997）声称，动态系统其他方面的特性也支持对语言的这种解释，其中第一个是复杂性。语言是一个复杂系统，它由许多不同的独立的子系统组成。对于对初始条件的敏感性，语言也不例外。拉森-弗里曼认为在普遍语法（UG）的初始条件下的人类语言，其中包含的某些原则约束了语言的形式。这些原则在确定语言的“奇怪吸引子”上很有影响。Mohanan（1992 年，2005 年引自 de Bot）假定普遍语法（UG）作为“吸引领域”，允许在有限的语法维度中有无限的变化。然而，跟乔姆斯基的普遍语法（UG）不同，这些原则不依赖于“是”或“否”的清晰选择，这就是“参数选择”，但总的趋势或是领域吸引，语言可能会出现（de Bot，2005 年）。因此，吸引领域将确定最自然的状态和无标记制度（拉森-弗里曼，1997 年）。考虑到复杂的非线性系统的分形，语言也具有分形的特征。Winter（1994 年，1997 年引自拉森-弗里曼）认为，所有的信息系统都需要分形，以便于理解和共享。

四、复杂非线性系统和语言习得

这一新系统的研究侧重于组合，而不是孤立；是观察其各部分之间的相互作用，而不是把一个对象分解成部分并进一步在隔离状态下观察（Finch，2002）。Finch（2002）认为，人作为超生物体能透视到开放的系统，该系统具有规则的复杂性，并不断地接收输入，因此不符合热力学第二定律，这意味着封闭系统趋向于熵。Van Lier（1996，引自 Finch，2001）认为，把课堂作为一个复杂的系统来考量是有效的，仅仅是做无谓的研究则是毫无结果的。拉森-弗里曼（1997 年）通过在语言课堂上提取到的大量浑沌/复杂性现象，由此断言，就像其他生命系统，语言也经历浑沌期和有序期。事实上，她认为“浑沌/复杂性理论和第二语言习得之间存在着许多惊人的相似。”（第 141 页）。按照 Finch（2001）的观点，教育环境特别是教室，是一个复杂的系统，事件发生的因果关系不是线性的，但其中大都是用复杂的、自组织的方式相互发生变化，发生变化的部分既有可预测的又有不可预测的。运用浑沌/复杂性理念学习语言，能有大量的我们认为是“学习”的方式。Van Lier（2004）指出，在一个复杂的系统，很大数量的影响在于部分混乱，也就是说，不可预测的方式和所有的相互作用，从而出现复杂的顺序。这种典型的动态为积极参与者和学习设置的预示性，可作为研究出发点被发现并开发作进一步的行动。拉森-弗里曼（1997年）认为，如同物理学，生物学和其他科学，第二语言习得是动态的、复杂的、非线性系统。虽然她不认为教和学是物理科学，但她说，浑沌/复杂性理论的新视野，可以帮助我们用新方法来做事。事实上，语言学习往往被视为一种叠加、线性的过程。我们教一块，接着是另一块，然后是希望学生能逐次学得。关于复杂非线性系统和二语习得之间的相似性，拉森-弗里曼（1997）强调语言学习是一个动态的、复杂的、开放的、自我组织、反馈灵敏、受制于奇异吸引子的过程。二语习得的活力似乎是在不断变化特征的学习者内部的第二语言文法。这是很复杂的，因为多种因素的相互作用介入到二语习得的过程。Herdina 和 Jessner（2002，引自 de Bot，2005）认为依据复杂系统理论，二语习得是对外部输入和整个组织的反应。新的输入产生变化，它能不断地调整自己以获得平衡，但即便如此，它也不会彻底停滞。此外，学习语言是一个非线性的过程。例如，你正在学习时态，并做得很好：现在学习简单的现在时态，你学到了；又学习简单的过去时态，老师介绍得非常完美，然后，却没有进步。你的表现确实变得不那么熟练，因为你已经增加了一个时态，你所构建的系统发生了内爆。不过，由于拉森-弗里曼（1997）认为，有序的阶段之后往往是一个浑沌的阶段。在介绍了一些新的东西时容易发生这种情况，学生必须找出如何适应进入系统，或者他们不得不修正他们已知的系统以满足他们的新认识。幸运的是，通过互动，秩序最终得到恢复。这并不意味着学生产生某种目标，但一个新的中介语言阶段可能已经达到。拉森-弗里曼（1997）的结论：语言那种作为固定的、静态的、原子式实体的概念正受到非线性、有机和整体性的全面挑战。

此外，二语习得（SLA）的过程是开放的，也就是说，有连续的输入，其中介语系统是自组织的。这意味着，中介语重组，返回有序。事实上，系统的反馈敏感对有序的恢复具有促进作用。按拉森-弗里曼的说法，尽管不同说话者的中介语有相似之处，他们都受制于他们第一语言的奇异吸引子，而且比英语的奇异吸引子影响更多。但她强调的是，二语习得不是一个线性过程，而是充满了峰值和多路径。学习者的话语有欠缺，但仍是自己的语言。这是一个创造性的过程。如果学习者的学习兴趣不减，继续富有成效地接触目的语，事情通常会向前发展并能解决问题。

拉森-弗里曼（1997）认为二语习得（SLA）中的问题可以运用浑沌/复杂性的理论来指明方向。例如习得机制、学习的界定、不稳定的和稳定的中介语、有差别的成功（differential success）和指导作用。她认为浑沌/复杂性理论对于语言习得和语言的各个方面，都具有潜在的贡献。Van Lier（2004）还从生态角度补充解释拉森-弗里曼的观点。他们认为，浑沌/复杂性理论是：

1）鼓励模糊界限和两分法。

2）不要贸然地确立解决问题的方法，也反对拒绝对立的观点。

3）对二语习得（SLA）的现象提供一些新的思想火花。

4）审视突发现象、前瞻性的某些问题、其他可能性等。

5）不鼓励因果论。

6）强调细节的重要性。

7）提醒我们要坚持整体性，并允许对其分析。

我们可以从 Brown（2000）根据拉森-弗里曼（1997）提出的综述得到的浑沌/复杂性理论的研究概述。根据这项研究概述必须同时考虑到：

1）谨防虚假两分法，并寻找互补性、包容性和接口。

2）提防线性的、因果论方法。二语习得（SLA）有诸多的复杂的相互作用的因素，我们不能把它归于一个单一的原因。

3）提防泛化，注重细节；最小的、微不足道的因素可以变成非常重要，但另一方面也要谨防思想简化论。

据拉森-弗里曼（1997），语言经历无序和有序阶段，其创造性发展的部分发生在这两者之间的边缘地带，有序和完整的随机性或无序，其中的复杂性最大。在无序和有序之间的界线，被 Waldrop 称为浑沌边缘（1992，引自 Finch，2001 年）。有人认为，系统在浑沌边缘展示出最有趣的行为，如信息处理和创造。芬奇（2001 年）认为，用浑沌边缘来阐释教室的概念，即在最大的学习状态下，意味着每个变量输入的敏感性，例如，老师的笑容和耸肩之间的差异。“开放”新的不同的输入类型，是“适应”不断变化的学习需求和喜好，以及新的学习结构。拉森-弗里曼（1997 年）借用了 dropping penny 的隐喻，他声称，在浑沌系统，不可能知道哪一分钱将导致发展。这同样适用于中介语的发展。她指出，目前还不清楚是什么导致了中介语的伟大转型，但是其创造性的发展是可能的，那就是浑沌的边缘。拉森-弗里曼（1997）指出，教师应该投入其初始浑沌系统，进入了系统，会出现符合目的语的调整。总而言之，浑沌/复杂性理论支持二语习得（SLA）参与社会生活，同时不排除心理语言学，并从更广泛的角度给我们提供二语习得（SLA）更深的思考（拉森-弗里曼，2002 年）

参考文献

Brown, H. D.（2000）. Principles of language learning and teaching.（2nd ed.）. White Plains, NY: Longman.

de Bot, K., Lowie, W., & Verspoor, M.（2005）. Second language acquisition. NY: Routledge.

Finch, A.（2001）. Complexity in the language classroom. Retrieved November 14, 2006, from http://www.finchpark.com/arts/complex/ind01.htm

Finch, A. (2002). A systems view of the EFL class: Mapping complexity. Retrieved November 14, 2006, from http://www.finchpark.com/arts/index.htm

Larsen - Freeman, D. (1997). Chaos/complexity science and second language acquisition. Applied Linguistics, 18 (2), 141—165.

Larsen - Freeman, D. (2002). Language acquisition and language use from a chaos / complexity theory perspective. In C. Kramsch (Ed.), Language acquisition and socialization (pp. 33—46). London: Continuum International Publishing Group.

van Lier, L. (2004). The ecology and semiotics of language learning. Mass: Kluwer Academic Publishers.

课堂里的浑沌

——浑沌学理论的应用

乔安·特拉格斯达（JoAnn Trygestad）[①]

吴海英　译

摘要：对浑沌理论研究的评述表明，浑沌理论的一些要素（系统、分形、初值效应和分叉）可以应用于课堂学习。该理论认为，学习具有整体性、建构性和动态性的特点。有些研究者指出，浑沌理论应用到课堂上会促进学生的学习，并通过以下途径实现：增加系统化的人际交往途径；鼓励文化多样性；从理论上重申智力这一概念的动态性、多维性和非线性。而有的研究人员则认为，浑沌理论不能应用于人类的学习系统；他们中许多人指出，社会建构主义理论的模式倒更为合适。本文论证了系统、分形、初值效应和分叉等浑沌理论的应用。最后一部分讨论了学习模式，主要是皮亚杰的理论和理论模型。本文认为，和模型比起来，更重要的是要推进浑沌理论及其应用的研究。在构建一个满意的模型之前，研究人员应首先探讨浑沌理论在课堂学习中的应用。

远在巴西的蝴蝶扇动一下翅膀，就会引起德克萨斯州的一场暴风雨。1961 年，“蝴蝶效应”（butterfly effect）被气象学家爱德华·洛伦兹（Edward Lorenz）用来解释天气预报。由于初始效

---

① 乔安·特拉格斯达（JoAnn Trygestad），美国明尼苏达地理教育联合会主任，教学法专家。

应的推动，小的扰动会导致巨大的差别，而且威力无比。除天气系统外，“蝴蝶效应”还应用于自然和人文系统。

浑沌学理论（Chaos theory）由普利高津（Prigogine）和斯唐热（Stengers）（1984）进行了理论综合和归纳，并得到了詹姆斯·格雷克（James Gleick）（1987）的推介。由此，系统理论以及不断变化中寻求相对稳定的动态平衡才广为人知。简单性、规律性和可预见性的概念为复杂性、可变性和不可预见性所取代。

浑沌是一种理论结构的简化，它可以界定为一个不断变化的、非线性的、不可预测的事件、行为或过程。虽则浑沌存在于确定性的模式和界限中，但这种模式和界限同时也是灵活的、不确定的，无法预见其变化（Poll，1989）。浑沌学的意义在于对不同系统行为的解释力。通过观察和实验，那些看似随机而无法预见的行为过去往往被归类为误差或对常规的违背，现在则可以理解为一种典型的模式行为。因此，由于人们认识到浑沌学有利于搞清楚系统内部的模型，浑沌学理论的价值被逐渐认识，其应用变得越来越频繁和广泛。

本文前提是“蝴蝶效应”，即对初值的敏感依赖性（the sensitive dependence on initial conditions），其他浑沌学理论要素还包括系统（systems）、分形（fractals）和分叉（bifurcations）。它们可以应用于教育系统和课堂学习。与以往详细分析学习的各种因素不同，浑沌学理论认为学习是整体性的、建构性的和动态的。

一、理论假设

浑沌学理论可以用它的理论要素来描述。浑沌的主要要素为系统、分形、初值效应和分叉。

系统

浑沌可以用系统的一些特点来刻画——它存在于非线性的、开放的系统中，系统可以是简单的，也可以是复杂的、随机的或稳定的。浑沌学理论应用于非线性、不可预见的系统；由于大多数系统是非线性的和不可预见的，因而浑沌存在于几乎所有自然和人类系统中（Duit & Komorek，1994）。人们之所以避而不谈浑沌，是因为它被认为是不可靠的、难以控制的和无法预见的。实际上，真实世界正是如此，有必要对其进行探究。

浑沌学理论也将世界理解为一个开放的系统。世界由各种有着内在联系的部分组成；因此，一部分的变化会引起另一部分的变化。就像水中的波纹或涌动的人群，变化会导致无法预测的结果。这种模式存在并可以识别，但是它们的组成和联系都是随机的，所以产生无法预测的模式。相对而言，封闭的系统是可预测的，像热力学，能量守恒且稳定。科学界为预测种种现象积累了大量知识。例如，科学能联系因果关系来预测日食、月相以及日出日落的天象变化。尽管如此，气象学对于温度、降雨量和风暴的预测还是有限的。虽然有些系统是其各部分的总和，而大多数系统是开放的，不能通过各部分的信息量的累积来预知。正因如此，科学思维历经了波及许多领域的革命（Crutchfield，Farmer，Packard，& Shaw，1986）。理论物理学家费根鲍姆（Feigenbaum）确认了系统的普遍性，即复杂性是系统的普遍行为。费根鲍姆通过构建数学模型证明了自然模型与人类系统之间的相似性，以此向科学界展示了浑沌学说。科拉菲尔德等人（Crutchfield et al，1986）认为，浑沌的存在影响了科学方法本身。

系统可能会表现出不同程度的简单性与复杂性。有的看似复杂却常常简单，相反，有的看似简单却常常复杂。例如：在人类心脏的复杂系统和水龙头滴水的简单系统中均发现了浑沌。人们原来认为两个系统都是稳定的，然而，健康的心脏搏动毫无规则，而病弱的心脏搏动却始终如一。水龙头滴水看似规则有序，在微观层面上却混乱无序，无法预测其运动样式。因此，复杂系统和简单系统均表现出了随机性。

正像浑沌表现在稳定的系统中一样，有序也表现在无序的系统中。虽然浑沌系统看来随机和易变，它们却包含潜在的有序和样式（Ditto & Pecora，1993）。自然与人类系统的运转依赖持续不断的能量；系统从不均衡走向均衡，从而维持一种动态的平衡。当系统达到一种非均态的有序状态时，就产生了普利高津和斯唐热（1984）所说的“浑沌序”。看似复杂其实简单，看似简单其实复杂。看似随机其实稳定，看似稳定其实多变。尽管局部无法预测，整体上却是稳固的。由于变化是常态，所以整个系统是动态的、无法预测的。

分形

曼德勃罗（Mandelbrot）关于自相似的原理可通过电脑合成海岸线的几何图案模拟出来，这些图案在任何比例上都表现出相似的样式。曼德勃罗论证说，基于所用直尺的长度不同，海岸线在一定意义上都是无限长的，其中，在微观和宏观层面上其图案相互复制。由此曼德勃罗创立了分形理论。尽管尺寸不同，但确实存在一种特定的样式；也就是说，无论尺寸大小，样式始终如一。曼德勃罗还探索了其他分形的例子，如价格表和河流图，同样，它们在不同比例上的样式也始终不变。微观的审视或许会看出随机的样式，而宏观的观察则会看到统一和联系。反之同理。因此，无论在表层结构或深层结构上，浑沌样式均呈现有序和无序状态，而这种状态可能是稳定的，也可能是波动的（Gleick，1987）。

初值效应

天气预报图表所反映的“蝴蝶效应”展示了其不可预测性的样式，说明了动态浑沌的初始状态。对初值的敏感依赖性，也就是初值的微小改变会使几乎相同的系统迅速演化为两个截然不同的系统（Ditto & Pecora，1993；Duit & Komorek，1994）。初值条件的微小扰动将导致整个系统的巨大涨落。

分叉

开放的非线性系统是波动的。当涨落迫使一个现存系统远离平衡点并威胁其结构时，就发生了分叉。分叉点是稳定系统分为一个或多个分支的阀值（Loye & Eisler，1987）。分叉是无法预测的，变动的临界点或变化的方向也无法事先确定（Prigogine & Stengers，1984）。这就是系统的浑沌性特征。浑沌学理论认为，接近平衡的状态看似均质，但一旦发生分叉，就会逐渐放大而造成远离平衡的状态。随着时间的推移，分叉所引起的分裂致使一个新系统的产生，或者通过反馈圈走向自身的稳定。

二、浑沌的应用

浑沌学理论知识体系由一系列的理论要素构成，如系统、分形、初值效应和分叉等。浑沌学理论文献中主要有以下概念：非线性、多样性、无序、非平衡、不稳定性以及不可预测性。不可逆的过程会导致有序的状态，远离平衡态会引起分叉，熵会导致演化，这些思想也占据了文献的主要部分。然而浑沌学体系要在理论上被接受，还需要阐明其应用模式。

应用

研究者深入挖掘并尝试用浑沌解释诸多领域内的问题。由于各种原因，比如创立适当的模式来满足研究的需要，浑沌学理论首先应用于数学、化学及动态多变的模式中，之后才应用于自然和人类系统的其他模式。人口生物学领域是最先应用的领域之一，但并未随即延伸到其他领域（Pool，1989）。

浑沌学现已应用到自然和人类的各种系统。自然系统中浑沌的实证研究包括天气样式、流体移动和迁徙运动。此外，浑沌还应用于音乐演出、通讯系统和商业管理。在社会系统中也可以发现浑沌的存在，如文化传播、群体交往和认知过程（Loye & Eisler，1987）。

浑沌学已用来增强激光的强度，校准电子电路的输出量，控制化学反应中的振动，稳定动物病弱心脏的不稳定跳动，以及为安全通讯编码电子信息（Ditto & Pecora，1993，p. 78）。在历史（多种起因），地理（城市发展）和经济（经济制度）方面的应用也已启动（Loye & Eisler，1987）。浑沌学已应用于众多的领域，如医学和经济。"正因如此，浑沌学对数学和科学之外的许多学科颇具吸引力，毫无疑问，它已受到了更广泛的关注"（Duit & Komorek，1994，p. 52）。

当科学家们发现了人类的心跳是持续的随机行为，而心脏病发作时却没有变化的奥秘时，变化及持续的波动才是自然的、正常的首选状态这一思想才越来越为人们所接受。心跳的模式说明了理解浑沌行为的重要性。虽然准确的预测是不可能的，通过对模式的观察，也会发现浑沌中的有序。

对浑沌学应用的批评

浑沌，和电脑生成的模型一起，及其在自然和人类科学中的应用，并没有得到所有研究人员的接纳。例如，肯尼迪（1994）

指出，浑沌理论并不适于广泛应用到地貌研究中。肯尼迪援引了平衡的概念，认为这一概念被滥用了。

我本人认为，汤恩（Thorn）和威尔福德（Welford）渴望看到平衡作为关键和核心概念，却忽视了其他相当好的证据，这种证据表明产生平衡状态的过程实际上数量有限。这也许是正确的，但似乎并不是一个好的，更谈不上是充分的理由来假定自然界的所有过程都必须寻求极度的平衡。浑沌理论中引入奇异吸引子的概念也未必恰当，这似乎使情况更加简单化了（Kennedy，1994，p. 703）。

肯尼迪还指出，虽然浑沌学在气候模式、力学、热力学等领域具有解释力，它的实用价值还很有限。

这些浑沌理论的批评者们颇具挑战精神，他们对浑沌理论应用的研究更加深入和广泛。例如，为检验肯尼迪的论证，高和夏（Gao and Xia）（1996）研究了分形在地形学研究中的应用。根据对海岸线、排水、表面粗糙度、景观生态学、地形特征的广泛研究，他们发现，分形分析的线性模型是有限的，“因为在过程和分形维数之间没有一对一的关系。同样的地形可能由不同的尺度地貌过程所塑造。”（pp. 188—189）。因此，由于其他变量的深刻影响，分形未必适用于所有的地形特征。

一个地区的地理变量可以从线性和球面、对数和指数的角度被精确地模拟。线性模型是分形分析的基础，只占极小一部分。据古德查尔德（Goodchild）（1982）和克拉克（Clarke）（1988）解释，仅在一些特殊情况下并且捕捉了真实世界某些成分时，分形模型才是有效的。因此，不应放弃其他模型，而应配合分形来分析自然地理中的应用（Gao & Xia，1996，p. 189）。

浑沌学还应用于地质地貌和艾滋病现象的研究。这种情况下，浑沌的某些方面可能并不适用或需要重新定义。作为一种理论视角，浑沌学理论还处于初级阶段，面临着不断完善其理论和应用的挑战。

浑沌学在学习理论方面的应用也遭到了批评。据本森和亨特（Benson and Hunter）的研究，浑沌理论在学习方面的应用否认了教学的作用。“它把教学列为非确定性的行为。将教学和一般意义上用来解释物理世界的现象和联系的科学理论对应起来是不可能的”（Benson & Hunter，1993，p. 65）。而且，“浑沌假设提出的学习在很大程度上是随机的，随时能达到一个分叉点”（Benson & Hunter，1997，p. 95）。本森和亨特相信浑沌理论不能应用于人类的学习系统，因为其中个人选择和决定都是复杂的、可以跨越边界的认知思维的一部分。因此，将物理系统的浑沌应用于人类系统是简化论者的观点。人类是复杂的，和机械系统相比，他们会自主选择不同的反应。此外，他们认为，过去将机械过程应用于学习行为，现在也犯了同样的错误，将浑沌理论应用于学习。研究者们提出，将社会建构主义学习模式用于学习是合适的，在这种模式中，学生们通过社会约定来积极构建意义。

浑沌论者在认识上犯了类似的错误。他们将浑沌体系统作为参照来看待教育，然后得出结论认为浑沌理论就是解决教育问题的答案。这种逻辑上的跳跃需要浑沌论者们做出论证，要么它是将教育理论囊括在内的宏大理论，要么与教育理论无从比较……换句话说，浑沌理论的支持者有责任证明该理论为我们提供了比现有教育理论更清晰，更连贯一致的对教育活动的认识（Hunter & Benson，1997，p. 93）。

本森和亨特向浑沌研究者们提出了挑战，认为他们应该展示一个综合性的浑沌模型，并且解决好分叉、不可预测性和个体决策的作用等概念。

三、课堂应用

普利高津和斯唐热在他们的经典“从浑沌到有序”中展示了综合性的浑沌理论。他们通过使用普通语词以及对其他领域的应用的论述，为一个含糊不清的理论带来了凝聚力。虽然浑沌理论的应用始于科学领域，社会科学领域内的应用却被忽略了，教育领域内的应用则更为罕见。不过，浑沌理论在教育中的价值已经得到确认（Cronbach，1988；Cziko，1989；Doll，1988；Salomon，Perkins，& Globerson，1991），但其应用却未得到充分探索。萨乐门等人（Salomon et al.）认为，浑沌理论在课堂中的应用可以提高学习效果：

1. 浑沌可以增加人际交往的途径
2. 浑沌认为文化多样性是有益且必要的，并予以鼓励
3. 浑沌再次证实了智力是一个动态的、多维的、非线性的概念
4. 浑沌确认了学习过程是流动的、动态的、非线性的，需要变化、矛盾以及多样性
5. 浑沌要求对学习进行模式化、灵活的、整体化的评价

浑沌理论在课堂里的应用可以通过系统、分形、初值效应分叉等要素来说明。

系统

雷恩哈滋（Leinhardt）（1992）的研究发现，学习不是线性的，它是多维的、动态的。教育问题一直被看做是一个有稳定零部件构成的、获取知识的线性过程，而现在则是如何将其转化为一个多层面的综合系统（Leinhardt）（1992）。在传统观念里，课

堂一直是一个封闭的有确定边界的系统，没有多少变化，并且可以预测其结果。这种机械的线性观点忽略了学生也是积极的意义构建者，他们为课堂贡献了多种多样的观点、需求和目标（Doll，1987）。

课堂学习是一个开放的、非线性的、不可预知的浑沌系统。教师通过分类和规范来减少非稳定性，增加预测的行为。科若巴（Crobach）（1989）认为，作为教育者，我们所追求的是对知识的理解；我们通过归纳整合来发现秩序；我们否认不规则性并认为那是随意的。这种“噪声”或错误是很有价值的学习。噪声“是能导致系统在可能的状态下随机游走的任何影响”（Brooks & Wiley，1988，p. 70）。科学研究中，噪声被忽略并标记为偏误。在浑沌理论中，偏误对系统的分析来说是健康的。在教育过程中，错误将会创造学习的不同类型。而对稳定性的追求忽略了学习的本质，也就是，学习应是一个多层面的、动态的系统，是范围广泛并互相关联的模式。

认知系统是开放的，它不断接收信息并找到解决问题的办法，以此与媒介互动。事实上，它是一个对众多变量（动机，信息、概念结构等）和信息损耗（这正是信息接收、传输和编码的特征）开放的系统。普利高津和斯唐热（79）称之为远离平衡的系统。“非线性”由两个极端力量相互作用而致：变化和新信息输入会导致非稳定性并激活概念的变化，而概念模式本身则通过抵抗变化和新信息输入而趋于稳定（Gleick，1987，pp. 306—307）。

课堂是一个开放的、非线性系统。它的特点是复杂性、不稳性和不可预测性。

分形

学习有不同的级别。科若巴（1988）发现，在不同级别上都会发生信息获取和丢失。认知过程是对相关概念模式的理解，而这些相关概念又涵盖了另一些相关的概念。个体的学习变化异常，不可预知。由于学生学习的水平不同，他们表现出不同级别的理解力，这可能会造成课堂里的浑沌。

此外，复杂的个人决策也反映了教室和学校的错综复杂。个体行为变化是不可知的，然而当个人、团体和机构之间存在相似性时，也就产生了模式。不同级别上的相似意味着个体、教室和学校模式有相似的特点，而这些模式由初值效应和分叉的特点决定。

初值效应

研究人员承认以往的学习经历对产生领悟力所起的作用。不可否认，先前的知识为进一步学习创造了必要条件。由于学习对初始条件的敏感（McWhorter，1993），进程中的微小扰动可能会导致完全不同的行为（Duit & Komorek，1995）。

因此浑沌概念对教育研究尤为重要……随着时间的推移，众多因素（如教师的关心、教材、动机、家庭背景、学生的背景知识）中极其微小的初始差异也可能导致截然不同的不可预知的结果。而浑沌为阐释以上现象提供了一种模式（Cziko，1989，p. 19）。

学习被视为浑沌现象的原因是，即便可以计算学习前后的成绩，个体学习情况也无法预测。也就是说，即便前测成绩相同，后测成绩也可能有明显差异。“无论测试多么可靠和有效，前测中相同成绩也将不可避免地导致后测或后来成绩的不可预测的差异”（Cziko，1989，p. 19）。此外，课堂表现的正常曲线呈现一定的边界和趋向。在某个模式宏观层面上可能看不到其微观层面上的浑沌。因此，初始状态的细微改变可能会大大影响个体的学习情况。

分叉

教育研究者们已经解释了课堂学习中分叉的不可预知性和个体决策的作用。不仅教师可以控制学习，学生也可以控制；师生双方都可能会抵抗分叉的发生。他们通过维持平衡和避免质疑来寻求课堂的稳定性。学习者的认知策略是有效的，“但是也有一些学习者会适应与学习课程不同的目标，如要避免无谓的努力和减少对自尊心的伤害，他们一定会首先考虑成为一个正常人。”(Scardamalia，1994，p. 203)。学习者避免思考具有挑战性的、复杂的、抽象的信息。他们倾向于接受符合他们信念的证据，而歪曲或忽视证据来保护他们的信念，掌控和稳定他们的思维(Schauble，Klopfer，& Raghaven，1991)。这样，思维可以达到稳定，分叉也会减到最少。

在信念和教学不相容的情况下，很难找到冲突的解决方案；也不会是一方的主张战胜了另一方。相反；双方的观点都会存储在记忆中。这种显然矛盾的知识状态不会给学生带来多少麻烦，因为教师的陈述会在课堂语境和学校类型的考试中被唤醒，同时唤起的还有日常生活语境下的基于经验的自我构建。（White & Gunstone，1992，p. 79）

课堂里引入浑沌理论可以减轻学生和教师对知识和行为不稳定的担忧。

在平衡和稳定的状态下，分叉或转换可能不会发生；但当认知思维远离系统的平衡态时，就产生了学习行为（Luffiego，Bastida，Ramos，& Soto，1994)。先前的知识很稳定，但新知识会“导致不稳定并激活概念上的变化”（Luffiego et al. 1994，p. 307)。

这个临界点因人而异，是不可预知的，它需要有效的内部发展和不均衡性。这个临界点（被普利高津称为“分叉”）可能有不同的发展途径。究竟产生哪一个分叉取决于个体如何与觉察到的扰动相互作用。从呈现扰动到以合作和关爱的方式鼓励重组，教师的任务随之发生变化（Doll，1986，pp. 15—16）。

浑沌不是混乱无序，而是不可预测性。随着先前的知识或初始状态的变化，众多变量相互作用产生一个新的不可预知的状态。学习过程的临界点是平衡状态与不平衡状态的结点或分叉。这个关键时刻是学习过程中的“啊，明白了”——恍然大悟或者是对新奇关系的领悟。

结论

浑沌理论可以应用到课堂学习。对每一个学习者来说，学习发生在复杂的、非线性系统中的变幻莫测的分叉点上。而且，初始状态的微小差异导致不可预知的结果（Czildo，1989）。另外，科若巴（1989）提出，认知思维有不同的级别，其中，学习者获取或丢失信息。学习因而是浑沌的，因为它发生在开放系统，具有不可预知的分叉点，受初始状态的影响，这个过程在不同的学习级别上具有相同的模式。

浑沌理论在教学和学习方面的应用基本局限于自然学科。举例来说，一项由杜威特和卡纳拉克（Duit & Komorek）（1994）的一项研究发现，学物理学的学生在学习初步预测时就能够理解浑沌学基本理论。利用图解的模型和推理可以引导十年级学生理解一些简单系统中的有限预测性，如钟摆和骰子。虽然少有浑沌学在课堂教学应用的尝试，而且还主要是自然学科的应用（Duit & Komorek，1994），但浑沌学的应用还是有望扩大到数学和其他科目，比如阅读（Robinson & Yaden，1993）和文学（Zeitz，1994）以及其他改进学校教育的领域（Stanford，1996）。

牛顿模型的自然界是线性的、稳定的、连续的、有序的，在概念上不能应用于人类互动模式。研究表明自然界大于其各部分的总和。人类的交流和学习也是如此。教育是多方面的，动态的。虽然要分别评估其组成要素（如课程、教学和学生成绩），了解整体性的、动态的相互关系还是十分必要的（Crowell，1989；Cziko，1989）。“我们的科目、技能、教学目标、评估体系是独立的，教学的连续性、线性的方法和行动的技巧也被分离，课堂是孤立的”（Crowell，1989. p. 61）。因此需要一个学习的模型。这只是利用了浑沌理论的某些观点，浑沌学还可以贡献更多。

显然，浑沌学还不为大部分（如果不是全部）社会学家和行为科学家所知，但它在人类行为的预测和教育研究方面有着重要的影响，因为它认为，即使两个变量间的相关性可能相当简单而且完全确定，非线性关系也许会导致完全不可预知的结果（Cziko，1989，p. 19）。

据研究人员介绍（Spiro，Vispoel，Schmitz，Samarapungavan，& Boerger，1987），对复杂性学习的过分简单化会导致学习者知识理解的缺乏从而产生概念上的误解。研究者推荐多样化的学习和教学，学习需要多层次的结构和学习策略。

一些新情况中（多模式、过去的实例、重叠的推理）需要利用以往的多重知识，而不是单一的知识结构、原型、类比等。在非结构性的复杂情况下，单一方法无法提供足够的范围（Spiro et al. 1987. p. 184）。

课堂学习中多元化和灵活的方法满足了学习的复杂性需要。研究人员得出结论，对复杂性的探究无法通过追求单一知识结构而实现；封闭系统产生于学习的某一特定方面的狭窄视野中，而不是在开放的体系中。“在人类努力研究的领域中，不乏不良结构的方面。人类在不良结构内取得的成功来自大量实际案例体验的积累。”（p. 197）。这种学习中对实际案例的体验还未得到开发。因此，需要研究许多个案来探究浑沌理论在教育中的应用，从而建立新的学习模型。

四、学习模式

模式

虽然浑沌理论已发展多年，然而计算机技术带来了理论概念的大爆炸，特别是在数学和自然科学领域。浑沌系统在气象学（Edward Lorenz）、数学（Benoit Mandelbrot）和物理学（Mitchell Feigenbaum）领域已经得到承认。研究人员利用计算机图形学来获得基于数学计算的视觉模式，为模型建构提供了依据。

对简单浑沌模型的开发打开了许多其他模型发展的通道。模型之一是研究突变理论和它的分岔图（Devaney，1987）。该模型利用皱褶识别分岔点。另一个是艾伦（Allan）（1988）的分叉线性模型和关于浑沌系统的探讨。艾伦的焦点不是创造一个模型来印证浑沌系统，他想要说明的是模型建构是必要的，但它对系统的阐释是有限的。创立一个单一的模型来阐明系统的变化和不可预测性很有挑战性。此外，斯坦福（Stanford，1996）指出，模型将会很复杂，它不仅构建起来很困难，也可能毫无价值。然而，普利高津和斯唐热（1984）开发了一个有三个发展阶段的模型，在这个模型中，通过平衡（稳定态）、失衡（震荡）到再平衡（浑沌）的过程，将自然和人类系统联系起来。该模型较好地反映了皮亚杰教育理论。

<u>皮亚杰教育理论</u>　皮亚杰的研究发现，学习过程是平衡—失衡—再平衡的浑沌系统（Doll，1988）。在此过程中，从一个阶段到另一阶段要发生一系列变化，而平衡性可用来解释这一认知发展。皮亚杰的教育理论指出，学习者当前的知识结构会出现间断，由此历经不同的认知发展阶段。而不平衡性成为超越一个认

知发展阶段到另一阶段的推动力。获得平衡的过程即是从陌生到熟悉的接受过程（Juckes，1991）。“有趣的是，我们注意到在他的平衡—失衡—再平衡的模型中，非常重视将浑沌引入认知发展阶段。”（Doll，1988，p. 120）

皮亚杰的阶段性认知理论可以用来描述个体学习者的学习水平。学生的学习经验是不均衡的，这种不协调即理解上的变化，会引领他们进行新的学习。非均衡性就是建立在以往知识结构上的新知识。以往知识的稳定性受到挑战，先前幼稚的学习被激活和受到挑战时，学习就产生了。这种非均衡性，也就是认知上的不和谐恰好导致了认知的发展。随着知识的同化（新信息与以往学习经验的结合）或适应（修正新信息以适应以往的学习经验），学习者的知识结构又获得新的平衡，达到暂时的稳定状态。这就是学习的分叉现象。

认知发展是通过分叉点或非平衡点的突变而产生的。多尔（Doll）（1989）引用皮亚杰的话说“无论失衡产生的方式如何，它究竟是发展的动力……没有失衡，就不会有‘持续的再平衡’（1977，p. 13）”（Doll，1989，p. 67）。学习发生在远离平衡的点上。皮亚杰认为，认知平衡是积极的、持续的学习过程，它发生在平衡与非平衡的过渡点上（Acredolo & O'Connor，1991）。而这个过渡过程是漫长的、建设性的，是自然的重组过程。

尽管在教师组织下，学生也可以重组他们的思想使之更加复杂与灵活，而皮亚杰的同化与修正却和思想的自然重组紧密联系（Lawson，1994）。教师引发了学习中的不平衡，并在新的条件下提供大量的实例，使学习随时间的延伸达到新的平衡状态。因此，皮亚杰的阶段认知发展论与认知能力的发展及抽象思维的提高有关。

<u>理论模型</u>　当前的课程设置并不解释并预测学习行为。行为主义者看待课程的视角约束了教育的发展。行为主义者从表现和

过程的角度，聚焦于学生的被动性、稳定性、线性思维和秩序性。聚焦线性思维过程使学习受到限制。当变量无法控制时，行为主义者无法预测学习行为；也就是，不同的环境和异质群体构成了一个复杂的环境，在这种状态下，无法进行课程与教学结果的预测。惠特森（Whitson，1988）认为，一种连续发展的层级体系，如布鲁姆（Bloom）的目标分类法也不产生学习行为。因此，信息处理不能充分代表学习行为。教师利用反馈循环系统组织整个学习过程，包括清晰的教学目的、预期的设想和结果和确定的学习目标。这种亨特和泰勒（Tyler）支持的线性观点忽略了学生的意义建构（Doll，1987）。

认知心理学家所接受的建构主义学习理论提出，学习者积极的意义构建是通过以往知识结构、新接受的信息和学习环境的互动来实现（Bruning，Schraw & Ronning，1995）。先前的知识是创造条件进行学习的最初状态。维果斯基（Vygotsky）的最近发展区指学习发生的瞬间行为；也就是说，当学习者在学习过程中遇到困难并试图独立理解新的信息时，分叉就产生了（Bruning et al. 1995）。学习是一个动态的、建构性的过程，它存在于一个不断变化的平衡过程中（Metz，1995）。

建构主义理论的批评者们从理论的阐释能力和预测能力对其用途提出了质疑。奥斯本（Osborne）（1996）认为，虽然建构主义理论在教学策略修改和对学习的理解上是有价值的，但它并不科学。作为一种方法论，建构主义取得了重大的成果，但研究人员不能不加鉴别地将它作为一种理论来接受。此外，奥斯本还指出，由于无法解释或预测学习行为和成绩，建构主义缺乏严密性。

从后现代主义的角度来看，学习是充满变化的。学习的促进是通过转换学生的理解方式实现的，并非通过不断线性增加信息量而获得。

基于浑沌理论的转换式课程是一种理论范式。像杜威、皮亚杰、布鲁纳等理论学家一直致力于开发一种新型教育模式——建立在开放系统的理念之上——在社会科学接受一个新的范式之前，几乎不可能创立新的教育模式。不过，创建这一模型有助于范式的改变（Doll，1987，p. 14）。

社会科学正在寻找方法来理解和应用理论预测模型，从而掌控未来（Loye & Eisler，1987）。研究者还需要进一步对浑沌进行为社会科学所接受的理论和应用研究（Poll，1989）。

多尔认为，后现代主义的课程应该是转换式的，应该“承认学生在筹划、创建、组织方面的能力并将这一能力作为课程教育的重点……这里课程成为一个发展的过程，而不是学到的知识本身”（Doll，1987，p. 443）。多尔认为转换型课程有四个特点。第一，为激发意义的产生，课程要有丰富的深度和广度；“也就是，课程里要弥漫着足够的歧义、挑战和扰动，以此来带领学习者与课程及课程里的其他人进行对话”（Doll，1993，p. 287）。转换型课程的第二特征是递归性，也就是反馈和重新检查课程学习者的能力。第三，课程中一些核心观念之间相互关联。第四，课程的观念之间有严密或牢固的一致性。“转换型课程聚焦于参与者——教师与学生在课程中所经历的质的变化”（Doll，1988. p. 127）。普利高津的课程也具有转化性，正如它产生了范式的改变一样；从质的方面看，它接受通过分叉的新型学习（Doll，1988）。因此，教师要创造分叉或认知上的不和谐来激发学生重组先前知识的积极性。

结论

斯坦福（1996）认为，课程模式利用浑沌的组织功能将课程、教学和评价连接起来。在人文学科的改善课程和教学的图式规划中，自组织教育体制的特征得到了确认。首先，它有一个开放的、相互作用的耗散系统；第二，它有包含多种要素的自组织系统；第三，它对改变有抵制性；第四，它具有适应性和系统的自组织性。

自组织系统理论表明，探索一个可以预见性地改变学校系统的过程可以和变铅为金的炼金过程相提并论……新范式的理论并不承诺答案，而是仅仅帮助我们更有效地进行观察（斯坦福大学，1996 年 3 月，p. 265）。

无论是结果还是过程，图式模型的演变都体现了教育模式的价值和模式构建中存在的主要问题。斯坦福（1996）得到的结论是，教育领域的浑沌模型可能取决于它所包含的浑沌性和授课教师的责任心。图式规划的结论是，浑沌教育模式的创立并不像确认用理论阐释的模式那样令人满意。

五、结　论

比模式更重要的是浑沌观念的发展，既有理论上的，也有应用上的（Prigogine，1989）。显然，在构建一个令人满意的学习模式之前，需要进一步探索浑沌理论在课堂学习中的应用。只有教育工作者熟知了浑沌理论，才能期望对其进行进一步的研究。

教学模式的建立可从一个或多个理论视角出发（Derry，1996）。也就是说，普利高津可以详细阐释同化和融合的过程。建构主义者可以提出积极的意义建构（Benson & Hunter）。理论家们也可以提出转换性课程（Doll，1993）。教育模式意味着教育中的浑沌将遭遇实质性的检验。就像图式理论那样（Stanford，1996），探究浑沌的应用或许比提出理论模式更加有效。

参考文献

Acredolo, Curt & O' Connor, Jacqueline. (1991). On the difficulty of detecting cognitive uncertainty. Human Development 34, 204—223.

Allen. Peter M. (1998). Implications of the chalice and the blade for theories of social dynamics and history. World Futures 25 (3—4), 301—302.

Benson, G. D. & Hunter, W. J. (1993). Chaos theory: No strange attractor in teacher education. Action in Teacher Education 14 (4), 61—69.

Brooks, Daniel R. & Wiley, E. O. (1988). Evolution as Entropy (2nd ed.). Chicago, IL: University of Chicago Press.

Bruning, Roger H., Schraw, Gregory J. & Ronning, Royce R. (1995). Cognitive Psychology and Instruction (2nd ed.). Englewood Cliffs, NJ: Prentice Hall.

Cronbath, Lee J. (1988). Playing with chaos. Educational Researcher 17 (6) 46—49.

Cronbath, Lee J. (1989). Personal Interview, November 27.

Crowell, Sam (1989). A new way of thinking: The challenge of the future. Educational Leadership 18 (3), 60—63.

Crutchfield, James P., Farmer, J. Doyne, Packard, Norman H. & Shaw, Robert S. (1986). Chaos. Scientific American 225, 46—57.

Cziko, Gary A. (1989). Unpredictability and indeter minism in human behavior: Arguments and implications for educational research. Educational Researcher 18 (3), 17—25.

Derry, Sharon J. (1996). Cognitive schema theory in the constructivist debate. Educational Psychologist 31 (3/4), 163—174.

Devaney, Robert L. (1987). Chaotic bursts in nonlinear dynamical systems. Science 235 (4786), 342—345.

Ditto, William L. & Pecore, Louis M. (1993). Mastering chaos. Scientific American 78—84.

Doll, William E. Jr. (1986). Prigogine: A new sense of order, a new curriculum. Theory Into Practice 25 (1), 10—16.

Doll, William E., Jr. (1987). Foundations for a post - modern curriculum. Paper presented at the annual meeting of the American Educational Research Association, Washington, DC.

Doll, William E., Jr. (1988). Curriculum beyond stability: Schon, Prigogine, Piaget. In William F. Pinar (Ed.), Contemporary Curriculum Discourse (pp. 114—113). Scottsdale, AZ: Gorsuch Scarisbrick.

Doll, William E., Jr. (1989). Complexity in the classroom. Educational Leadership 7 (1), 65—70.

Doll, William E., Jr. (1993). Curriculum possibilities in a "post" – future. Journal of Curriculum and Supervision 8 (4), 277—292.

Duit, Reinders & Komorek, Michael (1995). Understand elementary features of chaos – theory by analogical reasoning. Paper presented at the annual meeting of the American Educational Research Association. San Francisco.

Duit, Reinders & Komorek, Michael (1994). Constructivist informed research on students' understanding of basic ideas of chaos – theory. In H. J. Schmidt (Ed.), Problem Solving and Misconceptions in Chemistry and Physics (pp. 49—68). Hong Kong: ICASE.

Gao, Jay & Xia Zong – guo (1996). Fractals in physical geography. Progress in Physical Geography 20 (2), 178—191.

Gleick, James (1987). Chaos: Making a New Science. New York: Viking Penguin Inc.

Hunter, William J. & Benson, Garth D. (1997). Arrows in time: The misapplication of chaos theory to education. Journal of Curriculum Studies 29 (1), 87—100.

Juckes, Tim J. (1991). Equilibration and the learning paradox. Human Development 34, 261—272.

Kennedy, Barbara A. (1994). Requiem for a dead concept. Annals of the Association of American Geographers 84 (4), 702—705.

Lawson, Anton E. (1994). Research on the acquisition of science knowledge: Epistemological foundations of cognition. In Dorothy L. Gubel (Ed.), Handbook of Research on Science Teaching and Learning (pp. 131—175). New York: Macmillan Publishing Company.

Leinhardt, Gaea (1992). What research on learning tells us about teaching. Educational Leadership 49 (2), 20—25.

Loye, David & Eisler, Riane (1987). Chaos and transformation: Implications of nonequilibrium theory for social science and society. Behavioral Science 32, 53—65.

Luffiego, Maximo, Bastida, M. Felix. Ramos, Francisco & Soto. Julio (1994). Systemic model of conceptual evolution. International Journal of Science Education 16 (3), 305—313.

McWhorter, Barbara Ann (1993). Chaos and positive disintegration: Transformation as a non - linear process in counseling. Unpublished doctoral dissertation, Colorado State University.

Osborne, Jonathan F. (1996). Beyond constructivism. Science Education 80 (1). 53—82.

Pool. Robert (1989). Is it chaos, or is it just noise? Science 243 (4887). 25—28.

Prigogine. llya & Stengers. Isabelle (1984). Order Out of Chaos. New York: Bantam.

Robinson, Richard & Yaden, David B. (1993). Chaos or nonlinear dynamics: Implications for reading research. Reading Research Quarterly 32 (4). 15—23.

Salomon, Gavbriel, Perkins, David N., & Globerson, Tamar (1991). Partners in cognition: Extending human intelligence with intelligent technologies. Educational Researcher 20 (3). 2—9.

Scardamalia, Marlene (1994). Constructivism, socioculturalism, and Popper' s World 3. Educational Researcher 23 (7), 21—21.

Schauble, Leona, Klopfer, Leopold E, & Raghaven, Kalyani (1991). Students' transition from an engineering model to a science model of experimentation. Journal of Research in Science Teaching 28 (9), 859—882.

Spiro, Rand, Vispoel, Walter, Schmitz, John, Samarapungavan, Ala, & Boerger, A.E. (1987). Knowledge acquisition for application: Cognitive flexibility and transfer in complex content domains. In Bruce K. Britton & Shawn M.

Glynn (Eds.), Executive Control Processes in Reading (pp. 177—199). Hillsdale, NJ: Lawrence Eribaum Associates.

Stanford, Barbara Dodds (1996). The self - organizing system in theory and practice: The experience of the collaboratives for humanities and arts teaching. Journal of Curriculum and Supervision 11 (3), 249—266.

White, Richard & Gunstone, Richard (1992). Probing Understanding. London: Falmer.

Whitson, James (1988). The politics of non - political curriculum: Heteroglossia and the discourse of 'choice' and 'effectiveness'. In William F. Pinar (Ed.). Contemporary Curriculum Discourses (pp. 279—330). Scottsdale, AZ: Gorsuch Scarisbrick.

Zeitz. Colleen, M. (1994). Expert - novice differences in memory, abstraction, and reasoning in the domain of literature. Cognition and Instruction 12 (4). 277—312.

语言课堂的复杂性

A·E·芬奇（A. E. Finch）[①]
谭 清 译

摘要：沃尔德罗普于1992年预言，复杂性理论这一“新兴”科学将对人文学科产生巨大影响。此后，拉森-弗里曼论述了复杂性与语言学习的关系（1997）；范·利尔指出课堂是个复杂的动态系统，强调课堂互动的重要性（1996）。自此，应用语言学家开始应用这一理论重新审视学习环境，利用一种全新的理论范式来解释过去所无法解释的矛盾现象。根据这一新的理论，学习内容由互动（关联）和“涌现”的质的变化（各学习要素间的互动导致新的更高层级结构的产生）构成。本论文对复杂性理论进行了概述，并且简要介绍了韩国一所大学的语言课堂运用该理论所进行的实验。

一、引 言

范·利尔指出：“将课堂视为复杂自适应系统大有裨益”（1996：38）。在课堂这个复杂自适应系统中，“细节至关重要”（古尔德 1993）；“要想在教学要素和教学效果间寻找简单的因果

① A·E·芬奇（A. E. Finch），韩国庆北国立大学英语教育教授。

关系注定是徒劳无功的”（范·利尔 1996：38）。拉森-弗里曼也于 1997 年撰文指出语言课堂的浑沌特点即复杂性：“和其他生命系统一样，语言也经历由浑沌到有序，再从有序到浑沌的循环往复的过程。在二者相交的临界点，语言就得以创造性发展”（1997：158）。沃尔德罗普将“有序”与“浑沌”之间的临界点，也就是系统即将变为浑沌的那一刻（如同雪崩前夕的一刹那），定义为“浑沌的边缘”（1992：198）。他还创造性地用“浑沌边缘的生命”一词，来描述复杂自适应系统既已脱离稳定状态又尚未达到浑沌状态时系统本身所具有的学习能力。这一概念对语言课堂具有非常重要的启发意义：

> 教育环境是一个以课堂为核心的复杂系统。在课堂中，事物并非以线性的、互为因果的模式发展。它是在多个不同的力的交互作用下，以复杂的、自组织的方式发生变化并进而形成新的模式。而这些变化以及即将产生的模式，有些可以预见，有些却难以预料。对于这些变化的分析，应当采取自下而上的方法（范·利尔 1996：148）。

拉森-弗里曼清楚地认识到：“新兴的浑沌理论即复杂性科学与第二语言习得之间有着惊人的契合之处”（1997：141）。复杂性理论的一个主要论点是：“这是一门探究过程而非对静止态进行研究的科学。它研究的是事物的发展过程而不是静态的事物本身”（格莱克 1987：5）。自牛顿时代以来，占据科学界统治地位的一直是线性的分析性思维。现在，复杂性科学的出现，给我们提供了一个新的选择。毋庸置疑，语言的使用是一个积极、动态的过程。然而，长期以来，在线性的分析性思维的指导下，语言学界硬是忽略语言使用的动态特性，将语言“科学”地划分为静态的几大要素（词法、句法、音系学等）（参见索绪尔有关“言语”的理论和乔姆斯基关于“语言运用”的理论）。根据复杂性科学，我们可以将SLA（第二语言习得）看做一个非线性的动态过程。这个过程对初始条件和反馈高度敏感且结果不可预料，并具有以下几个特点：复杂性、开放性、自组织性、自适应性。

“认为语言及语言教育具有不确定性的观点否认二者之间的因果关系。它与认为教学活动的发展具有浑沌特性的观点和认为每个有机体并非自给自足的封闭的结构而是与其他有机体互为补充的观点相吻合，后者主张基因信息分散地分布于不同基因中且互为补充”（达金斯1976）。

“……就学习而言，环境刺激决定论（行为主义的观点）和基因决定论（先天论的观点）都是不足取的。相反，学习过程是个体与环境之间复杂的（并且是具有偶然性的）相互作用的结果”（范·利尔1996：170）。

二、概　述

19世纪盛行的因果律理论认为，假如观察者能够确定宇宙中每个微粒的位置和速度，那么所有未来事件都可以预知。然而，20世纪的量子物理理论证明：（1）（同时）确定一个电子的位置和速度是不可能的；（2）观察原子变化的行为本身就改变了原子的特性（海森伯1958）。20世纪30年代数学家戈德尔提出的理论对过去从未遭受质疑的所谓的“科学真理”再次给予重创。戈德尔认为，每个数学体系都包含着该体系自身所无法解决的问题。因此，从命题逻辑而言，“G = > not – G”是可能的（命题“G”暗含“not – G”的命题），这与依据语法“规则”生成出语法正确但逻辑错误的句子“这个句子是错误的”是同样的道理。

上述理论预示着20世纪将偏离简化论的思维。人们发现，过去一直占据统治地位的机械论的宇宙观，无论在量子、宇宙还是“现实”的层面，都不足以解释事件发生的规律（如预报天气、解释飞鸟“群集”的规律（沃尔德罗普1992：239）和游鱼聚集的特点等等）。于是，科学家们加倍努力，探索解释现实的新途径。这样，复杂性科学、系统论和网络理论等新兴科学就应运而生，为我们重新审视我们的环境以及生存方式提供了激动人心的崭新视角。这些理论认为，宇宙是一个错综复杂的整体，不可能用机械的线性思维进行解释。它们关注的领域主要有：涌现的质的变化、创新、学习和自适应等。系统思维告诉我们，事物间的关系比孤立的个体来得重要（惠特利2001）。复杂性理论更加强调了这一点，认为关联性是复杂性系统的根本特征。各部分相互作用产生自组织，而不可预知的更高层级的结构就产生于该自组织中。因此，根据普利高津的理论，冯·赫姆霍尔兹于1854年提出的整个宇宙将会耗尽的预言（其依据是第二热力学定理，即系统趋向于熵的理论），就只适用于那些封闭的、没有新的能量注入的系统。而对新的物质和能量开放的系统（如由气体组成的云团，以及自主学习的环境），就趋向于由无序走向有序，并同时伴有大规模的重组现象（史密斯和格米尔1991）。在封闭的系统里，当能量均衡时（譬如钟摆的运动），系统的确会在某一确定的点停顿下来（吸引子），但是，在复杂的、非线性的开放系统中（不断有新的能量注入），随着相互作用的因子数量和注入的能量的增加，“奇异吸引子”得以出现，并且成为系统潜在的停留的点。然后，类似的运动（注意：绝不是完全相同的）继续发生，如此循环往复，以至无穷。“但是，变化的发生仍然保持在吸引子内部”（泰勒1994：203）。这样，尽管存在着“浑沌”，尽管局部的不确定性依然存在，但从总体而言，新的模式还是得以产生了（莫哈南1992：650）。相互作用因子的数量和注入能量的增加，可以使系统变得更为复杂，更加“浑沌”，但若减少变量总数，就有可能产生少量的吸引子，并将浑沌行为严格控制在系统范围内（在局部层面仍然是不可预知的)。

三、课程大纲与复杂性理论

课堂是“浑沌的边缘”（即学习的最大化状态)，它对输入的变量敏感（如教师的微笑与耸肩的区别)，对新的输入（互动的、语言的、情感的以及社会文化的）“开放”，对不断变化的学习需求和喜好具有“自适应性”，新的学习结构“涌现”于教师与学习者的“互动联系”中，这一观点是笔者最近在韩国某大学进行的教学实验项目的“CMI 课程大纲”的核心理念。本实验充分考虑互动、关系、信任及直觉在新科学中的重要性（惠特利 2001）（关于新科学，请参见近期第二语言习得研究中有关自主学习、情感及观念的相关文献)。实验的课程大纲不是把交际能力放在首位，而是将自信心、学习动机和自主性（Confidence，Motivation and Independence，即本文所谓的综合层面的 CMI）的提高作为实验综合层面的核心，同时将观念、意义和互动（Consciousness，Meaning and Interaction，即局部层面的 CMI）作为局部层面的重点。

根据奥尔赖特于 1984 年提出的学生不是被动去学习教师所教内容的观点以及彭伯顿等人于 1997 年发表的有关自主学习的研究论文和阿诺德（1999）关于课堂情感的理论，我们知道，在课堂上，每个学生对于学术、情感和课堂环境等方面的刺激作出的反应各不相同。每节课都是不同于其他课堂的教学事件，它的效果不可预知，因此，我们对课堂效果进行的考察也应该是多维度的。因此，通过有意识的引导（教师方面），以及将上述两个 CMI 三元组合作为吸引子（相对稳定的参照项）来进行测试与评估，可以给我们提供一种能够更好地了解真实的课堂情况的方法。沃尔德罗普指出："复杂行为不一定需要复杂的根源"(1992：279)。"某些非常简单的系统也有可能产生惊人的丰富多样的行为模式"（1992：66)。因此，通过对上述两个 CMI 三元组合体的考察（"上了今天这堂课后，我的学生是否变得更自信、学习积极性更高、自主性更强?""今天的课是否包含更多的观念、意义和互动?")，就可以为教师提供一种对自己的课堂进行评估的非线性的标准。这种"学习的指向标"有助于培养和改进以培养锻炼学生为目的的自主性辅助型教学模式的形成与提高（教师提供语言资源)。

如图一所示，课程大纲由两个层面的内容构成：整体的综合层面（长期）和局部的具体层面（课堂)，其中各组成部分可以自由地与其他成分互动，这六个领域就构成吸引子（见上文)，为可能发生的学习行为提供参照点，同时也起催化剂的作用，促使其发生和发展。和天气预报一样，虽然在较大范围内（一个国家、一个省或州）完全能够成功预测气候或天气，但要在小的局部范围（如一个学校的操场）预测天气却完全行不通。就教学工作而言，未知的互动和输入会导致侧重点的变化，因而任何一个具体课堂的情况都不一定与设定的课程大纲相吻合（无论与学生协商与否)。然而，从长期来看，学习过程确实能够按照设定的方向进行。将该理念应用于课程大纲的两个 CMI 三元组合中，就意味着局部的效果（观念、互动和意义）可以在课堂中得到观察和讨论（教师作为指导者)，而综合效果（自信心、动机和自主性）则属较为长期的目标，对它的评估也需要更长时间才能完成（如图一)。

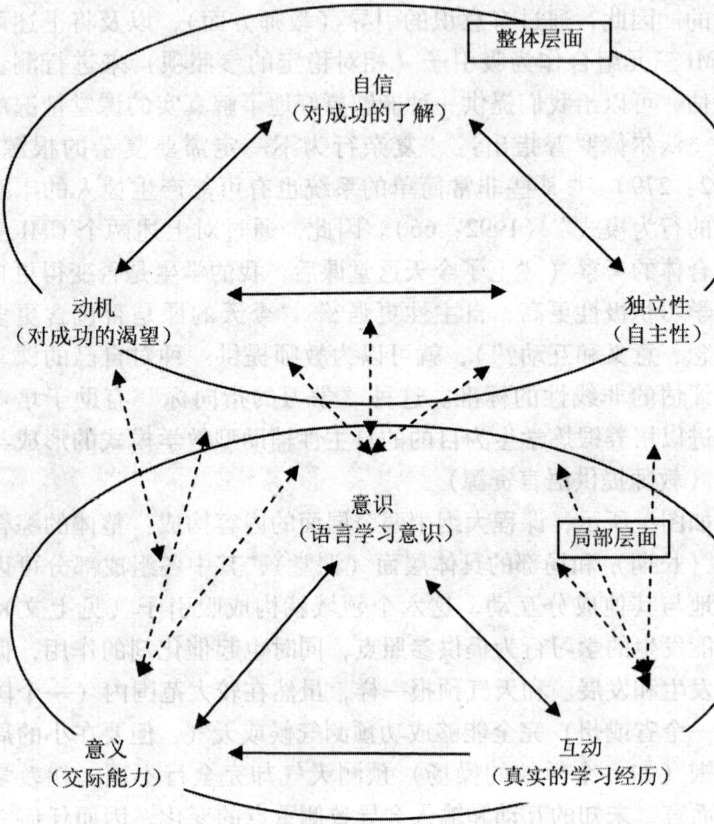

*虚线代表不同层面间的互动（图一：CMI 课程大纲）

四、新的课堂角色

复杂性动态系统的特征之一，是不断注入的新能量可能导致互动呈几何级数增长，而初始条件的细微变化可能产生完全不同的效果（如“蝴蝶效应”、“骆驼的后背”和雪崩等的类比；参见柯什鲍姆 1998）。因此，课堂内一些看似不重要的互动，实则是整个发展过程的部分，它们引发下一步的互动和学习经历，学习成效也有可能因此产生天壤之别（格莱克 1987：8）。

不同的观念、知识和策略在参与者身上产生认知冲突，而在社会互动环境下解决冲突的过程中，新的观念、知识和策略就得以产生（范·利尔 1996：191）。

语言课堂中这种复杂性教学模式本身所固有的角色发生变化的事例俯拾皆是。每个学习者都是独一无二的个体，他们的学习需求、喜好和学习观念各不相同。认识到这一点，就意味着应该由学习者本人来承担传统教学模式中由教师所承担的责任，而新模式中教师的作用就应当定位于“帮助者”、“咨询师”、“学习顾问”和“学习资源”（“通晓语言的人”）等等，而不再是原先的“控制者”（卡弗 1982；利特尔约翰 1983：595；迪金森 1987；亨特等 1989；凯利 1996；哈默 1983）。这样，教师就成了了解语言、掌握与学习有关的知识的熟练的管理者（亨特等 1982：211）。

“理想的帮助者应该热情洋溢、充满爱心，他接纳并关心学习者，关注他们所遇到的困难；他乐于花时间帮助学习者，永远赞赏、支持、鼓励他们；他视学习者为与自己平等的人。这样，学习者就乐于接近他，在温暖、放松的氛围里轻松自在地与之交谈”（迪金森 1987：122）。

凯利（1996：95、96）对新型教师应该具备的各种宏观和微观的技能进行了描述，实际上，这也是对“复杂性”课堂教师角色的描述（如表一、二）。

表一：语言顾问应具备的宏观技能（凯利 1996：95）

宏观技能	描述	目的
初始工作	介绍新的方向和内容	提升学习者注意力，减少不确定性
设定目标	帮助学习者确定具体的学习目标，明确学习目的	帮助学习者确立可控的学习目标
指导	提供建议与信息，指明方向，理清思路	帮助学习者确定不同的学习策略
示范	说明目标行为	提供学习者希望掌握的知识和技能的范例
支持	给予鼓励与帮助	帮助学习者坚持下去；培养自信心；对学习者付出的努力予以认可和鼓励
反馈	对学习者的努力给予建设性的反馈	帮助学习者建立自我意识；培养自我评价的能力
评估	评估学习者取得的进步和成效	对学习者付出的努力和取得的成绩予以认可
联系	将学习者的目标和任务与更大范围的事物联系起来	帮助明确学习项目的价值所在
总结	对一系列工作进行总结	帮助学习者确定临界点，对所取得的成绩进行肯定

表二：语言顾问应具备的微观技能（凯利 1996：96）

微观技能	描述	目的
重视	全方位给予学习者以关注	表达尊重与兴趣，重视“人”而不是“事”
复述	用教师自己的语言把学习者的话复述一遍	检验是否正确理解了学习者所表达的意思
改述	简明扼要地重述学习者发言的要点	使学习者的发言要点更清晰，指出自相矛盾或阐述不够清晰之处
概括	归纳整理要点	指出重点所在，指明方向
提问	利用开放性的问题，鼓励学习者大胆表达自己的观点	激发并鼓励学习者认识自我，展示自我
阐释	对学习者的学习体验进行解释	提供新视角；帮助学习者更好地了解自己
对学习者的感受进行反思	将学习者的情感因素总结出来，使之明朗化	表明你非常了解并理解学习者
移情	认同学习者的学习体验和看法	建立相互理解的纽带
直面问题	正视分歧与矛盾	加强自我意识，培养独立克服困难的能力

从以上各表可以看出，这种重新定义的教师职责，不是为了减轻自己的责任，相反，它在学习的各方面都对教师的专业知识和技能提出了更高的要求。因此，在韩国安东大学进行的实验中，教师培训就成了整个实验不可或缺的一部分，它帮助教师们认识到课堂中的师生关系和互动是课堂活动最重要的一个环节，它甚至是“学习内容”的一部分。

五、结　论

如上文所述，复杂性是一门关于过程的科学。因此，对这个项目的评估主要集中在对学习过程和学习态度变化的考察——学生（以及教师）是否变得更自信、积极性更高、自主性更强？他们对自己的评价是否也是如此？评估利用六个互相关联的研究工具进行（参见附表A—E）。其中附表E包括对参与本项目的教师进行的三次访谈，每次间隔六个月（芬奇2000）。对于问题“你是否注意到自己的态度在项目实施过程中有所变化？”（附表E，问题5），教师们不仅表示自己的观念和态度发生了积极的变化，而且他们都非常乐于看到这种变化：

> 我想，作为教师，我的作用显然已经由“控制者”转变为“指导者”。
>
> 我现在在课堂上更乐于让学生来作决定。……开始时这么做感觉很奇怪……有时我感觉很糟糕，觉得自己应该站在讲台上讲课而不是这样站在教室中间。……我现在也还必须经常跟自己大脑里固有的思维模式作斗争。

教师们还表示，多数学生的学习观念和他们的CMI以及交际能力都有了明显的改善和提高（参见附件E，问题4）。教师们认为，全面的、以任务为导向的评估表（用以考察CMI）是一种行之有效的方法，它可以促使学生在轻松的环境下尽可能使用目的语：

在学生身上，我看到了信任。这种信任使学生更为自信，而自信又激发了他们的学习积极性，并进而促进学习。

从第一学期到第二学期，在某些课堂上，学习态度发生了极大的变化。

我注意到，学生用英语交谈的积极性明显提高。有些课学生原先基本没什么兴趣，现在几乎是迫不及待地盼着上课……现在他们学习积极性非常高涨，对自己取得的成绩感到很自豪。

在我教了整整一年的班上，学生对自己的评价远远好于过去。他们在自我评价表上打的分数平均提高了20%。这个班的学习态度发生了好的转变。

六、一种崭新的学习模式

本研究的形成性的特点意味着定期从学生问卷和教师讨论会（以及上述各种研究工具）上得到的反馈会随时纳入研究过程，并据此对研究进行相应的修正，以保证项目的发展、自组织和新结构的出现顺利实现。这样一来，对项目进行描述、论证和总结就变得极为困难。但是，尽管如此，在本文进行的文献综述、研究结论以及从学生和教师身上得到的源源不断的反馈的基础上，我们还是能够总结出一个新的学习模式（参见下文中的图二）。该模式不是试图对教学过程和效果进行线性的解释（理出事件发生的时间顺序，找出其因果关系），也不是进行优劣对比，而是要展示相关的理念。这种“学习鸡汤”的初始原料包括（见图二）：i）人道主义的教育观；ii）敏感的课堂环境；iii）对情感的关注；iv）自主性的提高；v）信任的氛围；vi）形成性的反馈；vii）认识到课堂是一个复杂系统。尽管我用数字对以上各“原料”进行了标注，但添加原料的顺序并没有一定之规，而且其重要性也是“排名不分先后”。实验证明，具备这些要素的课堂，上文所提的两个 CMI 三元组合得到很好的发展，学习的复杂性也因此增强了。

下文图二所列的各要素以及上文的七点要素可以看作是学习工具（成分）或学习情境（媒介）。各要素间发生联系，为互动的发生提供工具（媒介）。例如，“对情感的关注”就是在敏感的课堂环境的情境下发挥作用；而“信任的氛围”又为实践人文主义语言学习观提供有效的情境。换言之，每一项要素都可以看做是其他要素得以顺利实现的背景环境。在复杂的、自适应的语言课堂中，所有要素皆有可能实现，而且各要素间互为依赖，相互影响，不可能简单孤立地确定各自的作用。在图二中，这种以学生为中心的各种“原材料”（上文所提的各要素）就是源源不断注入任务型的、以解决问题为导向的学习的“火锅”的食材，充当各种复杂的互动活动的催化剂和工具——它们足够灵活，使得不可预知的事件得以发生和发展；同时，它们又足够有序，可以为未来涌现的更高层级的结构提供大的框架和方向。就本实验而言，所谓更高层级的结构指的是：i）学生/教师态度（CMI）改善与提高；ii）交际能力；iii）“终身学习”。

因此，这是一种整体的、任务型的外语/第二语言课堂教学模式。该模式通过对不可预知的教学要素进行过程管理，达到获得整体效果的目的，而所取得的成效又意味着下一轮发展过程的开始。正如围棋大师那样，他们力图平衡“形式”（即技巧）、形状（对布局的了解）、“直觉”（横向思维）、“影响”（远期的可能性）以及“领地”（短期的成效）等要素之间的关系，英语教师在准备下一步教学计划时，也应当进行全方位的考虑。通过采取提高学生的学习策略意识、鼓励他们在轻松的环境下进行有意义的互动（维果斯基1986：99）、激发他们探索语言奥妙的积极性以及引导他们进行反思性的自我评价等策略，在适当的时候为适当的学生提供适当的学习经验。

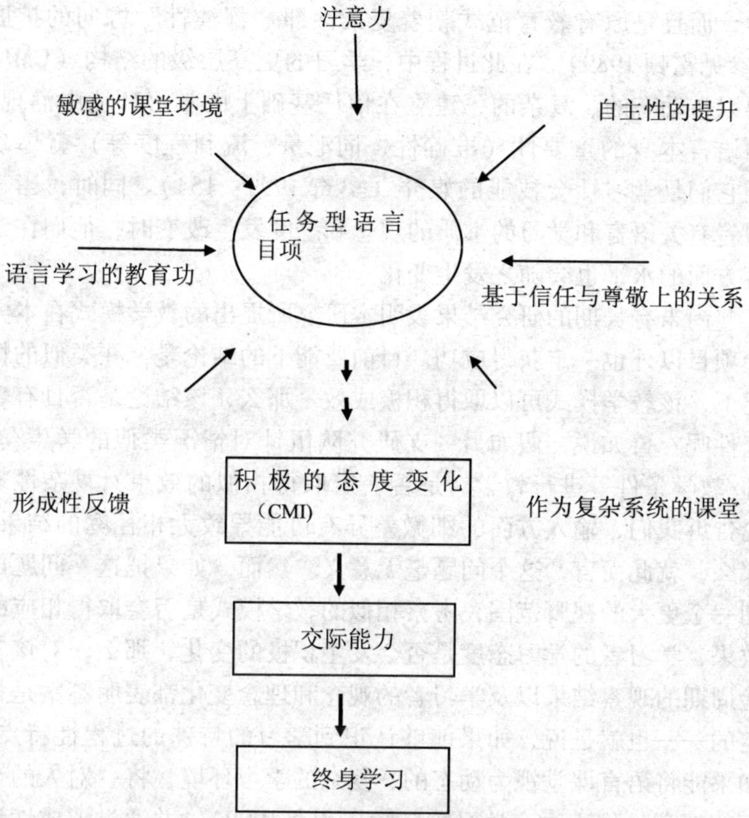

图二：形成性学习过程

只有当教师在师生之间以及在学生当中营造出一种轻松的、热情洋溢的互动氛围时，他们才能够创造出良好的学习环境。我们认为，这种友好的互动是语言学习获得成功的最重要的因素（萨诺等 1984：171）。

通过本项目，我们得出一个涌现的结果即对语言课堂的新认识。它不仅是布林于 1987 年提出的过程教学法在情感维度的延伸，而且是原有教育范式朝着复杂性即“浑沌性”方向的扩展(参见霍顿1989)。在此过程中，学习的更高层级的结构（CMI）得以在动态的、复杂的、建立在信任基础上的学习环境中涌现，而语言本身的重要性（准确性、词汇量、流利程度等）就体现在它们是学习社会技能的媒介（奥奇1999：154)。同时，当学习者有关语言和学习的本质的观念和态度发生改变时，他们在语言方面的水平也会随之发生变化。

尚未有长期的研究结果表明本研究所提出的教学模式在本实验项目以外也一定获得成功。目前所能下的结论是，在类似的情况下，该教学模式可以取得积极成效。那么，该结论是否具有普遍性呢？譬如说，假如另一支研究队伍针对情况类似的学生/教师/教学条件等进行教学，是否一定取得相似的效果？复杂性理论告诉我们，输入方面的细微差异有可能导致大相径庭的结果。那么，就此而言，这个问题毫无意义。然而，如果把这一问题放到一个更大的视野范围，考察相似的教学模式是否会取得相应的效果，学习者的学习态度是否会发生积极的变化，那么，对该实验周期的观察结果以及学习者的观念和理念变化都表明答案是肯定的——也就是说，如果能够认识到学习的特殊的过程性特点，如果能将语言课堂视为动态的、复杂的学习环境，将“对人的全面的教育”作为语言学习的目标（芬奇1999)，并通过形成性评估进行反思和调整，建立传统教学法中所缺乏的参与者之间的相互信任，那么，各学习过程将会是持续发展、不断进步的，也一定会促进学习者学习态度的转变（包括观念和理念的变化)。虽然从局部来看，学习者与教师之间关系的变化还有可能受教师“权力”大小的影响（参见罗杰斯1980：294；奥奇1999：154；范·利尔1996：167)，同时，母语为英语的教师先入为主的一些观念也会对学习者和教师关系产生影响，从而增加了教学效果的不确定性，但是，从长远和整体而言，无论是考虑学习效果

（对学生而言）还是教学实践（对教师而言），这种变化都是积极而富有成效的。

参考文献

Allwright, R. L.（1984）. Why don't learners learn what teachers teach?: the interaction hypothesis. In D. M. Singleton, & D. Little (Eds.). Language Learning in Formal and Informal Contexts. Dublin: Irish Association for Applied Linguistics. 3—18.

Aoki, N.（1999）. Affect and the role of teachers in the development of learner autonomy. In J. Arnold (Ed.). Affect in Language Learning. Cambridge: Cambridge University Press. 142—154.

Arnold, J.（Ed.）.（1999）. Affect in Language Learning. Cambridge: Cambridge University Press.

Breen, M. P.（1987）. Contemporary paradigms in syllabus design, part II. Language Teaching, 20/3, 158—174.

Carver, D.（1982）. Introduction to" The selection and training of helpers". In W. D. Cousin, (Ed.) Report of the workshops in the role and training of helpers for self-access language learning systems. Moray House (mimeo).

Complex Systems Glossary. http: //www. calresco. org/glossary. htm

Dawkins, R.（1976）. The Selfish Gene. Oxford: Oxford University Press.

Dickinson, L.（1987）. Self-Instruction in Language Learning. Cambridge. Cambridge University Press.

Finch, A. E.（1999）. The task-based classroom in practice. Solmae Review on Language and Literature, 11, 179—198.

Finch, A. E.（2000）. A formative evaluation of a task-based EFL programme for Korean university students. Unpublished Ph. D. thesis, University of Manchester.

Gleick, J.（1987）. Chaos: Making a New Science. New York: Penguin Books.

Gödel, K.（1931）. Über formal unentscheidbare Sädtze der Principia Mathematica und verwandter Systeme I. Monatsheft, Math. Phys., 38, 173—198.

EFL 课的系统观：映射的复杂性[1]

D. A. 芬奇（Dr. Andrew Finch）[2]

马云霞　译

摘要： 教师都知道语言课堂是一个系统；系统内的每个因素是互助增强的；教师和学生一起创造一个小社会——带有自己的特征、个性、角色、局限与期待。然而，在定性的研究模式出现之前，对这种学习环境的研究，占主导地位的方法是：以实验科学的方式，识别、检验每个处于孤立状态的有益因素，希望严格客观的研究会发现使学习既有效又实际的方法。这种借用来的方法来自自然科学，但是自然科学已经推进了对现实的另一个观点，即把世界及其组成部分看做复杂动力系统，并为此设计出了新的研究方法。因此范式理论和系统理论，为探索事物的内部连通点（互动）及其与环境的外部关系提供了途径。有鉴于此，本文提出 EFL 研究应该建立在科学思考的最新进展上，应该把系统理论当做探讨和描述语言课的方式。这样，就可以勾勒出一个更广大的、包含学习活动涉及的各种因素的图景。

---

① EFL，是 English as a foreign language 的缩写形式，意为“母语非英语教学”；世界英语教师大会（TESOL）的现任主席 David Nunan 对 EFL 下了定义。他认为：“EFL 适用于英语既没有被广泛使用，也没有作为授课语言的语境中”。（EFL is used in contexts where English is neither widely used for communication nor used as the medium of instruction.）中国、俄罗斯和日本等国家的英语学习和教学就是典型的 EFL。参见蓝杨，《ESL 与 EFL 的差异及其对中国英语教学改革的启示》。高等函授学报（哲学社会科学版），2010 年第一期，第 34 页。——译者注。

② A · E · 芬奇（A. E. Finch），韩国庆北国立大学英语教育教授。

一、引 言

古代希腊和中国的哲学家兼教育家是从整体上定义教育的。他们谈教育，是意识到人在宇宙中的地位，而来谈全人（the whole person）的教育。从这一观点来说，物种是更大的整体中的一部分，应该在此语境中理解其责任和潜力。在催生工业革命的机械因果论出现之前，这些观点被“黑暗时代”的神秘主义和文艺复兴时期的经验主义加以改动。根据机械论的世界观，学习是用决定论来看待的，这最终形成了行为主义学派的思想，在这种思想中，人被视为机器，能对给定的刺激做出预料中的反应。根据这一观点，语言研究的任务是要去发现恰当的刺激——这种刺激会按预定可靠地引起有效的语言学习反应。这一方式反映了当代科学家的观点——如果能知道宇宙中的每个原子的位置和速度，那么就能可靠地预言未来。进入 20 世纪，相对论和量子力学改变了这一观点，揭示了不仅原子的位置和速度不能被同时观测到，而且原子可同时出现在两个不同的位置上（Horgan，1996）。拉波夫悖论更进一步表明了这一点：正是对电子的观测行为本身使其选择一个状态和位置，在此之前，它们是以不确定的状态存在的（衰退的或未衰退的）。斯罗丁格（Schroedinger）的“猫论”描述了这种情境：一只在盒子里的猫可以以两种叠加的状态存在：既活着又死去（Horgan，1996）。最后，很明显的是依据当代复杂理论，经典物理学（牛顿物理学说）不能解决物理学中一个基本问题，即“多球问题”（Brown，1972），其中不以简单的线性方式相互作用的物体，不能根据力学定律来描述。

用更全面的视角来看，物理学最近开辟出新的领域（如浑沌和复杂理论，参见 Waldrop，1992)，摒弃了脱离环境而研究单个因素的孤立主义方法论。因此，范式理论和系统理论是从整体大于部分之和的视角来观察世界的。根据这一视角，是一个系统内的连通点（相互作用）决定其特点、控制其动态的。在这些不可预测的相互作用中，更大的结构浮现，呈现出新的面貌。如果研究者是去调查任一自然系统的特点——不论是一片森林、一棵树还是一只昆虫，有必要在其环境中来观察该客体，同时也要描述该客体与其环境的相互作用。所以，一棵树可被界定为这样一个生物体：与其他生物（昆虫、鸟、动物、植物、菌类）共生，与土壤、周围其他的树、气候相互作用。为了了解这棵树，研究者需要将其周围环境和与其他因素的相互作用都纳入考虑范围，而不是孤立地研究各个部分（如：一片树叶）。这棵树大于其组成部分之和，因为它成长的方式以及与周围环境的相互作用，决定了它的形状以及最终成为一个生物体。

鉴于以上观点，这篇论文探讨了 EFL 理论与研究如何可能从物理学的当代趋势中汲取有益的营养，对语言课同样摒除孤立主义的研究观点，而采取系统的观点。根据这一观点，课堂的各方面及其参与者，可以按其互相之间的依存关系来探讨；通过观察相互影响的所有因素，学习被视为一个有组织的复杂事物的结果，每节课中的学习活动都是独特的，需要教师对学习过程有灵活的观念。根据这一观点，每一个学习者都可以被看做一个在一个系统内（国民教育系统）的系统内（教育机构）的系统内（课堂）的系统（个人特点）。一方面，学习者可以被视为各种信念、态度的集合体，而这些信念、态度是在课堂外与父母、电视、漫画、电影、通俗文化等互动而形成的。另一方面，他/她可被看作带着这种种态度进入类似的学习者组成的集体，并进而与其他学习者、教师和机构互动。于是可以建构起这样一幅场景，其中有各种参与因素，诸如：互动的影响、文化、社会意识、认知、角色、局限、期望和机构要求。一旦研究者充分描述了 EFL 课“稳定状态下的开放系统”的特点（行为及环境）(Laszlo，2002，p. 32)、各个组成部分的因素互动的典型方式，教师就能够从系统的视点看待学习，相应地将其课堂视作一个系统，在这个系统内，会从其连通点中显现出实际的、有效的习得。

二、EFL 研究范例

实验的、客观的研究方式，在工业革命的巨大机械进步中卓有成效，而在社会科学中却收效甚微，特别是在 EFL 研究中 (Lightbown，2000)，尽管在这一领域中这种方式仍是主要推荐的模式。通过排除无关因素，并从环境中分离出客体，数据则是假定可以从其纯粹的形态考察，而不必考虑可能的扭曲的。依据这一方式，学习过程是其各构成要素的结果，要了解其组合，只需考察孤立状态中的各要素即可。应用语言学的早期研究就这样集中在将语言拆分为部分，并实验性地进行详细分析。人们期待的是，这样的研究成果能使学习者有效地理解、掌握目标语言的规则，尽管学习者还需要将语言用法转化为实际运用（Widdowson，1978）。在这类研究中，很少考虑人本身或人际间的因素，而把这些看做是与语言学习无关的外部因素。

不满于语言学习和研究中的行为主义、形式主义观点，导致学生倾向的方式出现——在这种方式中，承认在语言学习中，情感因素（如：自信心、动机、态度和焦虑）比认知更重要 (Stern，1983，p. 386)，信念控制习得（Cotterall，1999），学生学的并不就是老师所教的（Allwright，1984）。如果是在这种语境中描述语言习得，那么就不得不承认学习的非语言决定因素以及所在社会环境的意义。抛弃客观研究模式的时候已经到了，取而代之的是更主观化的方式。在这种方式中，将学习者看做学习的始发者和控制者，并考察信念和态度——尽管就其本身来说是主观的，却体现了学习者的实际情形（Rogers，1951）。这样一来，研究者们就集中在定性描述习得过程、通过个案记录进行研究，这种研究既非笼统概括也非推论性的。这样的研究本质上是将课堂作为一个系统（尽管当时还没有提及这个视角），这反映了物理科学中发生的变化，即在20世纪末再次寻回古代哲学家们的视角，从整体的角度来看待宇宙和人在其中的位置。将研究看做系统的新观点，聚焦于组织状态而非孤立状态，与将客体拆分为部分、进而考察孤立状态下的各部分不同，它是观察组织体以及将各部分连接在一起的互动。从这个视角来看，超组织体（Laszlo，2002，p. 27）——如人体——可被看做是有序复杂事物的开放系统，持续接受输入，因此不符合热力学第二定律，该定律表明封闭的系统趋向于熵。

三、新途径

1997年，拉森-弗里曼针对复杂性写了一篇信息丰富、有重大影响的论文，其潜力影响到了社会科学。从那时起，这一主题就很少被论及（参见：Van Lier，1996，p. 148）。EFL课堂中的复杂性也一直难以研究。用系统的视角来描述语言课、表明系统内的各部分如何互动（连通性），这都是未来不可预测的结构——这种结构是随后显现的——的基础部分，意味着从每种可能的角度监督课堂内每个时刻的每个方面、识别和记录显现的学习结构，这对教师来说是一个艰巨的任务。可以被探讨的概念包括“雪崩效应”，这个效应预示微小事件可产生与其输入不成比例的结果：一颗石子扔到山上的一堆石子中，能引发山崩；一只蝴蝶在南美扇动翅膀，能引起波多黎各的飓风；一根稻草能压垮一头骆驼，等等。这些例子告诉我们：最后的“大结局”（山崩、飓风、压垮的背）是可以预测的，是会发生的。然而，发生的准确时刻以及是哪颗石子、哪次扇动、哪根稻草引起的，在“局部的”层次上是不可预测的。所以我们可以可靠地预测在特定的某天首尔会下雨（全局的层次上），但不能预测是下在首尔的某特定学校的特定操场上（局部的层次上）。同样如此，我们可以把语言课堂内的输入看做有激发习得及正面雪崩效应的潜力，尽管我们也必须承认负面输入的些许例证也能不成比例地放大结果。

考虑到拉森-弗里曼（1997）的预言：在 EFL 领域内，复杂事物是极易受影响的，就出现了寻找适当的研究方法的问题。一个动态的、开放的系统不能用分离其组成部分的方式来描述，甚至也不能用更定性的方式来描述——在这种方式中，班级参与者从自己的角度反思课堂上发生的一切。如果我们把课堂内的一切看做是与其他一切互动，如果我们把这些连通点看做是课堂内发生的最重要的事情，如果我们不期望能够预测语言输入的局部结果，如果我们把每节语言课都看做是独特的，如果我们把发生在课堂外的互动因素也考虑进来（如：父母——学生，教师——校长，校长——地方政府，等等），如果我们要建立一个课堂系统的全景，如果我们要描述从这些连接点浮现出来的社会的、情感的和认知的结构，那么我们需要一个充分全面的方法论。

以课堂为中心的教育语境，被看做一个复杂系统——其中事件不是以线性的因果方式发生的，而是一系列力量以复杂的、自我组织的方式互动，并且产生可预测与不可预测交杂的变化和模式。对这种变化必须从下到上彻底分析（Van Lier，1996，p. 148）。

四、一般系统理论

一般系统理论是“整体性”的一般科学（Bertalanffy，1969，p. 37），其中短语“整体大于部分之和”意味着总体（全局）性质不能从离散的各部分的性质来解释，而是表现为“新的”和“浮现的”的样子。

一个系统可被界定为相互联系的一系列因素。相互联系意味着成分 P 处于关系 R 中，所以在 R 中的 P 成分与其在另一个关系 R1 中的表现是不同的。如果 P 在 R 和 R1 中的表现不同，就不产生互动，成分不依赖于关系 R 和 R1 而独立表现（Bertalanffy，1969，p. 55）。

尽管整体不能从部分预测，如果系统各部分的总和及其相互关系可知，系统行为也许可以从部分的行为中衍生出来。这样现代系统理论就为研究复杂系统——如语言课——提供了方法论，因为它能为探讨社会文化系统的所有复杂成分和动态特点之间的相互联系提供框架。从这个角度出发，争论点、政策、项目和个性中的基本因素都会被作为整个系统内相互联系的组成部分被考虑和评估。

在所有知识领域内产生的“复杂性”、“整体”和“系统”的概念，在更大的不同领域内独立出现的类似的概念、模式和规律，基于不同的事实基础。这种同构是一般系统理论的特征之一，意味着一种综合性的方式和科学的整体性观点。依据这种观点，可以得出以下观察：

在自然科学和社会科学的不同科学领域，都有一种趋向整合的一般趋势。

这种整合似乎成为一般系统理论的中心。这种理论对于非物理学科学领域内的准确理论来说，也许是一种重要方式。

通过各门科学发展统一性的原则，这个理论使我们向科学统一性的目标更近了一步。这可以引导科学的教育中有更多整合的需求（Bertalanffy，1969，p. 38）。

系统科学的这种整体性视角，是与经典原则的原子性和机械性世界观相对的。对整体性和互动的连通点的探讨，增强了在竞争和排外之上的合作性、可持续发展和多样性。这样的视角与语言学习以学生为中心的现代方式相一致。（参见下面的表 1）

表 1：经典科学和系统科学的世界观对比（Laszlo，2002，pp. 10—12）

系统科学世界观	经典科学世界观
·自然是一个生物体，对选择、变化、自由性有非确定性的能力。	·自然是一个巨大的机器，由精妙而可替代的机械性的部分组成。
·强调人和自然的联系、在自然世界和人类世界中的团体性和整体性	·事物是脱离其环境而被观察的，人是相互分离也脱离环境而被观察的。
·信息、教育、联系和人类服务的重要性	·唯物主义的：所有的事物都是可测量的物质实体。
·合作和互动的部分之间通过变通性和妥协性而达到可持续发展。	·力量和竞争的提升。
·人类文化和社会的多样性，地位平等。	·对能源、原材料和其他资源的扩大使用（和消耗）。
·人类是自我保持和自我演化的整体生命中（地球上的生命）的一部分。	·欧洲中心主义的：提升西方进步与发展的工业化原则。
·合作、对多样化的包容。	·人类中心主义的：人类自己能掌控自然，是自然的主人。
·事物是有变化和互动性的能量的组合，容许概率性的过程、自我创造性和不可预测性。	·为生存、个人利益而斗争。

将系统理论看做整体主义的、人本主义的方式，英语教师和

EFL研究者还面对语言学习中的发现与记录系统和组织体的一般特征的问题。幸运的是，运用系统理论这个研究工具，不必学习如何处理不同的方程式和复杂的数学算法，因为系统概念可以被视作“引导性的观念”而不是数学构造，即使不能用数学公式表述也还是有效的。

当考虑这种引导性的观念与语言课堂相关时，自然系统许多的组织恒常性可以被纳入：

1. 自然系统作为一个整体，是不能被简化为其组成部分的特征的。

正如语言教师在课堂上小组教学的过程中会意识到的：学习者在关系密切的小组内跟他们在更大的组内（整个班）的表现是不同的。然而，这些小组的特点不能简单地用其中成员的特点来解释。每个小组拥有属于自己的特点，甚至即使所有成员都换了，小组的特点仍然保持不变。

2. 自然系统在变化着的环境中会保持自我。

正如生物体不断地吸收、输出能量和信息，EFL课处在持续变化的状态中。在长学期中，学习者有来有走，教师更换职位，学习大纲变化，控制课程设计的教学政策被修订。在短学期中，学习输入定期更新、评估，新语言活动一般在每节课中都出现。输入与输出就这样不断替换、持续，尽管学习环境呈现出不同的形式。

3. 自然系统是为回应其他系统而自我组织和自我创造的。

对于现存结构的局部调节来说，当情况变化太剧烈时，自然系统会系统地产生出新的结构和功能。以雪崩效应的方式，语言课的程序会继续进行直到达到关键的临界点：这时会引发突然的变化。根据演变发展的基本规律，对于各种事项、多重选择、高风险测试（例如）暴涌出来的各种意见也许逐渐调和，直到顽固的机构和管理者的相关系统崩溃，给相互依赖性、复杂性和差异性让路。贫乏无力的危机管理因此被防御性的自我改造所取代，就像从浑沌中产生秩序。

4. 自然系统展示了同样的效果。

在任何封闭系统中，最后的状态取决于初始状态，逐渐有序趋向于熵。然而在开放系统中，同样的结果也许会有不同的初始状态及不同的途径。同等效果特征对于 EFL 课是很重要的，因为它容许学习的自主性和学习方式的多样化。如果语言课的总目标是交际能力，那么同等效果的概念意味着达到目标有多种同等有效的方式，自主的学习者（以及其中出现的学习结构）所采取的途径在局部的层次上可能是不可预测的。

5. 自然系统是自然整体中合作性的中介系统。

正如上面提到的，语言课可以看做系统内多个系统的集合。这个复杂情境中的组织体采取了整体金字塔样式，其中单个系统都有合作性的中介作用。每个单个系统的功能是协调其中每个部分的行为、与系统内其他组成部分的行为进行整合，教师可以看做是处于金字塔底端的学生们和高端的学习制度（学习大纲、规则、评估，等等）之间的中介。同样，机构的主管与教师（底端）和教育政策制定者（高端）互动。学习者自身则是一个与教师（高端）和他们的家庭环境（父母、文化，等等）互动的系统。

五、结　论

这篇文章试图展示 EFL 课堂可被视为一个自然系统，该系统符合“稳定状态的开放系统”的一般特点。这个视角允许教师和研究者将不同参与者和在课堂内产生的所有连通点都看做有组织的复杂体，能够以自我组织的方式逐渐发展起来。这样一种社会文化的、系统的思路能帮助教师理解其在课堂中的角色，即：作为责任和相互作用的整座金字塔的成员，为根植于系统世界观的人文主义视角的教育提供原理。

不断变化的交际子系统（学生、教师、父母、大纲、机构等等）的复杂性研究，尽管还存在问题，但是对 EFL 课堂的系统观点能够使得教师和研究者：

把学习环境看做一个整体，有独立于其组成部分的特征，在组成部分变化时也能继续保持该特征；接受教学中的灵活性和学习中的自主性，允许个体通过不同方法（同等效果）达到同样的教育结果；从整体主义、人本主义的视点来理解全局层次和局部层次的教育。

把 EFL 课看做一个过程，其中看起来重要的事情能建立关键的界限点、突然激发的变化、不可逆转的转向、新的结构（雪崩效应）。

总之，值得推荐的是：EFL 教学界成员采用的 EFL 课的系统观，开展定性的行动研究来确定外语课堂内各种相互关系的特征，以使得积极的有助益的连通点也许会被认同，而起反作用的相互联系也能被容忍。这样的研究项目也会研究如下的主题，如：

i）与其他界面系统相关的小组行为的特征；

ii）学习环境作为自我创造和自我保持的系统；

iii）新学习结构的显现及其类型。

参考文献

Allwright, R. L. (1984b). Why don't learners learn what teachers teach?: the interaction hypothesis. In D. M. Singleton, & D. Little (Eds.). Language learning in formal and informalcContexts. Dublin: Irish Association for Applied Linguistics. 3—18.

Bertalanffy, L. Van (1969). General systemtTheory. New York: George Brazillier.

Brown, G. E. (1972). Many - body problems. North - Holland.

Cotterall, S. (1999). Key variables in language learning: what do learners believe about them? System 27, 493—513.

Horgan, J. (1996). Schroedinger's cation: Physicists prove that an atom can be in two different places at once. [Electronic version] Scientific American, June 17, 1996.

Larsen - Freeman, D. (1997). Chaos/complexity science and second language acquisition. Applied Linguistics, 18/2, 141—165.

Laszlo, E. (2002). The systems view of the world: A holistic vision for our time. Cresskill, N. J.: Hampton Press, Inc.

Lightbown, P. (2000). Anniversary article: Classroom SLA research and second language teaching. Applied Linguistics. 21/4; 431—462.

Stern, H. H. (1983). Fundamental concepts of language teaching, Oxford: Oxford University Press.

Stein Daniel L., ed. (1989). Lectures in the Science of Complexity. Reading MA: Addison Wesley,

1989Van Lier, L. (1996). Interaction in the language curriculum: Awareness, autonomy, and authenticity. London: Longman.

Waldrop, M. (1992). Complexity: The emerging science at the edge of order and chaos. New York: Simon and Schuster.

Widdowson, H. G. (1978). Teaching language as communication. Oxford: Oxford University Press.

浑沌理论、超文本及博格斯与马斯洛普解读

帕尔拉·沙松-亨利（Perla Sassón – Henry）
王松涛 译

作者简介：帕尔拉·沙松-亨利（Perla Sassón – Henry）曾在美国海军学院（United States Naval Academy）讲授西班牙语及拉丁美洲文学。她感兴趣的研究领域为乔戈·路易·博格斯（Jorge Luis Borges）的作品及其作品和科学的密切关系、数字文学和网络艺术。沙松-亨利近期发表的作品有：发表在《拉丁美洲论文》（2005）上的《博格斯和他的超小说传统：用杜勒兹和戈塔里的根茎理论对其进行的研究》，（" Borges and His Legacy in Hyperfiction：A Study Through the Lenses of Deleuze and Guattari's Rhizome Theory" in Latin American Essays（2005）），发表在《落基山语言文学协会评论》（2006）的《浑沌图书馆：重读乔戈·路易·博格斯的‘巴别图书馆’和斯图亚特·马斯洛普的虚拟文本里根图书馆》（" Chaosmic Libraries：Jorge Luis Borges's ‘The Library of Babel’ and Stuart Moulthrop's Cybertext Reagan Library Revisited" in the *Rocky Mountain Review of Language and Literature Association*（2006）），发表在《拉丁美洲论文》（2006）上的《南北相遇：博格斯的‘入侵者’和娜塔莉·布克钦的‘入侵者’》（North Meets South：Jorge Luis Borges's ‘La intrusa’ and Natalie Bookchin's Media Experiment *The Intruder* in Latin American Essays (2006))。电子邮箱:〈sasson@ usna. edu〉①

一

1975 年以来,浑沌理论的发展和科学技术的进步不仅影响了文学也影响了文学研究,由此也对作者、读者和学者提出了挑战,增加了表达与解读的方式。(关于“浑沌”一词的形成,见 Li and York 985)。在美国,浑沌理论对文学的影响可以与“经验主义”和“语境”的方法在文化与文学方面的应用画等号。本文所发表的期刊《比较文学及文化》(*CLCWeb: Comparative Literature and Culture*)以及《比较文化研究专题论文丛书》(The Purdue Series of Books in Comparative Cultural Studies)就属于这一类,本领域相关的参考文献可以参见 Tötösy 整理的“系统与经验作品部分参考文献、研究机构及文学与文化的田野方法”(A Selected Bibliography of Works in the Systemic and Empirical, Instititution, and Field Approaches to Literature and Culture 〈http: //clcwebjournal. lib. purdue. edu/library/sysbib97. html〉);本领域其他参考书可参见“CLCWeb 图书馆:比较文学与文化”(the Library of CLCWeb: Comparative Literature and Culture〈http: //clcwebjournal. lib. purdue. edu/library. html〉)。运用这种语境的方法我仔细研

① 超文本(Hypertext)是一种显示在电脑或其他电子设备上的文本,文本中有超链接,可以使读者通过点击鼠标或使用键盘方便地打开相关的参考材料。除了运行文字,超文本还可以包括表格、图像等。超文本是现在互联网广泛使用的万维网(World Wide Web)结构的最基本概念之一,使互联网在分享信息方面方便灵活,易于使用。超文本小说,也称超小说(Hypertext fiction or hyperfiction),是电子文学的一个流派,其特征是通过使用超文本链接为文学作品和读者之间的互动提供了一个非线性的平台。读者可以选择从文本的一个节点到另一个节点,这样读者可以在一个充满许许多多潜在故事的集合中自己去建构故事。

究了乔戈·路易·博格斯（Jorge Luis Borges）的《有岔路的花园》（1941）和《巴别图书馆》（1941），但并不是从索绪尔的二分法，而是从文本、浑沌学理论和马斯洛普的超文本小说《维多利花园》这三者的视角（1999；在下文中，我引用《维多利花园》时使用的是小说中节点的标题）。我试图强调浑沌学理论、分叉理论、耗散结构、复杂系统及噪音理论作为这三部作品的汇聚点。文本间的对话使得这些分析和我以前的研究区分开来。随着文学、科学和数字叙述的不断演化及他们之间的不断交叉，这种全新视角的研究模式为探索博格斯的两部作品《有岔路的花园》及《巴别图书馆》和马斯洛普的《维多利花园》之前的关系提供了空间。

二

除上文提到的作者外，安娜·玛利亚·巴伦西亚（Ana María Barrenechea），迈克尔·卡波比安柯（Michael Capobianco），皮内达·卡塞罗（Pineda Cachero），托马斯·韦斯尔特（Thomas Weissert），伽布里尔·施莱伯尔（Gabriel Schriber），罗伯托·乌曼斯基（Roberto Umansky），斯图尔特·马斯洛普（Stuart Moulthrop）和吉·博尔特（Jay Bolter）等人也明确指出了博格斯作品和浑沌学的关系，或博格斯的文本和超文本的关系。他们的评论使本文为文学、科学和技术三者之间关系的论述奠定了基础。玛利亚·巴伦西亚的《博格斯：迷宫制造者》（1965）标志着研究博格斯作品的一个新方法的开始。在她所写章节《浑沌与宇宙》（1965）中她承认博格斯较早的浑沌概念和他特有的表现方式。巴伦西亚这样说："博格斯借助几个清晰的细节和一个规整而又连贯的叙述结构提出了浑沌和充满幻象的世界的概念。另一方面，无序植根于他所指的事件中，植根于人为创造的象征符号中，植根于他的词汇中。”(51)。在巴伦西亚之后，越来越多的学术论文在分析博格斯的作品《有岔路的花园》时提到了浑沌学理论和复杂系统。在论文《量子理论、太空时间和博格斯的分叉说》中迈克尔·弗·卡波比安柯（Michael F. Capobianco）注意到《有岔路的花园》通过短片小说内部结构的要素向我们展示了来自于现代物理学的空间和时间图表（27）。托马斯·韦斯尔特（Thomas Weissert）从相反的角度指出，《有岔路的花园》是在理解宇宙方面从后牛顿时期向后现代时期的一个历史转折点。为了阐明他的观点，托马斯·韦斯尔特（Thomas Weissert）通过仔细查验《有岔路的花园》中不同级别的“实相”以及力学中不同级别的“实相”，展示了“科学与文学在共同建构中是如何运作的”。(225）即使在《博格斯：迷宫制造者》发表四十年后，《有岔路的花园》中关于浑沌与复杂性的话题仍然使评论家和学者们非常感兴趣。几位学者将这一话题发展成为以前评论作品的一个隐喻的分叉。安东尼奥·皮内达·卡塞罗（Antonio Pineda Cachero）的文章就是这一潮流的杰出代表：他将《有岔路的花园》描述成一个新奇幻小说，其中包含了在《浑沌的法则》(Las Leyes del caos）中所描述的伊利亚·普利高津[1]的时间不可逆转的概念。安东尼奥·皮内达·卡塞罗（Antonio Pineda Cachero）探究了他所定义的新奇幻小说流派与博格斯在一个新的现实的假设中所处地位之间的复杂联系，在这个假设中，艺术、文化和科学相互重叠（参见 Pineda Cachero < http://www.cica.es/aliens/gittcus/700pineda.html >)。在“博格斯的《有岔路的花园》及其他作品中的分叉、浑沌、及分形物体”一

① 伊利亚·普利高津（Ilya Prigogine 1917—2003)，比利时物理学家，生于俄罗斯，耗散结构、复杂系统和不可逆理论的创始人。1989 年获得诺贝尔化学奖。——译者注

文中伽布里尔·施莱伯尔（Gabriel Schreiber）和罗伯托·乌曼斯基（Roberto Umansky）进一步讨论了分叉与《有岔路的花园》的联系。二位作者认为，在这个故事中，“博格斯更愿意从时间的角度去处理分叉和浑沌现象，而不是从空间的角度去审视分形几何”（65）。

三

随着数字创作的出现，分叉的形象给超文本的作者和评论家以巨大的吸引力。他们将超小说看成是描写博格斯的科学与玄妙思想的理想工具。《有岔路的花园》给许多超小说的创作者和评论者带来了灵感，他们中的许多人都发现博格斯小说中玄妙的和科学的思想和正在出现的超小说的典型模式相关。斯图亚特·马斯洛普的《看地图：岔路小说中的借喻与隐喻》是首个将博格斯的作品进行超媒体分析的文章之一（1991，118）。在这篇具有开创性的文章中，马斯洛普指出，超文本小说的文学依存关系可以追溯到当代实验主义者、理论家、现代学学者，甚至是一种更加古老的反常叙事的传统。但是，他还指出，在定义超文本叙事这个重大问题上，还没有一个人能够像十九世纪四十年代早期出现的小说做得那样充分，也就是博格斯的《有岔路的花园》（《看地图阅读》，118）。他进一步指出，“在超文本版本的《有岔路的花园》里，雨村（Yu Tsun）不断轮替的自我景象并不是幻想”（123）。因此，马斯洛普的论断是通过他对博格斯的思想、超文本和文学理论的思考反映出来的。这些相互重叠的领域在马斯洛普的作品《岔路》（forking paths）（1987）、《维多利花园》（Victory Gardeng）（1991）、《漫游网际：一部超文本小说》（hegirascope：a hypertext fiction（1995—97 < http：//

iat. ubalt. edu/moulthrop/hypertexts/hgs > ）和《里根图书馆》（1999 < http：//iat. ubalt. edu/moulthrop/hypertexts/rl >）。吉·博尔特也曾指出，在《有岔路的花园》中，花园“意指文本繁茂生长的可能性（139）”。博尔特还指出，博格斯对多重可能性的预示完全属于“另一个写作空间”（139）。这个空间是一个文学和科学相互作用的数字空间，提供了新的表现与解读方式。博尔特的论断是通过博格斯的人物如斯蒂芬·阿尔伯特（Stephen Albert）来体现的。作为著名的汉学家，他是这样解释分形概念的：“时间向着无数个未来在不断地将自我划分，在其中的一个未来里，我是你的敌人”（Ficciones 100）。

四

博格斯的迷宫类虚构小说带给读者的已经不仅仅是一个完美的情节，而是一个将故事讲述、哲学和科学浓缩到一起的新世界。奇想与现实的界限变得模糊，读者需要自己来判断作者下意识的、机械的假设，如时代并存的可能性。例如，在《有岔路的花园》中，当雨村（Yu Tsun）苦思冥想他前辈的小说所要表达的思想时，现实与奇想相互重叠：“我再一次感觉到了我已经说过的繁衍（pullulation），对我来说，房子四周湿漉漉的花园无限地充满了隐形的人们。所有的人都像我和阿尔伯特一样，神秘、忙碌，在多维的时间里具有多种外形。我睁开眼睛，短暂的梦魇消失了”（Ficciones 101）。博格斯借助一个简洁的叙述框架来隐藏他的哲学兴趣。迈克尔·豪吉斯特（Michael Holquist）将《有岔路的花园》比作一个“玄妙的侦探小说”，其情节无论是从词语层面还是从叙述层面都提出了一些问题（93）。雨村（Yu Tsun）祖先的小说给了我们提示，让我们给时间和世界一个新的解释，就像斯蒂芬·阿尔伯特（Stephen Albert）说的那样，“《有岔路的花园》是一个巨大的猜谜游戏，或是一个隐喻，其主题就是时间，游戏的规则是禁止使用‘时间’这个词本身。为了完全去除一个词语，通过使用不恰当的或是很明显的替代表达方式也许是最好的使人们关注这个词语的方式”（Ficciones 99－100）。在《有岔路的花园》和《巴别图书馆》中，博格斯用科学的比喻来表达哲学概念，并预测科学的观点将会变成二十世纪五十年代人们争论的焦点问题。韦斯尔特（Weissert）在他的文章《博格斯的浑沌动力花园》中宣称，博格斯在他的作品“《有岔路的花园》中发现了分叉理论的关键问题，这比浑沌学家们利用数学的方法将其定型早了 30 年”（223）。通过这部卡夫卡式的玄妙侦探故事，博格斯不仅表达了多重时间的可能性，也预示了世界的多个解释方法，这是由休·艾弗里特（Hugh Everett II）在 1957 年第一次提出的。（关于博格斯的卡夫卡小说，请参见 Sarlo <http：//www. uiowa. edu/borges/bsol/bsi5. htm>）。斯蒂芬·阿尔伯特的声音再一次表达了博格斯的充满奇想的、具有创新性而又令人不安的世界图景：“《有岔路的花园》是一幅图画，虽然并不完整但没有问题，是一幅崔班（Ts'ui Pên）头脑中的图画。和牛顿与叔本华（Newton and Schopenhauer）不同，有的祖先并不认为时间是绝对的、一成不变的。他相信时间是无限序列，相信时间是由不同的时间组成的不断长大和扩张的网络，他们有的向外发散，有的向内聚拢，有的平行分布”（Ficciones 100）。

五

博格斯在《有岔路的花园》中引入的另一个假设是“来自

有序的浑沌”的思想，如同伊利亚·普利高津和伊莎贝拉·斯唐热（Isabelle Stengers）在《来自浑沌的有序，一个新的联盟》中论述的那样。为了表示“有序的浑沌”的想法，博格斯将读者浸入完美与浑沌共存的奇妙幻想世界中。唐纳德·莱斯利·肖（Donald Leslie Shaw）曾指出，在《有岔路的花园》中迷宫代表了“人创造了虽然令其困惑的、却有着规则和秩序的现实”，同样的概念也“在《巴别图书馆》中也明显地体现了含有浑沌的秩序”（42）。通过这些短篇小说，博格斯仔细思考了二十世纪三四十年代阿根廷发生的风起云涌的变化，那时的阿根廷发生了十八个月的军事政变，“那时是我们今天所了解的全新的、浑沌的、诸多问题仍未解决的阿根廷变化的序幕”（Bell - Villada 21）。乔希·菲利克斯·乌力布鲁（José Felix Uriburu）的军事政变在解散立法机构和将独裁者变为神话人物的同时也唤醒了强烈的民族主义和实行寡头统治的情感。作为这一事件的结果之一，博格斯放弃了他原来民族主义的写作方式，而是转向了更具有普遍性、具有世界意义和哲学思想的写作方法。因此，他把他的叙述作为“在一个旧秩序正在消失、而新秩序正在建立的社会中的另一个策略”（Sarlo < http：//www. uiowa. edu/borges/bsol/bsi5. htm >），并把他的新策略运用到《有岔路的花园》和《巴别图书馆》中。如果说前者是指第一次世界大战中发生的事件和对一个浑沌手稿的解读，后者所指的是一个对称的图书馆，其中的人在试图理解馆中作品的浑沌性质时对真谛的疯狂追求。一个规规矩矩的环境和其中因寻求意义和身份认同而充满了沮丧的人，在强调二者的对比时，博格斯这样写道：“自从人们穿着这些六边形以来，四个世纪已经过去了”（Ficciones 84）。

六

尽管《有岔路的花园》、《巴别图书馆》和《维多利花园》成书于不同年代，其文学媒介形式也不同，但如果用浑沌学理论与方法的视角阅读每一个文本都会有相得益彰的感觉。这几部文学作品有许多共同的特征，那是博格斯作品的挚爱者绝对不会忽略的。在作品的主题、结构、和对浑沌理论与分叉理论运用上，他们会发现这些特征。《有岔路的花园》和《维多利花园》将战争时期的纷乱与浑沌结合到一起，而《巴别图书馆》利用其对称而又几乎是无限的结构和晦涩难懂的创作挑战读者去理顺一个浑沌而又有序的环境，这个环境与混乱相结合，强调人们对自我命运的狂热追求。博格斯和马斯洛普掩盖在其篇章叙述下面的是他们对人类命运的关切和对科技发展的兴趣。例如，《有岔路的花园》的第一段给出了这样的介绍，第一次世界大战期间，英国炮兵“原定于 1916 年 7 月 24 日”向德国军队发起的防御性反击被推迟了（Ficciones 89）。随着情节的推进，主人公雨村（Yu Tsun）面临着双重目标，一方面他必须向英国炮兵转达一个秘密，另一方面，他感觉到了解祖先留下的宝贵财富的迫切心情：一个迷宫和一部浑沌小说。就像他对祖先迷宫的感受那样，雨村想到了“迷宫的迷宫，一个弯弯曲曲不断长大的迷宫将容纳所有的过去和未来”（Ficciones 94）。博格斯的战争叙述在《维多利花园》中也有对此的呼应之处：“我正想读完一些材料（《我生活的故事》），可这个世界总是不断地侵入。现在是 1991 年 1 月 16 日下午 7 点 05 分，伊拉克首都巴格达正在发生黑暗与恐怖的事情，在 1916 年的 7 月，在英格兰的斯坦福郡也正在发生着黑暗与恐怖的事情。此时，这些事情似乎都不像是真实的”（《我生活的故事》)。马斯洛普的超文本在一个强调二十世纪后期技术的环境中从一个新的视角看待博格斯式的文本。在文中的一个节点上马斯洛普这样写道："也许在一个超媒驱动的和后现代的社会里，我们现在生活在一个疑似《有岔路的花园》的宇宙中，或许我们对传统生活方式的理解并不能真的被弃置一边——奋斗、质疑、承诺、爱情、失去、悲伤，我并不是要想解决这些问题：我想要让某些故事动起来，希望他们有朝一日能接受我：这是他们的归宿"（《大风之处》)。

七

在《巴别图书馆》中，读者就像一个战争时期的间谍，必须破解编译在叙述中的保密信息。图书馆馆员们对意义的寻求代表他们在这样一个图书馆对自己命运的追求。这个图书馆被某些人描写成"发烧图书馆，其危险的书卷始终会有被改换成其他东西的风险。在这样一个图书馆里一切都因精神错乱的神性而是不可动摇的、被拒绝的、令人迷惑不解的"（Ficciones 86）。博格斯狂乱的、飘忽不定的图书馆证明和说明了《有岔路的花园》和《巴别图书馆》两部作品中不可预知的、浑沌的、像战争一样的场景。因此，《有岔路的花园》、《巴别图书馆》和《维多利花园》三部作品游戏般的吸引力在于当作者创造出新的解释、思考出两个故事代表什么时，它们能够衍生新的想法，挑战读者将注意力集中在阅读过程上。博格斯的文本和马斯洛普的故事就是"衍生"的作品：这是我创造的词语，可以参见迈克尔·乔伊斯关于"衍生的词语"的定义（关于迈克尔·乔伊斯关于"衍生的词语"的定义，参见 < http：//www. sigweb. org/conferences/ht - conferences - archive/ht04/hypertexts/larsen/noflash/joyce/afternoon. htm >)。因此，将乔伊斯关于节点的解释作为一个能产生出对文本和对超文本更多解释的基础。我认为这三部文学作品可以产生对文学的新的理解。通过详细谈到和组合这些文本，读者可以超越情节而去更好地理解文本的隐含意义和比喻意义。这些意义通过玄妙的、科学的和技术的内容表现出来。每个文学文本和文本之间建立的关系可以使我们将它们看做是复杂作品，刻画着浑沌学理论和复杂系统所定义的世界的复杂性。因此，《有岔路的花园》、《巴别图书馆》和《维多利花园》都是经得起浑沌学理论分析的。关于浑沌学理论，凯瑟琳·海勒斯这样写道："浑沌学理论的核心就是深藏在浑沌系统不可预知的特征之中的是有序的深层结构"。"浑沌"在这个用法上来说并不是指真正的混乱，而是这些系统的无序特征（Chaos and Order 1）。《有岔路的花园》和《维多利花园》阐明了海勒斯的观点，因为这两部高度结构化的叙事作品展示了浑沌的环境。例如，在《有岔路的花园》中，作为一个间谍与侦探的故事，雨村医生，也就是崔班的曾孙，当他试图揭开祖先留下的无法理解的手稿的秘密时，他发现自己深陷在博格斯式的迷宫中。他不仅要在战争进行时送出一个加密的情报，而且还面临解读祖先留给他的同样是加密的文本。当斯蒂芬·阿尔伯特向雨村解释说，迷宫和他祖先的手稿并不是不同的物体，来自浑沌的含义就可以感知了。"以前崔班肯定说过：'我要把自己隔绝开来写一本书，'他又曾说过：'我要退伍，去建造一个迷宫'。所有的人都认为这是两个不相干的活动，没有人意识到这本书和迷宫实际是一件相同的事"（Ficciones 96）。雨村明显是很奇怪地杀害了斯蒂芬·阿尔伯特，其中的含义读者只能自己利用浑沌的推理方法探究，这在《有岔路的花园》这部短篇小说中是可以找到的。阅读故事的行为已经变成了间谍行为和侦探行为，从一个多层的迷宫中找出意义的行为。

八

《维多利花园》却是另一种情况。作者通过级联二进制的计算机程序，设定了读者可以进一步去探究的限定条件或路径。尽管《维多利花园》给读者提供了一些事先设定的叙述可能性，这部超小说鼓励读者在不同的叙述脉络中构成新的联接。随着读者处理不同的阅读材料，开始的浑沌和无序立刻变成理解每一个单独叙述所需要的重要因素。因此，阅读的过程类似于装配的过程，读者就是据此将不同的脉络和节点拼合起来，它们之间相互依赖。这一概念由《维多利花园》中两个依次的节点来展示的，一个代表了电视广播的反应，另一个表明了某个人物对海湾战争的观点。“1991 年 1 月 16 日晚，星期四，这就是到目前为止战争看起来的样子：F-15 鹰式战机的发动机喷射出的火焰在沙特某个大型空军基地的上空燃烧，带有霍里曼身份证头像的巴格达市区地图，阿迈特或肖滞留在像皮特·詹宁斯样子的自动机器人面前，看上去似乎他再花几分钟点点头，就会使他像一个真人”。“你得相信，你已经有了信仰”。希阿（Thea）指出，“不会有任何电视战争的，妹妹。你看到的并不重要，你没看到的却是重要的。出版的限制规定，可怕的收视率，新闻审查”（“无视”）。通过将不同的叙述信息加以合并，不同的读者有可能达到不同程度的终结，对这个文本及其玄妙的含义也会有更好的理解。这个方法在《维多利花园》的一个节点中象播发新闻一样得以公布。读者是这样被告知的：“这是一顿大家熟知的酒席，所有的碎片和重复都黏合在一起，毫无根基的规则充当了黏合剂。当然，真正起作用的是我们不曾看到的”（“形象”）。因此，读者被提醒要注意每个“故事”中没有说出来的东西。在《有岔路的花园》

中，崔班的写作依赖于一个相同的策略："我知道在所有的问题中，除了深奥的时间问题，再没有什么能让他更沉默，能给他带来更多关照了。"现在，这是唯一一个在《有岔路的花园》一书中没有进行推断的问题（Ficciones 99）。在博格斯和马斯洛普的文本中，现实是一种缺失的存在，是一种沉寂的声音，等待着将要在周围的浑沌中被发现。在《有岔路的花园》和《维多利花园》中，博格斯和马斯洛普预先决定了要在他们的故事中找到可能性甚至是必要性的意义。这些故事阐释了有序的无序这样一种概念，给读者提供了基本的结构与语言的要素，使读者能够在不同的层面，根据不同的动机与情形创造或者再创造。这种方法将文学作为一个复杂系统，在活跃的读者及其外部环境的影响下处于不断变形的状态。

九

《有岔路的花园》、《巴别图书馆》和《维多利花园》展示了分叉理论和耗散结构。这些概念是指多重年表，也创造了一些叙述，这些叙述对文本中的人物提出了挑战。他们在艰难生存的同时也在了解和认识他们（和读者）身处其中的复杂系统与浑沌系统。在普利高津和斯唐热（Stengers）所著的《来自浑沌的有序：人与自然的对话》一书的前言中，阿尔文·托夫勒（Alvin Toffler）这样写道："用普利高津式的话说，所有的系统都包含有正在持续'波动'的子系统"。有时，一个单个的波动或是联合的波动会变得非常强大，作为积极反馈的一个结果，他击碎了先前存在的组织结构。这个革命的时刻作者称之为'非凡时刻'或'分叉点'。从根本上来讲，不可能事先决定变化的发展方向：系统可能会分解变成'浑沌'，或是上升为一个新的、更加不同的、高层次的有序，或是变为他们称为‘耗散结构’的组织。这些被称为耗散结构的组织具有起稳定作用的力量，其来自于系统内部，是在寻求内部的组织与平衡中产生的。耗散结构是变形点的标记者，在这些点上，叙述发生变化，从而在系统内部生成更加紧凑、和谐、有意义的环境。在效果上，系统/叙述分叉产生了许多可能性和解决办法，他们不仅是出自于系统内部的相互作用，而且也来自于它自己独特的前期发展。‘耗散结构’的概念为一个以不断形成与变化过程为基础的世界提供了新的解释。通过这种变形和进化，系统从一个无序状态到重新组建的环境。在他的论文《耗散结构的文学》中，大卫·普罗斯（David Porush）解释说，普利高津的作品给我们提供了“理论和证明这种语篇特征的工具，如果从科学角度来做是很难解释的”（283）。普罗斯在这篇论文中提到的特征包括文学语篇的复杂性和组织机构，或者可以说“其独有的激发想象力的能力、非宿命论的感觉、不可预知的复杂性和组织机构，以及作为更高见解的、对任意与浑沌事物的叙述”（283）。《有岔路的花园》、《巴别图书馆》和《维多利花园》中的耗散结构一方面是通过允许读者在对文本的解释上超越索绪尔的二分法，另一方面对复杂文本及其相互关系有了更好的理解后使得多重情节的出现成为可能。一个理解耗散结构有趣的方法是由约翰·布里吉斯和大卫·皮特在《狂暴的镜子》中勾勒的。文中讨论分叉理论对创造性过程的可用性，用他们的话说，“当我们经历事物的细微的差别时，我们进入到了浑沌与有序的边界。可是我们中的许多人或是无法认识这些细微差别，或是有意拒绝它们，那是因为它们‘威胁到了我们的惯常的思维方式’，而那些具有创造性倾向的人准确地将焦点集中在这些令人烦忧的要素上”（195）（转引自 Williamsen 28）。根据布里吉斯（Briggs）和皮特（Peat）的观点，这个过程允许思维分叉到一个新的参考层面，在自组织形成一个体现细微差别的形式过程中在不同的层面形成一个反馈环（转引自 Williamsen 28）。

十

《有岔路的花园》、《巴别图书馆》和《维多利花园》迫使读者通过进行非传统的阅读去寻找线索，以帮助他们理解文本背后的含义，从而在浑沌中寻求意义。例如，在《巴别图书馆》中，读者至少要以三种方式来理解图书馆：作为宇宙的一个比喻，作为阿根廷独裁政治结构及混乱社会环境的体现，作为人们不辞劳苦地去寻找自己命运之地。这种多重解释促使读者不断地对文本进行再创造，进行思考，接受了布里吉斯和皮特的立场，“分叉形成一个新的平台环境”（引自 Williamsen 28）。在《有岔路的花园》、《巴别图书馆》和《维多利花园》三部作品之间建立聚合点和分叉点，作为一个单个的复杂系统的组成部分，分叉理论在这方面是多产多能的。在这个单个的复杂系统内部，三部作品形成了文本之间的对话，每个文本都能阐明另一方并加强了每个文本想要传达的信息。在一个分叉点，三部作品在一个主题要点上聚拢，——在一个第一眼看上去使读者迷惑不解的叙述表面下，存在一个基本的有序结构，马斯洛普的数字作品通过认真细致地安排嵌有博格斯式参考结构将这种概念物质化。同时，博格斯的作品也表明，马斯洛普的文本是由有灵感的片段组成的，其具有隐喻意义的主题也被带到了数字王国。所以说，每个文本转向一个新的方向，用一种独特的风格来传达信息。《巴别图书馆》表示了人们在追求名誉时对平衡的追求，将讲述者放在一个遥远的时代和不确定的位置，使故事更具普遍性。《有岔路的花园》和《维多利花园》将读者置身于两次战争中，其中的人物和读者都同样在试图认识一个浑沌的环境。

通过撰写《有岔路的花园》的评述，韦斯尔特认为在非线性的外部系统中分叉的最明显的特征是在分叉时，系统到底向何方发展完全是随机的（234）。博格斯通过承认《随机性与自选》来对布里吉斯和皮特进行预测："有时这个迷宫的路径发生了转移。例如，你来到了这幢房子，但是在过去的时代，你有可能是我的敌人，在其他的地方有可能是我的朋友"（Ficciones 98）。另一个嵌在故事中的双重叙述的比喻分叉可以分为两个不同的方向。一个是侦探故事，另一个是用分叉理论进行哲学探索。斯蒂芬·阿尔伯特的话说明了这一点："很自然，我的注意力被这个句子吸引住了。'我向着几个不同的未来时间出发，但并不是所有的未来时间，那是我的有岔路的花园'，我还没有读到这儿就明白了，《有岔路的花园》本身就是浑沌小说。词语'向着不同的、但并不是所有的时代'表明，分叉在时间上、而不是在空间上的形象。"（Ficciones 97—98）同样，马斯洛普在他的《维多利花园》中采用了博格斯的方法，他通过允许读者自愿选择节点和阅读路径来表达分叉。在《维多利花园》的引言部分，马斯洛普这样提醒读者："大多数情况下，你都可以双击某些词（'衍生词'）"，可以把你带到不同的故事脉络中去。虽然常常会使故事不连贯，但这些词也可以起到联系的作用。

十一

马斯洛普对博格斯的多重过去、现在和未来进行了再创造，对线性叙述进行重构，使小说的复杂性又增加了一层。在《维多利花园》中，现代浑沌理论的分叉及多重时间的隐喻是通过一系列二元限制来实现的（关于读者在阅读使用 Storyspace 这个软件创作的超小说时有多少种选择请参见雷特伯格（Rettberg），< http：//www. electronicbookreview. com/v3/servlet/ebr？ essay _ id = rettbergrip&command = view_ essayJHJfn9 >）。马斯洛普认为，“阅读路径的二元限制的确发生了变化。这种效果使得第二次阅读不大可能与第一次相似。同样，也有一种机制来引导读者建立一套不同的初始条件，进而通过文本发现新路径（个人交流）。这个分叉结构及其语言有意识地鼓励读者创造一个多重世界。”读者在阅读时所作出的选择会将读者引向分叉点，在这里故事主线在时间上和空间上都发生了转向。《维多利花园》多重阅读之一就是正在进行的一堂讨论博格斯观点的课程，紧接着似乎是不相关的章节，多萝西·阿格涅（Dorothea Agnew）教授和一个名字叫维罗尼卡（Veronica）的年轻学生注意到了海湾战争的相关情况与现实。对维罗尼卡（Veronica）来说，战争是不可想象的。“今晚，同一想法第二次占据了她的头脑，这不可能是真的。这已经是二十世纪末了，战争只是历史课上讲的东西（《虚构》）。”随着读者继续阅读，故事转到了对乌卡特博士（Dr. Urquhart）实验的描写，实验是关于梦和无意识。接下来的又是从罗兰·巴特斯（Roland Barthes）、多拿·哈拉维（Donna Haraway）和格里高利·乌尔梅尔（Gregory Ulmer）的评论中抽取的引文。乌尔梅尔的话体现了媒体给我们生活带来的影响，“一切事物都通过自己的方式想要电视化——格里高利·乌尔梅尔、电视理论（《瓦那比》）”。所有这些零星的碎片后来都是一个节点，会将读者带向维罗尼卡的妹妹艾米莉·兰伯尔蒂，她也是阿格涅教授的学生。她作为一个战地邮政人员应征入伍，此时正处在一个非常真实、令人恐惧和混乱的战场上。《维多利花园》这个高度锤炼的结构使得分叉和浑沌学概念是可以触及的，因为它展示了多重情节，依赖于从明显的浑沌中创造出意义。每个分叉都会产生一个新的叙事脉络，使这个永远演化的系统和耗散结构的出现一起被加以认识。尽管《维多利花园》有许多相互交叉的不同层次的故事，但这并不是一个按等级划分的层次，而是有助于读者去理解的相互补充的故事脉络。在他的叙述中通过在浑沌理论中加入超链接，马斯洛普展示了一个对世界和文学的全新理解："这里没有模式、没有真正的联系。这个世界不能用如下这样的词来解释：天命、命运、悲剧、空间形状。"世界只是一个非线性动力学上的复杂问题，是最终的浑沌学实验。（"匿名"）因此《维多利花园》请读者去从一个新视角去阅读博格斯的文学作品，这一视角使读者有一个新的解读，似乎博格斯的作品是马斯洛普文学作品的一个自然分叉。

十二

我们在前面介绍过，《有岔路的花园》和《巴别图书馆》中一些要素和耗散结构的要素都有相同的规则。例如这两个故事中的人物都努力去寻找真谛，已经超过了对文本的二元所指代/被指代的解释。为了弄清他们所处的境况，雨村和那些在博格斯巴别图书馆里的人必须解读他们面临的文本，将文本看做是"开放的、而不是毫无结果且能自我说明的符号体系，依赖于从其他来源的信息输入使其运作起来，在熵的消散过程中得以成长"（Porush 301）。同样两个故事，读者必须考虑多层的和令人困惑的意义层次——指代的、比喻的、象征的、其他可能是历史的——这样才能达到不同程度的理解和两本书中事件的重叠。当博格斯的文本展示了耗散结构的某些特征，这些文本也激发了读者与耗散结构有相似特征的认知策略，波卢什（Porush）这样评述道："这些问答的文本给我们带来顿悟的那一刻，便是读者头脑中知识的极有意义的重新组合与增加，这些与耗散结构的作用很相像”（295—96）。这在博格斯的文本上是很明显的，故事的读者和其中的人物必须花费相当的时间与思考来整理思路，去理解呈现在他们面前的复杂而混乱的信息。故事中人物和读者同样都要面临如下难点：对理解玄妙的暗示细致入微的刻画和科学与文化上的挑战。同样，就像《维多利花园》中叙述的那样，读者遭遇指代、多重时间与现实。这些问题的钥匙是乌卡特教授的，他正在进行一项和虚拟世界的现实相关的研究项目。他已经把这个项目包含在学生对《有岔路的花园》的阅读上了。毫无疑问，乌卡特教授的声音提高了，也重新强调了多重时间和多重年代的问题，这是博格斯在他的故事中已经包含的。通过大学教授希阿·阿格涅（Thea Agnew）和乌卡特的交谈，读者会发现乌卡特希望世界改变的想法和他作为科学家的兴趣是相融合的。随意选择一个链接却将读者引入一个有些超现实的章节，其中乌卡特教授正在用交互电子学和“交替现实”解释他的实验（“仅仅是拒绝而已”）。乌尔姆说，他和他的团队“正试图定位和刺激大脑的能力，使我们在认识世界时不把世界作为一个单个个体线性地展开，不是一个线性的封闭系统，而是一个由各种可能性组成的网络，是一个相互交错的、平行与变化的整体，在扩展上具有无限性和排列的巨大可能性“Vox—Pop”。乌卡特的研究计划与普罗斯的观点相呼应，“人的心智至少是指处理信息的能力，本身就是一个耗散结构，并不像听上去那样牵强（305）”。普罗斯这样下结论：最近关于中间行为的理论，以及这个理论和生活展示人类行为一般模式的融合，表明这些活动是按照不平衡系统中自组织的中间数字概念来进行的。乌卡特教授的科学实验使读者考虑运用分叉理论和耗散结构作为重新审视博格斯故事的方法。象博格斯一样，马斯洛普使读者重新评价诠释现实的传统规则，在充满喧闹冗杂与纷繁和复杂系统中找出真正的意义。

十三

“噪音”这个词的理解与信号传输的中断、质量不佳相关，起源于早期的无线电广播，原因是受大气变化使其发生拥挤和变形。真正的“噪音”不仅是由干扰传输的外部因素引起的，也与影响信号内部传输的因素有关。我赞同威廉·阿·保尔森（William R. Paulson）的观点：“在适当的情况下，噪音无论来源如何都能产生复杂系统，增加系统的整个信息”(73)。关于噪音的例子是保尔森从博格斯的《巴别图书馆》中引用的，图书馆中缺少理解任意符号的代码“并没有阻止图书馆的工作人员去寻求理解力，许多人认为肯定就在图书馆的某个地方”（77)。他接着解释道:“诗体文本始于一种超越常规语言系统的尝试——系统中世界是一个传统符号——尝试走向一个特定的艺术系统，其中的声音、节奏和要素间的位置关系都表明了新的方式”(85—86)。同样,《有岔路的花园》中间谍与侦探的情节和崔班文稿的解读相互交错，以至于削弱了雨村作为一个德国间谍的角色。每个叙述脉络都在读者寻找线索去理解人物的真正动机和非同寻常的叙述时迫使读者改变注意力的焦点，雨村的话表明了这种变化，当他暂时将自己的间谍使命搁置一边，接受了先辈的手稿：“我算了算，追踪我的理查德·麦登一个小时内无法到来，我可以暂时放一放那个不可变更的决定”（Ficciones 95)。随着叙述的进一步展开，读者肯定会发现而且能够解析大量明显并不相关的材料作为理解故事的线索。同样，雨村选择了斯蒂芬·阿尔伯特作为无法和先辈联系的原因并将其杀害，却惊奇地发现其原因是崔班的手稿。含糊嘈杂的线索，特别是既真实又玄妙的信息相结合，突出了读者在将噪音转变成信息的最根本的作用。在将噪音转换成信息时，读者的关系和朱里吉·洛特曼（Jurij Lotman）将“噪音”一词用到艺术上是相一致的。保尔森写道：“在洛特曼看来，当读者遇到与他掌握的普通语言代码不适应的因素时，就会出现艺术性的文本。换句话说，这些要素对读者的阅读过程来说是不熟知的，也不是能够按照已有的规则所能接受和处理的”（89）。保尔森详细阐述了朱里吉·洛特曼注意噪音和混淆两个对等的例子观察。另一方面，他又提到了不适应读者，也就是不能适应新代码的读者。不适应读者很难理解代码，他认为噪音打断了他的阅读过程，另一方面，还有适应读者，他能够探求出意义来，能够接受综合各种要素的任务，而普通的代码阅读是无法做到的（90）。这类读者就是博格斯和马斯洛普心目中所期待的。这样的读者不仅能够输入他所理解的代码，而且能够接受从文本断断续续的要素中找出解释。博格斯向读者表示了他《巴别图书馆》这一故事中直接而又没有解决的挑战：“你确信你理解了我的语言了吗”（87）？同样，马斯洛普请读者在噪音中寻找含义。在《维多利花园》中名称为“迷”的一个节点上，“像任何一个迷宫或谜题一样，《维多利花园》会将你带回一个你曾经去过的地方，有时，这些熟悉的时刻之后会接上一个你曾经去过的地方，有时，你会发现自己被装进了一个套儿，在这种情况下，你可能会想要祈求一个具有衍生功能的词”（“谜”）。通过在不同的叙述中时间上的穿梭，噪音与混乱同时产生在解释故事及其玄妙的隐含意义的过程中。在《维多利花园》中，读者毫无选择，只能将噪音和冗长作为阅读和解读过程的一个必要的补充。随着读者进入到故事的不同层次，他不得不像保尔森（Paulson）描写的那样：“［建构］一个自我说明的解释来解释故事的底层是怎样整合到整个系统中的”（110）。《维多利花园》将读者带入到一个具有挑战性的计划过程，其中建构、叙述和含义相互交错地连在一起。这种认识对于理解《维多利花园》和博格斯式的小说是至关重要的，他们共有这紧密的文本之间的关系。

十四

我认为分析手头这三个文本是大有裨的——《有岔路的花园》、《巴别图书馆》和《维多利花园》——三者都归属于一个复杂系统，每个文本都通过一个共同代码阐释其他两个文本。这个代码体现在关于浑沌学理论、分叉、耗散结构和噪音上。《有岔路的花园》和《巴别图书馆》玄秘地预示了一个与科学家提出的浑沌与分叉模式相类似的叙述。《维多利花园》通过回顾的方式将博格斯的想法与对数学和玄学的关注物质化，这样就架起了科学与文学语篇的桥梁。当从一个系统的角度来看，三个文学文本向读者提出了挑战，在一个因博格斯作品和马斯洛普的数字作品相互作用带来的复杂关系和新含义中去感受，通过浑沌学理论、分叉理论、耗散结构、噪音学说和科学知识来解释博格斯的作品和博格斯作品中这种交互式的相互联系。《维多利花园》、科学理论以及科学技术也说明了书面文学、数字文学和科学相互交错的联系。而且，这也表明了对博格斯作品的新解读迈出了第一步。在承认他在数字文学领域突出地位的同时，也重新确认了他在拉美文艺界的重要角色。

参考文献

Barrenechea, Ana María. Borges: The Labyrinth Maker. Ed. and trans. Robert Lima. New York: New York UP, 1965.

Bell - Villada, Gene. Borges and His Fiction: A Guide to His Mind and Art. Austin: U of Texas P, 1999.

Bolter, David. Writing Space: The Computer, Hypertext and the History of

Writing. Hillsdale: Lawrence Erlbaum Associates, 1991.

Borges, Jorge Luis. Ficciones. Trans. Anthony Kerrigan. New York: Grove P, 1962.

Capobianco, Michael F. " Quantum Theory, Spacetime and Borges's Bifurcations. " Ometeca 1. 1 (1989): 27-38.

Hayles, Katherine. Chaos Bound. Ithaca: Cornel UP, 1990.

Hayles, Katherine, ed. Chaos and Order: Complex Dynamics in Literature and Science. Chicago: The U of Chicago P, 1991.

Holquist, Michael. " Jorge Luis Borges and the Metaphysical Mystery. " Mystery and Suspense Writers: The Literature of Crime, Detection and Espionage. Ed. Maureen Corrigan and Robin W. Winks. New York: Scribner's, 1998. 83—96.

Larsen, Deena, and Richard E. Higgason. " An Anatomy of Anchors. " Hypertext 2004: Fifteenth ACM Conference on Hypertext and Hypermedia (12 August 2004): <http: //www. sigweb. org/conferences/ht – conferences – archive/ht04/hypertexts/larsen/noflash/>.

Li, T. Y. , and J. A. Yorke. " Period Three Implies Chaos. " American Mathematical Monthly 82 (1975): 985.

Moulthrop, Stuart. " Re: Towards the Future. " Personal E – mail Communication (6 January 2000) .

Moulthrop, Stuart. " Reading from the Map: Metonymy and Metaphor in the Fiction of Forking Paths. " Hypermedia and Literary Studies. Ed. Paul Delany and George P. Landow. Cambridge: MIT P, 1994. 119-32.

Moulthrop, Stuart. Reagan Library (1999): < http: //iat. ubalt. edu/moulthrop/hypertexts/rl >.

Moulthrop, Stuart. hegirascope: a hypertext fiction (1995-1997): < http: //iat. ubalt. edu/moulthrop/hypertexts/hgs >.

Moulthrop, Stuart. Victory Garden. Diskette. Watertown: Eastgate Systems, 1991.

Moulthrop. Stuart. " Forking Paths. " 1987. New Media Reader. Ed. Noah Wardrip – Fruin and Nick Monfort. CD – ROM. Cambridge: MIT P, 2003.

Paulson, William R. The Noise of Culture. Ithaca: Cornell UP, 1988.

Pineda Cachero, Antonio, " Literatura, Comunicación y Caos: Una lectura de Jorge Luis Borges. " Revista Internacional Digital del Grupo de Investigación en Teoría y Tecnología de la Comunicación (2000): < http://www.cica.es/aliens/gittcus/700pineda.htm >.

Porush, David. " Literature as Dissipative Structure. " Literature and Technology. Ed. Mark L. Greenberg and Lance Schachterle. Bethlehem: Lehigh UP, 1992. 275—306.

Prigogine, Ilya, and Isabelle Stengers. Order Out of Chaos la Nouvelle Alliance. Paris: Gallimard, 1979.

Prigogine, Ilya. Las leyes del caos. Trans. Juan Vivanco. Barcelona: Crítica, 1997.

Prigogine, Ilya, and Isabelle Stengers. Order out of Chaos: Man's New Dialogue With Nature. New York: Bantam, 1984.

Sarlo, Beatriz. " Borges, a Writer on the Edge. " Borges Studies on Line (2001): <http://www.uiowa.edu/borges/bsol/bsi5.htm >.

Rettberg, Scott. " The Pleasure (and Pain) of Link Poetics. " electronic book review (12 December 2001): < http://www.electronicbookreview.com/v3/servlet/ebr? essay_ id = rettbergrip&command = view_ essay >.

Schreiber, Gabriel, and Roberto Umansky. " Bifurcation, Chaos, and Fractal Objects in Borges' Garden of Forking Paths' and Other Writings. " Variaciones Borges 11 (2001): 61—79.

Shaw, Donald Leslie. Borges: Ficciones. Valencia: Grant and Cutler, 1993.

Tötösy de Zepetnek, Steven. " A Selected Bibliography of Works in the Systemic and Empirical, Instititution, and Field Approaches to Literature and Culture. " CLCWeb: Comparative Literature and Culture (Library) (1998—): <http://clcwebjournal.lib.purdue.edu/library/sysbib97.html >.

Toffler, Alvin. " Foreword. " Order Out of Chaos: Man's Dialogue with Nature. By Ilya Prigogine and Isabelle Stengers. New York: Bantam, 1984. xi – xxvi.

Weissert, Thomas. " Representation and Bifurcation: Borges's Garden of Chaos Dynamics. " Chaos and Order: Complex Dynamics in Literature and Science. Ed. Katherine Hayes. Chicago: The U of Chicago P, 1991. 223-43.

浑沌、复杂性和熵

——对非物理学家的物理学对话

米歇尔·巴伦杰（Michel Baranger）[①]

马琳琳 译

麻省理工学院核物理科学实验室理论物理学研究中心，剑桥，美国，MA 02139

新英格兰复杂系统研究机构，剑桥，美国 MA 02138，USA

MIT - CTP - 3112

21 世纪的开始，带来一个巨大的爆炸。对于普通人来说，这次爆炸是一次技术革命，甚至可能让给当今世界带来经济规则巨变的 18 世纪和 19 世纪工业革命都相形见绌。对于科学界而言，此次技术爆炸的一个方面是复杂性革命，它正在改变所有科学学科的研究重点，比如人类生物学和医学。那么，作为最古老、最单纯科学的物理学，将在这次爆炸中扮演什么角色？身为一名纯粹的理论物理学家，我想重点谈谈理论物理学。它是否也要改变？

20 世纪理论物理学源于相对论和量子力学，重点解决简单性和连续性的问题（不考虑量子跃迁），主要工具是微积分，最终的成果是场论。

---

① 米歇尔·巴伦杰（Michel Baranger），美国麻省理工学院物理学教授，已退休。

21 世纪理论物理学正面临浑沌革命，将主要探讨复杂性问题，基本工具将是计算机。它最终的影响尚未可知。作为理论物理学重要组成部分的热力学，也将参与到此次转型中。

浑　沌

对理论物理学家而言，这场浑沌学的革命几十年前就开始了。浑沌是一种纯粹的数学概念，是一个不可否认的数学事实。我们知道，理论物理学是建立在数学基础上的，所有的理论物理学家都可以说是应用数学家。因此，我要阐释的第一个问题就是，在所有的科学工作者中，为什么研究应用科学的人，比如工程学、人文科学以及物理学者，却是最后一批对浑沌学感兴趣并将之用于研究工作的人？当然其中也有例外。那些建立大型粒子加速器的人就知道浑沌，实际上他们对浑沌了解得更多。还有许多其他例外的情况。但大多数物理学家并不知道浑沌，现在依然不知道。许多工程师、气象学家、有些领域的化学家、群体生物学家、心脏病专家、经济学家、甚至心理学家，较之物理学家，很早就知道浑沌学的功用。我在麻省理工学院教书的时候，曾两次在物理学专业本科生的某课程中，给学生们介绍一些简单的浑沌学原理。我希望这些未来的物理学家们能尽早知道它。但是，在麻省理工学院的物理系，一名教师不能长时间任教同一门课程。每隔两三年，教师就会转教其他的课程，以免使这门课的教学趋于模式化。于是，接替我的人也两次把浑沌学从课程表上剔出去，说："对不起，我不知道这东西是什么，教不了。"至今，浑沌学依然不在美国大学物理学的课程名单上，很多学生虽然获得了物理学学位，却根本没有听说过浑沌学。当然，也有个别例外。而即便是经典力学最畅销的教科书也没有浑沌学的内容。该书作者在介绍中，轻描淡写地致歉说，没有提及浑沌学的原因是因为浑沌学值得花一整本书去研究。这真是一个可笑的借口。

为什么会出现上述情况?

答案很简单。物理学家们没有时间去了解浑沌，因为他们迷上了“别的东西”，这就是20世纪的物理学！相对论，量子力学，以及它们的种种理论。而我更会说：浑沌，对物理学家而言，不仅仅是不熟悉，更是有点让人讨厌！我知道他们的感受，因为我自己也这样觉得。为什么说浑沌让人讨厌呢？这要从几百年前说起。

三个世纪前，牛顿和莱布尼兹几乎同时发明了微积分学。通过对数字本身的探索，他们在数学的兵工厂里，为科学世界提供了最强大的新工具。了解微积分强大作用的途径之一是看它在几何领域的表现。在有微积分学之前，几何能够处理直线、平面、圆形、球体以及由它们组成的各种组合体；同时，虽然有些困难，也能够处理椭圆、抛物线和双曲线、椭球、抛物面以及双曲面；还有一些其他更复杂的对象。这就是几何学的全部。然而自微积分学产生后，任何足够平滑的曲线和表面，都可以通过微积分进行处理和分析。

微积分学的原理很简单，几行字就可以表述清楚。让我们假设一个特定函数，写为：

$$y = f(x)$$

这个公式表明，如果变量x的值确定，只要使用现有的机制（公式，计算机程序，实验，或者别的什么），就能得到变量Y的值：也就是说Y由X决定，Y是X的一个函数。数学家把它写为y=函数f（x）。也可以把这个函数的图形用两个轴表示出来，x是横轴，y为纵轴。对于每一个变量x的值，我用我的方法得出对应变量Y的值，这样就在坐标图上得到一个相对应的点，如图1中的图像。假定这个函数是一条平滑曲线，那么我已经把它画出来两次了。在曲线始端，我试图用足够长的线段取代曲线：这并不是一个很好的表示法。在曲线终端，也做同样的事情，但这次使用较短的直线段：这样看起来就好多了。如果用更短的线段，那么图示的效果会更好。我想在这一点上可以达成共识，即：如果线段趋于无限短，则得到的图形就会越来越接近曲线的近似值。这个过程数学家称之为“趋于极限”。这就是微积分，这个过程就是微积分的全过程。微积分所有的理论都源于这一原理。

这其中的关键问题是曲线必须平滑，否则微积分是行不通的。因此，平滑度是整个微积分过程的关键。数学家们很清楚，有些函数并不平滑，因此微积分的方法并不适用于它们。但是，如果仅将问题限制在平滑函数内，那么任何一个函数的精确值都可以用足够小的线段表示。既然我们已经掌握了直线几何，那么我们也能了解平滑曲线的一切！微积分学所有的威力都源于此。

微积分的思想至少影响了理论科学 200 年。数学家们发明了诸如“连续性”和“分析性”这样的概念，以便更准确地描述平滑度。而微积分的发现更引发了对平滑度进一步探索的狂潮。由此，数学的分支越来越细，众所周知的如分析学，分析学不仅成为所有分支学科中最丰富的，而且也是迄今为止定量科学中被最广泛应用的，从物理学到工程学，从天文学到流体力学，从材料科学到海洋学。理论科学家成为应用数学家，而应用数学家也都视分析为第二天性。积分，微分方程，级数，特殊函数的积分表示……这些微积分学提供的工具在定量知识领域解决的各种问题，数量惊人。

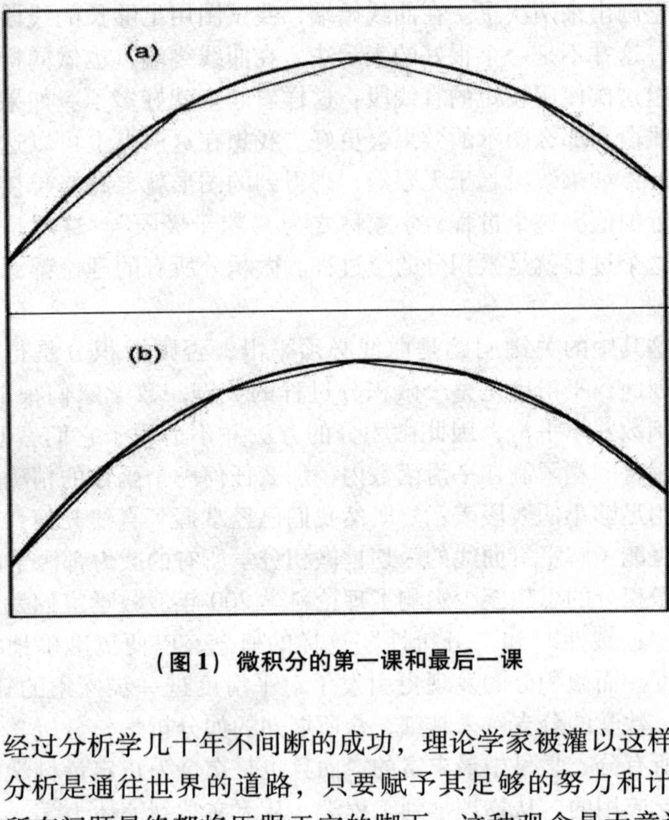

（图1）微积分的第一课和最后一课

经过分析学几十年不间断的成功，理论学家被灌以这样的观念：分析是通往世界的道路，只要赋予其足够的努力和计算能力，所有问题最终都将臣服于它的脚下。这种观念是无意识的，并没有被明确表达过，但是却几乎遍及20世纪所有科学领域。这种思想也能从大学课程和教科书的选择中反映出来。20世纪初两个伟大的物理学理论，相对论和量子力学，都完全根源于分析。“分析战无不胜”的观念，在人们无意识的状态下具备了更强大的力量，以至于人们忘记了它还有前提条件。有条件的真理变成了绝对真理。我知道这些，是因为我自己曾经也把它当作绝对真理看待过。我们这些理论物理学家们，没有一个人讨论过这种可能性，那就是在实际应用中，微积分是否也有不适用的时候，如曾被简单地认为“只是数学家兴趣下病态产物”的“非平滑曲线”。如果探究这一信念的根本原因，就可以发现下面的观点：万物都可以最终分解为直线的微小局部，因此只要能在一个足够完美的模式下进行分析，那么万物都可以被了解和理解。这可能需要做大量的工作，也可能有时不值得这么做，但理论上我们拥有绝对的力量！没错，微积分之所以有巨大成就，就是因为在很大程度上坚持了对20世纪科学坚决简化的态度，以及因清楚了解细节而产生的绝对控制信念。没错，数学家们也一直试图告诉我们平滑曲线只是例外，并非规则：但我们不听！

浑沌是反微积分学的革命。浑沌使微积分不再具备无所不能的力量。在最广义的概念中，浑沌就是那些不能用微积分处理的数学事实的集合。这也是为什么浑沌令二十世纪的物理学家们如此讨厌的原因。在实际应用中，浑沌理论适用于科学和工程领域不能用微积分解决的诸多问题。这并不是说从现在开始微积分就过时了，我们必须把所有的注意力集中到浑沌上。不，并不是这样。微积分的能力丝毫未变，只不过它的能力是有限的。微积分只是真理的一部分，是一对夫妻的一方。浑沌是数学家为微积分挑选的新娘。当微积分第一眼看到它未来的新娘时，它一点都不喜欢。但是它们必须结合在一起，永远不能离婚。而最终微积分也必将爱上它的新娘……

我将简要概述什么是浑沌，以及它如何应用于复杂系统。在物体存在的所有维度中，最重要的是空间和时间。让我们先来看空间中的浑沌。一个物体在空间的浑沌被称为“分形”。“分形”一词有很多种定义。其中一种广义且通用的定义是：分形是一种几何结构，该结构并不因为将整体分解为越来越小的局部而因此变得越来越简单。当然，这就意味着，该结构是非平滑的。数学家很久前就知道简单的分形。例如，取一条线段，去掉中间的三分之一，就得到两条较短的线段。然后再除去这两条线段中间的三分之一，我们就有了四条更短的线段。再将这四条小线段去掉各自中间的三分之一。如此这般至无穷尽。在极限内，就能得到一种被称为“康托尔集合”的分形。下面是另外一个类似的例子，是二维的。想象一个等边三角形。在该等边三角形内部用线段连接三角形三条边的中点，这样就得到了一个较小的内等边三角形。将得到的这个内等边三角形从最初的外等边三角形的内面积中去除。这样，最初的大等边三角形就变为三个相连的小等边三角形，每一个小等边三角形的面积是原来大等边三角形面积的四分之一。将之前的操作在这三个小等边三角形内部再作一次。如此这般至无穷尽，就能得到一个名为“谢尔宾斯基三角形”的分形（见图2）。

（图2）“谢尔宾斯基三角形”

（摘自巴尔·亚姆《复杂系统动力学》）

很多人，包括我自己在内，曾经认为上述这些东西没有任何实际价值，只是数学的好奇心使然。但是后来我们知道并非如此，尤其是自 1970 年以来。上述两个例子是最基本的，但这一课题现在已高速发展。随时都极有可能出现分形。图画书和博物馆中常见的著名“曼德勃罗”，就是一个不平凡的分形。它的定义是惊人的简单，结果却无比复杂。不言而喻，仅靠一张纸是打不下一个分形的。纸上看到的图像只是一个真正分形的近似体。但是，在“曼德勃罗集合”的情况下，该近似体已相当漂亮，尤其是观察那些持续放大的越来越小的局部区域时。对于像“康托尔集合”和“谢尔宾斯基三角形”这样最简单的分形，持续放大的局部将始终与最初的物体保持相同的形状结构：这就是分形的自相似性。而“曼德勃罗集合”并非如此。它持续放大的局部会给人带来不断的惊喜。

并非所有的分形都是人造的。自然界充满了分形。一段绵延不断的山脉是一个分形。一棵健康的老树是一个分形。人体是一个分形。一个人类居住区，一片蕨类植物的叶子，一个地震断层，某片多云的天空，大英帝国的海岸或海岸的任意部分，海平面的波浪，索诺兰沙漠的植被……以上这些都是常见的分形模式。这意味即便用无限精确的显微镜观察，它们也不会因此而变得简单。某些物体，当我们检测它的内部结构时，的确发现其中高度的自相似性：例如一棵树，一个蕨类植物，或一段山脉。而其他不能被简单化的物体，比如人体，即便能用微积分处理，结果也会和原本状态相距甚远。实际上我们生活在分形中。这种感觉要比生活在几何教科书中舒适得多。那么，分形一词直到 1974 年才被发明出来是不是有些奇怪？是否一定还存在有反系统的情况？现在有一个数学家或计算机科学家设计的、看起来完全像自然分形的分形序列。这就是我们经常在电脑游戏和动画电影中看到的屏幕保护程序。

对于一名像我这样的物理学家，还有一个显而易见的分形的例子，但这一个稍带讽刺意味。我们花费了整个 20 世纪去发展完全建立在微积分理论之上的量子力学和相对论。特别是，我们热切地期望这两个理论能用于“基本粒子”的研究，从而引导我们揭示物理学和宇宙学的基本定律。一开始，对“基本粒子”的定义是“原子”，这也和该词在希腊词源学中的含义不谋而合。但是，当审视它的内部构造时，我们发现原子实际上是由原子核和电子组成的。于是原子核和电子取代了“原子”，成为新的“基本粒子”。而当我们能够探索原子核内部结构的时候，我们又发现，原子核是由质子和中子组成的，除此还有许多表兄弟和别的亲戚。因此，我们再次改变了“基本粒子”的定义。又过了几十年，不断发展的能源加速器使我们可以对内部构造进行更深层的探索。因此现在我们知道，几十年前被再次定义的“基本粒子”实际上是由各种夸克和胶子组成的。这一进程是否将一直持续下去？对于这个问题的答案，现在我们实在没有充分的理由说“不”了。粒子物理学，这一微积分的内部圣地，实际就是一个巨大的分形。而这个分形具备大量的自相似性。这一点已被原子光谱、核光谱和强子谱的相似性所证实。

说完空间维度中的浑沌后，我们再来看看时间中的浑沌。这是对浑沌产生共识的地方，“浑沌”之名也缘于此。一个内部结构可以任意随时间变化的系统，被称为“动态系统”。一个动态系统包括“变量”和“运动方程”或“动态方程”。变量就是可以随时间变化而改变的任何东西，可以是多个的或单一的，连续的或离散的，并且只以这样一种方式存在：所有变量综合作用时，就能确定并且只能确定动态系统某时的“态”。换句话说，如果所有变量值相同的两个相似系统当前处于同一模式下，那么其进化过程也必将相同。所有变量可能值的集合，即该系统所有可能态的集合，被称为“相空间”。该系统目前的态是一个在相空间的点。这个点随时间的发展在相空间运动。运动方程的任务就是确定这个点在相空间是怎么运动的。如果给出该动态系统在相空间的当前态，运动方程就可以计算系统在下一瞬的态。随着时间的推移，这个点描绘出该动态系统在相空间运动的“轨迹”或“轨道”。如果知道如何计算这个轨迹，就可以说已经解决了该系统的运动方程。通常情况下，我们会得到动态系统在某一初始时间的态，这就是所谓的“初始条件”，然后再尝试计算初始条件下的轨迹。

时间的浑沌状态被称为“对初始条件的敏感性”。它是说，如果有两个初始条件集，或者有相空间的两个点集，彼此位置非常接近。尽管在开始时相互靠近，但随后的远动轨迹表明，双方最终将远离彼此。爱德华·洛伦兹，“初始条件敏感性”的发现者，也把这种现象称为“蝴蝶效应”。感谢“对初始条件的敏感性”。今天加勒比岛国的一只蝴蝶挥动一下翅膀，或许将彻底改变欧洲一个月后的天气。如果用运动方程建立任意一个动态系统即相当于随意挑选一顶帽子，我们会发现选出的结果对初始条件具有绝对的敏感性。时间的浑沌在这种情况下是必然的而非例外。在经典力学中，对初始条件敏感性的反面是所谓的“可积性”。一个可积系统是“多周期的”：它可以用一系列随时间周期性变化的变量进行描述。这是真正的、最常见的简单系统，如开普勒系统（两个天体通过牛顿引力相互作用）或多维谐波振荡器。事实上，这也是所有经典力学教科书中所讨论的系统。这些教科书给人的印象是，所有有趣的问题都是可积的。而实际上，他们所讨论的系统测度是一堆零。这一代的学生就这样被误导了！

对初始条件的敏感性还是简化论的终结者。它说，任何可能存在于初始条件中的微小不确定性，都将随时间呈指数增长，并且最终（在大多数情况下会很快）将多得让我们不再了解系统态。即使我们非常准确地知道现在的系统态，我们也永远无法预测它未来的发展轨迹。短期内的轨迹我们或可预测，但所犯的错误会越来越多，成倍增长，以至于我们必将在某个时候放弃预测。不知道我的这种解释是否会让你想起了天气预报。事实上，洛伦兹正是一位气象学家。

时间浑沌和空间浑沌之间有非常密切的联系。取一个浑沌动态系统，在它的相空间选择一个单纯区域，如一个球体或一个立方体或其他任何单一形态。将这一区域看做可能的初始条件的发生所。然后让时间流逝。如果该区域的每个点都沿轨迹运动，那该区域本身也移动并且形状会发生变化。在其进化过程中，该区域定将缓慢地发展成为一个分形。该分形随时间的推移逐步成长，并在无穷远的未来完成最终构造。每个浑沌动态系统都是一个分形制造机。反过来，每个分形也可以被看做是时间浑沌长期表现下的结果。

浑沌具备一种最终攻陷微积分文化的特质。这就是：**非常简单的系统也能具备浑沌性**。现在我们所知的现实世界中随处可见的因浑沌引起的复杂性，直到最近之前，都被人们普遍认为应归因于大量独立变量（或自变量）的相互作用，是变量让问题变得复杂，并用现有方法难以解决。这也是为什么这些“看上去混乱无比”的现象难以引起人们兴趣的一个原因：因为它们被认为是无法解决的。但是，这个信念被证明是完全错误的。对一个时间可在其中持续流逝的动态系统流而言，仅用三维就足以确定一般的系统在其相空间的局部必将是浑沌的。对一个随有限序列而产生时间变化的映射而言，一维就足够了。一个著名的关于流的例子是洛伦兹研究的系统：有三个变量的三个简单方程式。洛伦兹想用它做一个天气模型。这种想法曾招致一些人的嘲笑。但是，你瞧，最终他发现了“对初始条件的敏感性”。关于映射的例子是逻辑斯蒂映射（单峰映射），长期以来群体生物学家一直用它模拟种群季节性的繁衰变化。浑沌这一率直的特点，使它有别于复杂性。这一点，我回头还会再讲。

当我第一次发现简单系统可以具备、并且常常具备浑沌性时，我是如此的震惊。这可以更通俗地理解为：简单的问题通常有复杂的答案。给出一个简单的运动方程和一些简单的初始条件，提一个简单的问题，而答案——相空间中的轨迹，居然是……浑沌的！在教育领域充斥着笛卡儿哲学的法国，我曾被这样教导：简单的问题必须有简单的答案，别的都是丑陋的、不合理的、不艺术的。现在，我自己也得改变。

浑沌还有与复杂性共享的另一面。这种时候，动力学必须是非线性的。在“线性与非线性”背景下，线性是指运动方程的任何变量都不大于1。而在一维实例中，线性即是说反应与刺激成正比。如果在任何地方加入任何其他能量，方程就被称为是“非线性的”了。线性方程是特殊的：有一种通用的方法能够对它们进行精确处理。它们绝不浑沌。从某种意义上说，它们是平凡的，但也是非常有用的，因为人们确切地知道如何处理它们。许多简单现象的确遵守线性方程定律，范围涵盖了从摆幅不太大的简单钟摆，到强度不太强的光线在真空中的传播（事实也几乎总是如此）。这样一来，为什么过去的物理学家们肯花费大量精力研究线性方程，却无视于广大世界中更普遍更常见的非线性方程，就不令人感到奇怪了。

那么非线性是如何制造分形与浑沌的？有且只有一个答案：拉伸和折叠。所有的流和所有的映射，都是通过拉伸和折叠制造分形的。让我们看一个简单的例子。想象一名制作牛角面包的厨师。她把面团放好，用擀面杖擀开。接着，她在上面抹一层黄油，然后对折。之后，她把对折后的面饼卷在擀面杖上再擀开，再涂上一层黄油，再对折。如此这般至无穷尽，或趋向于无穷尽。最后得到的美味的牛角面包，是一个垂直于餐桌、内部拥有大量（趋于无数）层级的分形结构。这就是所有动力浑沌的工作原理！从中可以很容易看出它对初始条件是如何敏感的。想象最初的面团上相邻的两点。在厨师第一次碾开面团时，它们就会被分得很开，除非这两点碰巧在同一垂面上，但显然这不大可能。当厨师第二次碾开面团时，这两点就离的更远了。最后必然的结果是，在一次对面团的对折操作后，这两点终将处于不同的面层内。此后，它们的历史便会截然不同。假如它们后来再次靠近，那将纯属意外。所有这一切简单而明显！但对1970年的物理学家来说，这一过程是全新的，而且居然非常非常有用。这其中的非线性表现在哪儿？它被折叠起来了。线性运动方程可以解决不会因幅值改变而发生变化的行为。比如，如果它们开始拉伸，并且永远拉伸，它们将永不折叠。只有非线性才会折叠。

这就是浑沌的一切。接下来我得说说复杂系统了。总之，我们看到，浑沌打破了我们简单化的美梦；打破了我们只要充分了解细节，就能拥有绝对力量的美梦。但是，浑沌和微积分密不可分，他们将硕果累累，不断繁荣。

复杂性

截至目前，复杂系统的概念还没有被准确描述过。这很正常。随着人们对复杂系统的研究越来越多，它们的属性会被更好地理解。然而，现在对复杂系统的认识是模糊的，并且对它的定义也因人而异。不过，对那些我们最想去了解的“理想的”复杂系统，人们却有绝对共识，即：生物体是最理想的复杂系统，特别是与人类有关的人体、集团、社会、文化。由于缺乏精准的定义，我们只能试着通过枚举看上去最典型的属性来表述复杂性的含义。其中一些属性也是许多非生物系统共有的。

1. 复杂系统包含许多相互作用的非线性成分。

回想一下，非线性是浑沌的必要条件。而且几乎所有相空间是三维或多维的非线性系统，都至少在相空间的局部表现出浑沌状态。这并不意味着所有的浑沌系统都是复杂的。事实远非如此！理由之一就是，浑沌可以发生在极少的构成要素中，而复杂性却不能。我们很快就会谈到浑沌与复杂性之间巨大的差异。

2. 复杂系统的各构成要素是相互依存的。

下面是一个相互依存的例子。先想象一个有许多要素的非复杂系统，例如一个容器中的气体。拿走其中 10% 的要素，也就是 10% 的气体分子。会发生什么事？没有戏剧性的变化！压力变了一点，体积、温度等等，或许也都变了一点。但就整体而言，目前的气体各方面看上去都和原来的气体差不多。现在在一个复杂系统中做相同的实验。以人体为例，拿走 10%：比如说只砍掉一条腿！其结果绝对比气体实验惊人得多。具体情节留给大家去想象。而且，我还没有说拿走的那 10% 是人的头。

3. 复杂系统具备跨越几个层级的结构。

再次以人体为例：

第一级：头，躯干，四肢……

第二级：骨骼，肌肉，胃，血液，神经……

第三级：带细胞核的细胞，线粒体，细胞质……

第四级：带 DNA 的染色体，功能各不相同的特殊蛋白质分子……

每个层级（尺度）都有结构。这是复杂系统一个重要而根本的新特质，它导致了复杂系统的第四属性……

4. 复杂系统具备产生突发行为的能力。

当我们把注意力从一个层级转移到它较粗泛的上一级时，就会发生**涌现**。如果在对层级的个体进行单个独立研究时，无法了解特定层级中的特定行为，那这种行为就被认为是涌现的。该层级的每个组成要素也可能构成另一个层级更细化的复杂系统。因此，涌现行为是一种新现象，特别是对层级而言，其结果是各层级之间在宏观范围内的相互影响。如：人的行走能力。这就是前文提到的那个最高层级具备的新特性。如果只研究头，或者躯干，或者腿，是不会明白“行走”的含义的。

当涌现行为对结构改变或生成新结构产生影响时，就会出现**自组织**。

有一种专门为适应生命体而出现的特殊复杂系统，这就是**复杂适应系统**。如名称所示，这种系统能够改变自身以适应环境的变化；也可以改变环境以适应自身。其中一种复杂适应系统是更有限的（更严格的）**自我复制**：它们产生、发展、消亡。不用说，通常对于这种被认为是理论抽象概念的系统，我们知之甚少。关于生物学我们了解得很多。但是，对其他的生命种类或生命的普遍形态（如果有的话），我们知道得并不多。有人正在从事这方面的工作，它的确令人着迷。现在再回到复杂性和浑沌的关系上。这两者根本不是同一种东西。当观察一个初级数学分形，或许它看起来很“复杂”。但是这个“复杂”与所说的“复杂系统”中的“复杂”，含义不同。简单的分形是浑沌的，它并不复杂。另一个例子是前面提到的简单气体：它非常浑沌，但目前并不复杂。我们已知复杂性和浑沌都有非线性的特征。由于几乎每个非线性系统在某些时候都是浑沌的，这意味着复杂性也暗示浑沌的存在。反之则不然。浑沌是一个很大的课题，有许多技术文献，许多定理也已被证明。但复杂性则大得多得多。它包含大量与浑沌毫不相干的推量。浑沌基本上是纯粹的数学，而且现在相当知名。复杂性几乎仍然不被人所知。它不是数学，倒更像是理论物理学或理论什么什么。当然，一旦成型，它将使用大量数学知识，也许是大量数学新知识。

因此，浑沌只是复杂性一个很小的子领域。也许下面提到的是两者最引人注目的差别：复杂系统总是有几个层级。在浑沌或许可以支配第 N 级的时候，它的上一级（第 N－1 级）可能正在发生着某种意义上与浑沌截然相对的自组织。因此，让我们在复杂系统的属性列表上添上第五项：

5. 复杂性涉及浑沌与非浑沌之间的相互作用。

许多人提出，复杂性发生在“浑沌临界处”，但没人能够证明这一点。大概是这样一个意思：试想，运动方程包含一些能依环境（温度、浓度、外部强度，比如阳光）而发生变化的“可控”参数。我们知道，大多数非线性系统不是100%浑沌的，只是在某些可控参数值下才呈现浑沌。这就是浑沌临界处，即：能使动态属性发生改变的可控精确值。它就像一个相变的临界点。在该点上，最重要的是远程关联。也许复杂系统，如生物系统，设法改变所在环境，是为了尽可能地控制浑沌临界处，这也是自组织最有可能发生的地方。当出现强烈的远程关联时，就有望发生自组织。

最后，复杂系统还有一个和我们密切相关的有趣属性，它关乎整个社会系统，以及所有遵循进化规律的生物体集合。这样的例子有：植物种群，动物种群，其他生态群体，我们的自身免疫系统、各种规模的人类群体，如家族、部落、城邦、社会或经济等级、体育队、硅谷网络公司，当然还有现代的国家和超国家机构。为了发展和生存，为了保持复杂性，它们必须遵守下面所说的复杂系统的属性：

6. 复杂性涉及相互间的合作与竞争。

这还是指层级之间的相互作用。通常情况是，第N级的竞争是基于下层第N+1级的合作。对此，非凡的实证是诸如蚂蚁、蜜蜂或白蚁这样的昆虫群体。再看看社会学的例子。想象一个如简·奥斯丁或巴尔扎克所描述的19世纪资产阶级家族。他们为了经济利益以及给后代挑选最理想的配偶而互相竞争。如果家族中所有的成员都能够无私奉献且参与决策，那他们就能获得更大成功。当然，正是爱国主义导致了国家间的战争。一旦我们理解了竞争与合作的两分法，我们就能远离陈腐的“适者生存”理论。该理论无益于人们理解进化这一概念。

熵（无序状态测量法）

显然，研究复杂系统需要使用一些统计的方法。我们必须运用力学，同时也必须运用统计学。这就是所谓的**统计力学**。它还有另外一个名称：**热力学**。热力学是关于无序能量的科学。复杂系统涉及很多热力学问题，如常见的两个复杂系统：天气和经济。热力学能真正解释无序能量和有序能量之间的关系。在物理学和化学中，完全无序的能量被称为热能。“热的—”这个词缀来自希腊单词“热”。热力学这一名称是19世纪中叶的物理学家经研究，从实证的角度给出的。而统计力学，是后来的物理学家从理论研究的角度，试图通过运用统计学原理从力学角度得出热力学定律而命名的。

通常，普通百姓对有序能量还是无序能量，能很好地感知。因此，他们理解热力学第一定律——能量守恒定律（有序能量加上无序能量），没有任何问题。该定律的意思是说，总能量的数值不随时间而改变。但是，人们往往很难理解接下来的热力学第二定律。这是因为对第二定律有很多种表述。任选其中两种，听上去都像在谈论完全不同的事物。而且，这些表述中经常使用专业技术概念，例如：熵。但熵仅仅是对“无序”这一非常普遍概念的设想以及定量测试。其实大家都知道热力学第二定律。它是研究无序中的有序。一个便于理解且准确的概念是下面这个：熵是一个没有相互作用且与外界无关的孤立系统的时间演化。一个孤立系统的自发演化永远不能导致其熵的减少（无序）。只要系统进化，熵就会增加。如果系统最终达到平衡状态并停止发展，它的熵就变成最大值的常量。换言之，一个不受任何外界因素影响的孤立系统，是不会自己变得有序的。最好的情况是，它能让自身无序蠕变的速度变得很缓慢。而最坏的情况是，它的无序急剧演化，直至系统达到熵最大值的总平衡状态。任何一个两岁小孩儿的父母，都相当熟悉这个意义上的热力学第二定律。由此我们可以看出，对于任何处于进化中的孤立的复杂系统，表示系统当前态值的熵，不会随时间而减少；在理想的理论状态下它可能保持不变，但在实际中总是不断增加。因此，这种系统的进化总是不可逆的。如果已知某系统发生进化，那么这种进化就如时间不可逆一样，永远向前发展，因为逆向进化将使熵随时间减少。这一点在力学中引起巨大震动。因为根据力学原理，任何运动都是可逆的。而第二定律说：孤立系统的热力运动是不可逆的。这与力学中的情况恰恰相反！如果我们只简单地认为热力学就是力学加上统计学，那么这一切怎么可能发生？

下面我将利用本论文的剩余部分，解释这个有时被称为“时间箭头的矛盾”，并说明热力学第二定律是怎么来的。这要从头说起，一如我在最开始解释微积分那样。你会看到浑沌是第二定律的根本。没有浑沌，就没有热力学第二定律。第一个发现浑沌和热力学第二定律之间关系的是二战期间一名年轻的俄罗斯人，叫尼古拉·克雷洛夫。他当时是列宁格勒的一名研究生，负责城市防空，搜寻德国战机。不久后他即病逝，时年 29 岁。但他的名字却被浑沌及热力学永远铭记。

也许我该提醒读者，这里即将谈论的浑沌不同于大多数人理解的那个浑沌。实际应用中，最重要的是“耗散浑沌”。我们不妨把它叫做工程师的浑沌。这种浑沌存在“奇异吸引子”。与之相反的是物理学家的“保守浑沌”，它是经典力学、经典场论、或其他基于辛几何和守恒定律的哈密顿力学推导出来的理论中，会遇到的浑沌。物理学家总希望从最根本的角度，从“热力学第一定律”的角度看待事物。保守浑沌不存在奇异吸引子，但它的分形一样美丽。

同样，这里仍要考虑我之前所说的相空间。热力学只适用于包含许多成分的大型系统，否则就无法区分有序能量和热量。因此，相空间有大量的维度。系统可能复杂，也可能不复杂，这与第二定律无关。如果准确知道系统的态，我们就能用相空间的点描述它。但显然，多成分系统无法被人们确切了解，我们只掌握局部知识。

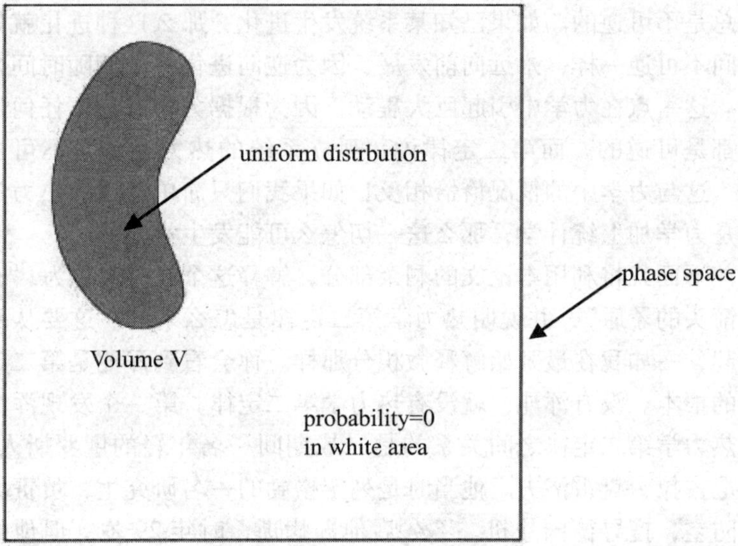

（图三）一个不完全知识的例子

这一点，可以用相空间中的**概率分布**来表示。比如，假设已知相空间内特定体积 V 中有一个点，但不知道该点的确切位置。那么，我们可以用体积 V 中统一的概率分布来描述这一未知位置的点（如图 3）；并且，在该体积 V 中，任何一个地方该点出现的概率都可为零。这种概率分布不是最常见的，但有助于我们理解现在讨论的问题。

下面，我们用一个数字代表已知系统态的“信息量”。如果概率在整个相空间均匀分布，那么我们无法知道已知点在何处，所以系统信息是 I=0。如果把相空间等分为两半场，每半场承载一定的态，则系统信息用计算机语言表示就是 I=1 比特。它涉及一个二进制选择：不管是在相空间的这一半还是那一半。现在把已有的两个半场再各自等分为两个相等的部分，如果知道系统的当前态在哪个部分，则系统信息量为 I=2 比特，我们有两个二进制选择。诸如此类。这个过程是一个简单的公式。假如概率均匀分布在相空间的整个体积 v 中，并且假如 Z 代表 Z 相空间的总体积，则系统信息量即（以比特为单位）I=log（z/v），这里 I 是以 2 为底的对数。如果概率分布比这个复杂，也有一个一般的计算公式，但这里不需要提及。请注意，比特不是构成质量、长度或时间的单位：信息是一个无量纲。

现在来看另一个量，它同样表示概率分布，我们称之为“熵”，记为 S。熵仅仅是我们对缺失信息的措施。我们将它表示为：

S = constant（常量）－I

该常量的值不是很重要，因为和熵本身相比，我们对熵的变化更感兴趣。在量子力学中，常量必须有确定的值，这里不再讨论。熵 S 的单位和信息 I 的单位是一样的，只不过我们把它换了一个名称，叫“tib”。一如 I，S 也是无量纲（注：S 的历史单位确实有参量，但那是热动力学家在公式中加入的一个额外尺度因子，被称为波尔兹曼常量）。对于概率在体积 V 中均匀分布的情况，信息 I 的公式就变成了熵 S 的公式，如下：

S = logV + 另一个常量 constant

在这里，熵同样是我们对缺失信息的措施。如果我们只知道代表相空间中系统态的点在某体积中，但我们并不确切地知道在哪个体积中，那么这点可以是该体积中相当大范围内（其实是无穷大）的任何一点。因此，系统的态也就处于一个非常大的范围内，我们无法得知哪一个才是真正的系统态。这种测量大范围可能性的量，就是“熵”。当我们说熵是衡量无序的方法时，这种无序存在于我们的头脑和对形势的认识中。这是该词常见的含义。修饰词“无序”，就像“随机”一样，总是用来比较单一、理想、精准状态，以及那些我们从许多可能状态中挑出来的某一种实际情况。这就像幼儿的玩具本应放在抽屉和盒子的特定位置，但实际上它们散落在那些不值得记录精确坐标的空间中。

我们已经定义了“熵”，接下来的问题是，它是如何随时间函数变化的。相空间中的系统态，沿经典力学的运动轨迹发展。每个态都有着自己的概率。因此，概率分布也随时间改变。那么熵会怎么变化？答案很简单，也令人震惊。熵根本不变！当概率在体积 V 中均匀分布的时候，这一点很容易看到。随着时间流逝，体积移动并变形。但经典力学中有一个很重要的定理——刘维尔定理，它说，体积的值是一个运动常量，永远不变。因此作为体积 V 对数的熵，也不应该改变。那么，这里就出现了一个大矛盾：热力学第二定律告诉我们，熵必随时间的推移而增加，直至达到平衡局面。而刘维尔定理则说，熵永远不变。正是该矛盾使熵成为一个有趣的量，也让第二定律不同寻常。而刘维尔定理是导致这一切的原因。如果没有刘维尔定理，就不会有这一矛盾！

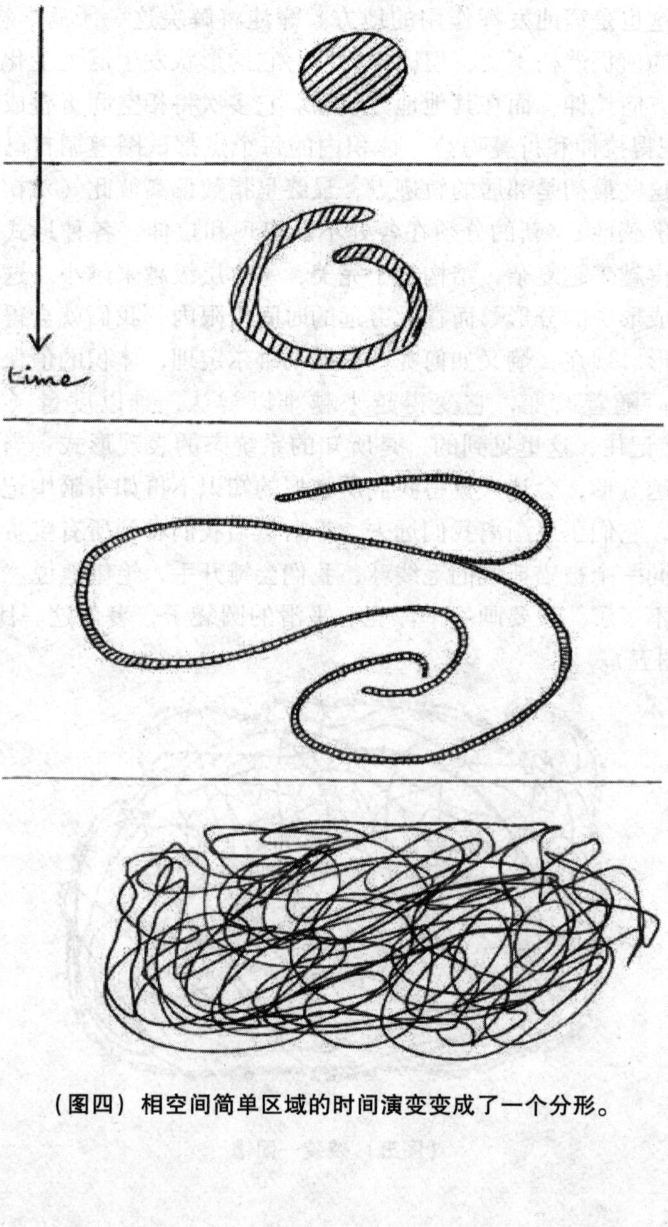

（图四）相空间简单区域的时间演变变成了一个分形。

这也是浑沌发挥作用的地方。浑沌将解决这一矛盾。当然，体积的值仍严格不变，但因为浑沌，它的形状发生巨大变化，在某些方向拉伸，而在其他地方收缩。它多次将相空间折叠成分形(还记得拉伸和折叠吗?)。体积内的每个点都试图遵循自己的轨迹，这些最初是邻居的轨迹点，最终呈指数偏离彼此（对初始条件的敏感性)。新的分须在各处不断出现和拉伸。各种形式的结点变得越来越复杂，结构趋于完美，基本层级越来越小。这就是正在成形中的分形。而在无穷远的时间极限内，我们就会得到一个分形。现在，熵又如何呢？根据刘维尔定理，体积的值保持一定。但随着改变，它变得越来越难以辨认，难以度量（见图四)。记住，这里见到的，是所知的系统态的表现形式。当体积越来越分形，会让人觉得我们所掌握的知识不再如头脑中记住的那样，它们正逐渐离我们远去。最后，当我们看到所有宝贵的知识如同一个被猫抓乱的毛线球，我们会摊开手，绝望地说“我再也受不了了。我要画一个漂亮、平滑的圆袋子，裹住这一团糟”(如图五)。

(图五) 袋装一团糟

为什么我们突然听到这些钟声和耳语？为什么有打雷和闪电？刚才我们做了什么？我们增加了熵！我们用一个更大的体积取代了原来的那个。原来的体积充满漏洞（它曾是一个分形）。我们用一个没有漏洞的光滑体积（约束体积）取而代之，因此它变大了。熵是体积的对数：这正符合热力学第二定律！

是的，就是我们增加了熵！它不是物理学，不是浑沌学，不是刘维尔定理：我们画了一个平滑体积（约束体积）来使生命变得简单。浑沌产生分形，但我们选择约束（平滑）它。

当然，熵的增加不一定要如此突然和戏剧化。它可以通过所定义的事物平稳缓慢地增加。这样的过程被称为“粗粒化”。根据粗粒化理论，每次要计算熵之前，都应该约束一个固定的尺度，来理顺各种层级的分布详情。该尺度应是追踪层级分布的唯一标准。每一次约束都是知识的损失，以及有效体积和熵的增加。

结论是，衡量我们知识缺失的无量纲“熵”，是一个纯粹的主观量。它不遵循粒子及其相互作用的基本规律。它是这样的事实，即：浑沌使事物混乱；最初简单易懂的情况，最终将变得复杂。感谢浑沌，我们不得不放弃试图了解它们的想法。

最后一个问题：如果熵真的是完全主观的，为什么这么多人认为它是客观的？任何一位物理化学家都会说，熵是大量事物根本的、永久的本质，可以测量，可以准确计算，可以在表格上观察，等等。而对这一新矛盾的答案，难以计数。众所周知，大量的数据能使可能变为确定。但是，要公正评价这一命题，将是另一篇论文了。

致 谢

感谢 Yaneer Bar-Yam 教给我和其他人关于复杂系统的知识。感谢康斯坦丁诺（Consttantino Tsallis）富于启发性的讨论和帮助。感谢严格的编辑马蒂·斯特科（Marty Stock）给予我许多宝贵的意见。最后，这项工作部分由美国能源部资助，编号: DE - FC02 - 94ER40818。

推荐的阅读材料

现推荐几本不错的相关书籍:

Steven H. Strogatz, Nonlinear Dynamics and Chaos (Addison - Wesley, Reading, 1994).

本科水平。主要关于耗散浑沌，相当有趣。

L. E. Reichl, The Transition to Chaos, (Springer, New York, 1992).

硕士研究生水平。主要论述保守浑沌，非常完整，包括量子浑沌。

Yaneer Bar - Yam, Dynamics of Complex Systems (Addison - Wesley, Reading, 1997).

非常有价值，涉及的主题相当广泛。

Roger Balian, From Microphysics to Macrophysics, 2 volumes (Springer, Berlin, 1991 - 2).

全面介绍了统计力学。

译后记

多年来，我们这个团队在恩师张公瑾先生的率领下，充分利用与分享各方资源，在将非线性科学引入到语言文化研究的道路上进行了富有成效的理论探索和研究实践。尤其是近十年来，我们的研究有了长足的进展，已陆续出版的相关成果包括教材、系列文集和团队中部分成员的学位论文（部分已经出版）。同时，我们早已认识到与国际相关领域的同行和学者们进行对话和学术交流的必要性，也试图寻找适当的合作机会来与国外学者们共同探讨我们感兴趣的论题。摆在读者面前的这本译文集，就是我们经过多方努力，终于在这方面迈出的第一步。在译文集付梓之际，我们想在此作几点申明，同时也向相关人士表达我们真诚的谢意。

首先，我们要向本译文集所有提供中文授权的原作者特别致谢。正是他们的慷慨应允，才使我们了解国外相关研究情况的愿望在今天成为现实。实际上，这项工作早在2005年起就已由司提反·米勒博士开始操作。当时他通过互联网和电子邮件就已经获得了“语言：从确定到不确定”、“延展的心智——用复杂性和浑沌学理论解释语言和思维的关系”等几篇论文的中文授权，但由于没有找到更多适合交流的相关成果，加之其他原因这项工作暂时搁置了。但我们始终在密切关注国外相关研究的最新动态。至2010年，司提反·米勒博士通过各种渠道又陆续获得了几篇论文的中文授权。后期，王松涛博士通过互联网获得并确认了其他相关论文作者的中文授权，并在译稿的初编、校译，以及译文格式的统一等方面做了大量的工作。毋庸置疑，他们两人为本译文集的最后结集付梓立下了汗马功劳。但我们也不无遗憾地在此申明，虽然我们竭尽全身解数，通过各种渠道，甚至通过国家出版署的版权中心也未能与本译文集中的“浑沌理论、超文本及博格斯与马斯洛普解读”这篇重要论文的作者取得联系并获得中文授权。征求和权衡各方意见，我们还是决定先期登载这篇译文，以飨读者。今后，我们仍将争取与原作者取得联系，并申请和完善其中文授权事宜。同时也祈盼原作者能理解我们对其成果的高度认同及与其进行专业学术交流的渴望，并宽谅我们的冒昧。

其次，要向各篇论文的编译者们致以真挚的谢意。作为各自岗位上的骨干力量，他们均承担着繁重的教研或行政工作，个别人还承担着领导工作，在这个于当下并不能算什么科研成果，且难度极大的译事进程中，每位译者拨冗投入，严肃认真，精心推敲，有些译稿进行了多次校译，最终交出的高质量译稿中凝结了他们为此付出的心血，也体现了各位对团队共同事业的挚爱和执着追求的精神。同时，也再一次证实了我们这个集体的特殊魅力与超强的凝聚力，这也是我们这个团队今后继续合作攻关，推进学科向前发展的重要基础和潜质。

此外，孟德腾博士承担了个别译稿的校译工作，硕士生海媛、刘婷承担了译稿的中文编校工作，他（她）们默默无闻、严肃认真、细致入微的工作态度的确令人感动，在此一并致谢！

我们希望有更多的志同道合者参与我们这个团队的集体攻关，也期待能通过各种方式来拓展我们与国内外相关研究机构和学者们交流的渠道。

由于各方面的原因，本译文集中错讹不可避免，也恳请读者批评指正。

丁石庆

2011 年 11 月 5 日